Volker Henning Drecoll / Mirjam Kudella

Augustin und der Manichäismus

Volker Henning Drecoll / Mirjam Kudella

Augustin und der Manichäismus

Mohr Siebeck

Volker Henning Drecoll, geb. 1968, ist seit 2004 Professor für Kirchengeschichte (Schwerpunkt: Alte Kirche) an der Universität Tübingen und seit 2005 Ephorus des Ev. Stifts, Tübingen; Herausgeber der »Zeitschrift für antikes Christentum« und des »Augustin-Handbuchs«.

Mirjam Kudella, geb. 1982, ist seit 2008 wissenschaftliche Mitarbeiterin am Lehrstuhl für Kirchengeschichte (Schwerpunkt: Alte Kirche) an der Universität Tübingen; Bearbeiterin von »Contra Secundinum« in der Reihe »Augustinus. Opera-Werke«.

ISBN 978-3-16-150841-7

Die Deutsche Nationalbibliothek verzeichnet diese Publikation in der Deutschen Nationalbibliographie; detaillierte bibliographische Daten sind im Internet über *http://dnb.d-nb.de* abrufbar.

Das Buch wurde von Gulde-Druck in Tübingen aus der Garamond gesetzt, auf alterungsbeständiges Werkdruckpapier gedruckt und von der Buchbinderei Nädele in Nehren gebunden.

Vorwort

»Augustin und der Manichäismus« – das war neben den *Confessiones* das Lebensthema von Erich Feldmann. Und er wollte dabei nicht in erster Linie den antimanichäischen Augustin untersuchen, sondern den »Einfluß« des Manichäismus auf Augustin. Die Frage, wie Augustin zum Manichäismus gekommen und davon wieder losgekommen ist und was dabei Augustin nachhaltig geprägt hat, hat Feldmann in unhintergehbarer Weise gestellt. Jeder, der ihn traf, erinnert sich an die drängende und begeisterte Art Feldmanns, über »Augustin und den Manichäismus« zu sprechen. Die Spur des zu jung gestorbenen Münsteraner Forschers ist in der jüngeren Augustinforschung in vielfältiger Weise aufgenommen worden und hat nicht zuletzt auch den Mitverfasser dieses Bandes in seinem Zugang zu Augustin beeinflusst.

Die konkrete Entstehung dieses Bändchens geht auf zwei Arbeitszusammenhänge zurück, die Vorbereitung des Artikels *Manichaei* im Augustinuslexikon einerseits, die Vorbereitung einer Dissertation zum antimanichäischen Augustin andererseits. Hieraus hat sich eine intensive Diskussion verschiedenster manichäischer und antimanichäischer Texte ergeben. Die Frucht dieser gemeinsamen Arbeit wollen wir hiermit vorlegen. Zwar sind einzelne Abschnitte ursprünglich von einem der beiden Autoren verfasst worden, doch sind sie danach so oft und intensiv Gegenstand der gegenseitigen *relecture* geworden, dass es nun wirklich ein gemeinsames Werk ist.

Dank gebührt in besonderer Weise dem Kollegen Markus Stein, der unseren Band intensiv kommentiert und wertvolle Hinweise gegeben, nicht zuletzt das Manuskript seiner Habilitationsschrift zur Verfügung gestellt hat. Dank gebührt Henning Ziebritzki für sein Interesse an dem Manuskript. Gedankt sei ferner Gregor Wurst und Robert Dodaro.

Ad lucem candidarum paginarum cum tenebris atramenti venimus (vgl. *c. Faust.* 13,18) – den Verfassern bleibt nur die Hoffnung, insgesamt nun doch nicht zur Verfinsterung, sondern zur Erhellung des komplexen Verhältnisses zwischen Augustin und dem Manichäismus beigetragen zu haben.

Tübingen, April 2011 *Volker Drecoll / Mirjam Kudella*

Inhaltsverzeichnis

Einführung

Augustin und der Manichäismus – das lässt sich auf drei verschiedene Weisen lesen: Augustin, als er selbst Manichäer war. Augustin, als er gegen den Manichäismus schrieb. Augustin, der von dem Manichäismus dauerhaft beeinflusst blieb. Bei der ersten der drei Zugriffsweisen steht man vor dem Problem, wenige Quellen zu haben, doch lässt sich immerhin über den nordafrikanischen Manichäismus einiges aussagen und mit dem Wenigen vergleichen, was über die manichäische Lebensphase Augustins bekannt ist. Die zweite Zugriffsweise lässt sich breit entwickeln, denn die antimanichäischen Werke Augustins liegen ja vor. Isoliert man diese Zugriffsweise jedoch von den anderen beiden, setzt man sich schnell der Gefahr aus, Augustin einseitig als den von vornherein antimanichäischen Theologen zu zeichnen. Die dritte Zugriffsweise erfreut sich immer dann besonderer Beliebtheit, wenn Augustin, und damit eine der großen Autoritäten der lateinischen Theologiegeschichte, kritisiert werden soll. Häufig stehen dabei dualistische Gedanken im Verdacht, latent manichäisch zu sein,[1] erst recht, wenn sie sich als leibfeindlich charakterisieren lassen. Die Erbsünden- und Prädestinationslehre Augustins scheint dann in besonderer Weise »manichäisch« zu sein, steht

[1] ADAM, *Fortwirken* geht hier am weitesten: Er macht als Fortwirken des Manichäismus geltend: a) die Struktur der *conf.*, b) die Erbsünden- und Prädestinationslehre, c) die Geschichtstheologie von *civ.* und d) die Trinitäts- und Seelenlehre.

sie doch im Verdacht, eine massive Leibfeindlichkeit mit einer dualistischen Aufteilung der Menschheit zu verbinden.[2] Und in der Tat: Denkt man an die Auseinandersetzungen um die Prädestinationslehre im 9. Jahrhundert, an den Streit um die Theologie des Arminius oder den Jansenismus, ist es genau dieser Teil der augustinischen Theologie, der in der Theologiegeschichte immer wieder Gegenstand heftiger Debatten wurde.

Welche Bedeutung hat der Manichäismus für Augustin und seine Theologie? Dazu will das vorliegende Bändchen einen Überblick geben. Alle drei oben genannten Perspektiven sollen dabei in den Blick kommen: Was ist erkennbar über den Manichäismus, dem Augustin als junger Mensch jahrelang zugehörte, und über die Motive, die ihn für den Manichäismus einnahmen? (Teil A) Und wie hat sich Augustin später damit auseinandergesetzt, wie ist er selbst gegen den Manichäismus, gegen seine Glaubensgenossen von einst, zu Felde gezogen? (Teil B) Und schließlich: Ist trotz aller polemischer Bekämpfung auch ein bleibender Einfluss festzustellen? Inwiefern lässt sich sagen, dass man Augustins Theologie ohne den Manichäismus kaum angemessen verstehen kann? (Teil C).

Fragen wie diese gewinnen in der Augustinforschung zunehmend an Gewicht. Das liegt zum einen daran, dass die historische Kontextualisierung mehr und mehr zum Standard der Augustinforschung geworden ist,[3] zum anderen daran, dass die Manichäismusforschung sich im 20. Jahrhundert enorm entwickelt hat. Nachdem im 19. Jahrhundert Ferdinand Christian Baur eine noch heute le-

---

[2] Vgl. Buonaiuti, *Manichaeism* 118; Adam, *Fortwirken* 16f; Frend, *Gnostic-Manichaean Tradition* 24; Flasch, *Logik des Schreckens* 29.

[3] Vgl. Drecoll, *Augustinforschung* 877.

senswerte Gesamtdarstellung des Manichäismus gegeben hatte,[4] hat sich die Manichäismusforschung durch umfangreiche Funde manichäischer Originaltexte im 20. Jahrhundert erheblich differenziert und verbreitert.[5] Für die Augustinforschung ist die Darstellung des nordafrikanischen Manichäismus und Augustins Auseinandersetzung mit dem Manichäismus durch François Decret das bis heute unübertroffene Standardwerk. Für die Entwicklung des jungen Augustin sind insbesondere die Überlegungen von Erich Feldmann einschlägig. Wichtige Beiträge sind dann das Symposium »Augustine and Manichaeism in the Latin West«, die Darstellung des Manichäismus im *Imperium Romanum* (Römischen Reich) durch Samuel Lieu und die Neuedition der *Manichaica Latina* durch Markus Stein.[6] Erschienen sind bereits die ersten Bände des *Corpus Fontium Manichaeorum*, die insbesondere durch Konkordanzen eine Erschließung

[4] BAUR, *Religionssystem.* Die Forschungsgeschichte bis etwa 1980 ist vorbildlich aufgearbeitet von RIES, *Études Manichéennes.* Für die Zeit vor Baur ist besonders Isaac de Beausobre zu nennen; vgl. RIES, *Études Manichéennes* 36–42. Eine umfassende Bibliographie, die bis 1996 reicht, hat MIKKELSEN, *Bibliographia Manichaica* vorgelegt. Die International Association of Manichaean Studies (IAMS) gibt jährlich einen Manichaean Studies Newsletter heraus, der die jüngsten Forschungsbeiträge aufführt.

[5] Vgl. zu den Textfunden GARDNER/LIEU, *Manichaean Texts* 25–45; HUTTER, *Manichäismus* 9–16; speziell zu Ägypten vgl. LIEU, *Mesopotamia* 61–89.

[6] DECRET, *Afrique*; ders., *Aspects*; FELDMANN, *Einfluß* (Separatdruck des Abschnitts über die *Epistula fundamenti*: = ders., *Epistula fundamenti*); VAN OORT/WERMELINGER/WURST, *Augustine and Manichaeism in the Latin West*; LIEU, *Later Roman Empire;* STEIN, *Manichaica* I-III. Zu nennen sind aus jüngerer Zeit BEDUHN, *Dilemma*; CLACKSON/HUNTER/LIEU, *Dictionary* und VAN DEN BERG/KOTZÉ/NICKLAS/SCOPELLO, *In search of truth.*

des Materials erleichtern. Hinzu kommen einzelne Kommentierungen antimanichäischer Werke Augustins.[7] Die Entwicklung der Manichäismusforschung für die Augustinforschung fruchtbar zu machen ist eines der zentralen Aufgabenfelder künftiger Augustinforschung.

Das vorliegende Bändchen will dazu seinen Beitrag leisten, indem es weder versucht, den Manichäismus insgesamt darzustellen, noch versucht, Augustin insgesamt in den Blick zu nehmen. Es soll vielmehr um den nordafrikanischen Manichäismus gehen, und zwar um das, was über ihn im 4. Jahrhundert und bis zu Augustins Tod im Jahr 430 bekannt ist. Und Augustins Werke sollen insoweit herangezogen werden, als sie für die skizzierten Fragestellungen aufschlussreich sind.

Überlegt man, welche Quellen für diese Fragestellungen heranzuziehen sind, dann sind das an erster Stelle die manichäischen Originaltexte aus Nordafrika und einige weitere lateinische Manichaica. Unter ihnen ragen die Fragmente der *Epistula fundamenti* (des Grundlagenbriefs) und des *Thesaurus* (Schatzes) heraus, die sich in Werken Augustins und bei Evodius finden.[8] Hinzu kom-

---

[7] Zu *util. cred.* vgl. HOFFMANN, *De utilitate credendi*; zu *c. Fort.* vgl. RUTZENHÖFER, *Contra Fortunatum*; zu *c. Sec.* vgl. KUDELLA, *Contra Secundinum;* zu *nat. b.* vgl. HERMANNI, *Augustinus.* Eine Neuedition von *c. Faust.* wird von Bernd Neuschäfer, Göttingen, vorbereitet. Die Edition der antimanichäischen Schriften Augustins durch Zycha (CSEL 25) ist teilweise problematisch. Textverbesserungen schlägt u. a. MERKELBACH, *Text* vor.

[8] Eine Neubearbeitung der *Epistula fundamenti* liegt durch STEIN, *Manichaica* II vor. In Vorbereitung befindet sich eine entsprechende Edition und Kommentierung der zum *Thesaurus* gehörenden Fragmente (Band 4 der *Manichaica Latina*); bislang ist der *Thesaurus* aus der Habilitationsschrift von Bearbeiter STEIN zu zitieren. Während der *Thesaurus* auch als Schrift Manis in den ent-

men die umfangreichen *Capitula* (Hauptpunkte) des Faustus,[9] die Augustin in seiner Widerlegung zitiert. Die Aufzeichnungen der Disputationen mit Fortunatus und Felix[10] enthalten wörtliche Redebeiträge dieser beiden Manichäer. Fernerhin ist der erst 1918 in einer Höhle entdeckte *Codex Thevestinus* (Kodex von Tebessa) zu nennen, eine einzigartige manichäische Originalschrift, deren Wert besonders darin liegt, vom Werk Augustins definitiv unabhängig zu sein.[11] Von eingeschränktem Wert, da nicht aus Nordafrika (sondern aus Rom) stammend, ist die *Epistula* (der Brief) des Secundinus.[12] In ihrer

---

sprechenden Kanonlisten (vgl. hierzu Wurst, *Canon*; Reeves, *Jewish Lore* 13–19) belegt ist (vgl. Lieu, *Later Roman Empire* 8; Hutter, *Manichäismus* 11), ist die Verfasserschaft bei der *Epistula fundamenti* – sie richtet sich an einen Patticius – nicht klar. Vgl. Scopello, *L'Epistula fundamenti* 214–228; Coyle, *Characteristics* 107f. Dazu, dass die Schrift nicht mit einer der anderen sieben kanonischen Schriften Manis identifiziert werden kann (was vielleicht *c. Fel.* 1,14 nahelegen könnte), vgl. Stein, *Manichaica* II, 58f. Zur Authentizität der *Epistula fundamenti* vgl. unten S. 16 Anm. 20. Zu Evodius vgl. Decret, *Essais* 125–155.

[9] Vgl. zur Gattung der *Capitula* Wurst, *Capitula des Faustus*; Baker-Brian, *Manichaeism* 91–99. Im Hinblick auf eine mögliche Abhängigkeit der Ausrichtung der *Capitula* von Adimantus van den Berg, *Biblical argument* 181–200. Vgl. außerdem Decret, *Contra Faustum* und Baker-Brian, *Biblical Traditions*.

[10] Vgl. zur Debatte mit Fortunatus Rutzenhöfer, *Contra Fortunatum*; Decret, *Contra Fortunatum;* BeDuhn, *Debate with Fortunatus;* zu derjenigen mit Felix vgl. Decret, *Contra Felicem*.

[11] Neubearbeitung und Faksimile bei Stein, *Manichaica* III.1 und III.2.

[12] Neue Bearbeitung des lateinischen Textes jetzt bei Kudella, *Contra Secundinum* 220–245. Skeptisch gegenüber einer vorschnellen Identifikation des römischen mit dem nordafrikanischen Manichäismus zeigt sich Coyle, *Characteristics* (gegen die ältere Ansicht von Decret, *Essais* 209–240).

Echtheit umstritten ist die *Epistula ad Menoch* (der Brief an Menoch), die in Augustins Erwiderung auf Julian belegt ist, aber wohl nicht aus Nordafrika stammt.[13] Nicht authentisch, erst recht nicht von Mani stammend, sind die Aussagen in dem pseudo-augustinischen *Sermo contra venena serpentum Manichaeorum* (der Predigt gegen das Gift der manichäischen Schlangen).[14]

Zu diesen in ihrer Zahl wie in ihrem Umfang begrenzten Primärtexten zum lateinischen, besonders zum nordafrikanischen Manichäismus sind die Informationen und Hinweise hinzuzunehmen, die aus antimanichäischen Werken erhoben werden können; für Nordafrika sind dies vor allem die Schriften Augustins.[15] Als Antimanichaica sind neben den Erwiderungen auf Faustus und Secundinus sowie den Disputationen mit Felix und Fortunatus zu nennen: *util. cred.*, *duab. an.*, *c. Adim.*, *c. ep. Man.*, *nat. b.*, *mor.*, *Gn. c. Man.*, das Referat in *haer.* 46 sowie verschiedene Passagen in anderen Schriften Augustins (vgl. S. 107–112). Innerhalb der *conf.* hat besonders *conf.* 3 einen hohen Quellenwert; einige Informationen bieten auch Possidius' *Vita Augustini* (Lebensbeschreibung Augustins)[16] und der *Indiculus* (das Verzeichnis). Hinzu kommen Evodius, *De fide* (über den Glauben), schließlich Gesetzestexte (vgl. S. 11–13), spätere kirchliche Verwerfungstexte (besonders die Mailänder Anathematismen und Prosper, *Anathematismi* / Ana-

---

[13] Neubearbeitung von STEIN, *Manichaica* I.

[14] Text bei DOLBEAU, *Opuscule latin* 392–395 (in: *Augustin et la predication*); vgl. STEIN, *Manichaica* II, 110–118.

[15] Eine Zusammenstellung aller antimanichäischen Werke aus dem 3.–6. Jahrhundert gibt LIEU, *Mesopotamia* 197–202.

[16] Vgl. zur Stilisierung durch Possidius besonders ELM, *Macht der Weisheit* 118–126.

thematismen[17]) und einige Informationen bei Leo dem Großen (vgl. S. 181–188). Schließlich gibt es verschiedene kurze Quellentexte (z.B. die Erklärung des Cresconius, vgl. unten S. 11; die Erzählung über den konvertierten Manichäer in den *Verba Seniorum* [Worten der Alten][18] und die pseudo-augustinische Abschwörungsformel[19]). So beschränkt der Umfang dieser Quellen damit auf den ersten Blick zu sein scheint, so umfangreich und komplex sind die damit aufgeworfenen Probleme. Zugleich lässt sich aufgrund der genannten Texte doch ein recht präzises Bild des nordafrikanischen Manichäismus zeichnen, das dann zu der Art und Weise, wie sich Augustin, kritisch wie rezipierend, mit dem Manichäismus auseinandersetzt, in Beziehung gesetzt werden soll.

---

[17] Lateinische Texte bei ADAM, *Texte* 88–93.

[18] *Verba seniorum* 13,11 (PL 73, 945); vgl. GARDNER/LIEU, *Manichaean Texts* 120.

[19] Text als *Commonitorium sancti Augustini* (kurze Belehrung des heiligen Augustin) in CSEL 25/2, 979–982; zu den Abschwörungsformeln insgesamt vgl. LIEU, *Mesopotamia* 203–305.

Teil A: Der Manichäismus, zu dem sich Augustin hinwandte

I. Der nordafrikanische Manichäismus

1. Grundzüge manichäischer »Kirchengeschichte« in Nordafrika

In Nordafrika ist die Existenz des Manichäismus für den Beginn des 4. Jahrhunderts durch einen an den Prokonsul von *Africa* namens Julianus gerichteten Erlass von Kaiser Diokletian bezeugt, der auf den 31. März 302 zu datieren ist.[1] Nach einer grundsätzlichen Erklärung dazu, dass die *vetus religio* (althergebrachte Religion) nicht von einer Neuerung herabgesetzt werden darf, wird als besondere Neuerung der Manichäismus genannt. Ausdrücklich wird gesagt, dass die Manichäer »*nuperrime veluti nova et inopinata prodigia in hunc mundum de Persica adversaria nobis gente progressa*« (»in jüngster Zeit wie neue und unvermutete Ungeheuer, die aus dem uns feindlichen Perservolk in diese Welt vorgedrungen sind«) nach *Africa* gekommen seien. Der politische Dauerkonflikt zwischen dem *Imperium Romanum* und dem Perserreich macht den Manichäismus wegen seiner Herkunft auch politisch verdächtig. Entsprechende Strafandrohungen folgen.

---

[1] Lateinischer Text bei ADAM, *Texte* 82–84. Zur Datierung vgl. DECRET, *Afrique* I, 164; MOSIG-WALBURG, *Römer und Perser* 168–176. Für das Jahr 297 hingegen votieren BEDUHN, *Dilemma* 27, und KADEN, *Edikte* 56.

Die Verbreitung des Manichäismus in Nordafrika lässt sich nur hypothetisch rekonstruieren. Immerhin lassen sich aber einige Namen nennen, sowohl aus größeren Städten als auch aus eher ländlichen Gebieten, zudem aus verschiedenen Provinzen,[2] sodass sich der Eindruck ergibt, dass der Manichäismus in Nordafrika relativ weit verbreitet war. Über die Zahl derer, die insgesamt in der Bevölkerung zum Manichäismus zu rechnen waren, lässt sich allerdings nichts sagen. Für Karthago ist Augustin einer der wichtigsten Zeugen (besonders *conf.* 3–5), in Hippo hat Fortunatus die manichäische Gemeinschaft erheblich beleben können (vgl. *retr.* 1,16,1). Possidius (*Vita Augustini* 15,5) nennt außerdem einen *negotiator* (Kaufmann) namens Firmus, der über Jahre hinweg der *Manichaeorum secta* (Sekte der Manichäer) angehangen habe.[3] Augustin berichtet von einem Bischof (vermutlich in Thagaste), den seine Mutter Monnica gebeten hatte, auf ihren Sohn einzuwirken und seine *errores* (seinen Irrglauben) zu widerlegen, und erwähnt dabei, dass der Bischof selbst einst als junger Mann zu den Manichäern gehört habe (*conf.* 3,21). Dies setzt also eine Verbreitung des Manichäismus etwa 20 Jahre vor Augustins Hinwendung zu demselben (im Jahr 373) voraus und ist insofern interessant, als hier belegt ist, dass ein ehemaliger Manichäer später katholischer Bischof wurde. In derselben Region ist wohl die Ortschaft Vegesela zu lokalisieren, deren Presbyter Quintianus von Augustin aufgefordert wird, keine Schriften im Gottesdienst vorzulesen, die nicht zum kirchlichen *canon* (Schriftenkanon) gehören, weil diese die Manichäer besonders nutzten, die sich *»in*

---

[2] Vgl. zum Folgenden Decret, *Afrique* I, 192–205.

[3] Vgl. Divjak, *Firmus*.

campo vestro« (»in eurem Gebiet«) verborgen hielten (*ep.* 64,3). Für Mileve lässt sich lediglich auf die Herkunft des Manichäerbischofs Faustus verweisen.[4] Hinzu kommt insbesondere noch die Gegend von Tebessa (der Fundort des Kodex von Tebessa liegt etwa 75 Kilometer südlich von Tebessa[5]). Für die Gegend von Caesarea in Mauretania belegt eine Anzeige die Existenz einer manichäischen Gemeinschaft: Unter den 11 Namen, die der zur *catholica* (katholischen Kirche bzw. Mehrheitskirche) konvertierte Cresconius[6] nennt, stammen zwei aus Hippo, sodass sich fragen lässt, ob die manichäischen Gemeinschaften in Mauretania von Hippo aus gegründet worden sind. Die Existenz des Manichäismus in Mauretania setzt auch Augustin, *ep.* 236 voraus, wo der Fall eines Victorinus aus Malliana berichtet wird, der – in seinem kirchlichen Amt als Subdiakon – manichäische Lehren verbreitet hat (*ep.* 236,1). Augustin schreibt an den Metropoliten der Provinz, weil er analoge Fälle in der gesamten Provinz verhindern möchte.

Aus der Zeit ab Ende des 4. Jahrhunderts ist eine Fülle von Gesetzen erhalten, die sich teils spezifisch gegen die Manichäer richten, teils gegen Häretiker allgemein vorgehen und darunter auch die Manichäer subsumieren.[7] Das Verbot der Manichäer durch Valentinian aus dem

---

[4] Allerdings betont Faustus selbst, dass seine Eltern Heiden waren (*c. Faust.* 13,1; vgl. *c. Faust.* 19,5).

[5] Vgl. Stein, *Manichaica* III.1, 111.

[6] Die ältere Abgrenzung des Zitats bei Decret, *Afrique* I, 194f ist mit Lieu/Lieu, *Mistaken identity* und Lieu, *Mesopotamia* 153–155, zu korrigieren (vgl. auch Decrets Einwände zur Korrektur in: ders., *Essais* 118f Anm. 21).

[7] Beskow, *Theodosian Laws* 7, weist darauf hin, dass die antimanichäischen Gesetze des *Codex Theodosianus* keinen Bezug mehr zur Herkunft des Manichäismus aus Persien herstellen. Vgl. zum

Jahr 372 nennt gezielt die *domus et habitacula* (Häuser und Wohnstätten) der Manichäer (*Cod. Theod.* 16,5,3). Dies lässt die Annahme zu, dass die Manichäer in Nordafrika sich in Privathäusern versammelten, ganz so, wie es Augustin für Rom belegt, wo der *auditor* (Hörer) Constantius (*c. Faust.* 5,5) sein Privathaus in ein *conventiculum* (einen Ort regelmäßiger Zusammenkunft) für alle *electi* (Auserwählten) Roms umgewandelt hat (*mor.* 2,74). An solchen privaten Versammlungsorten dürften auch die *auditores* (Hörer) zusammengekommen sein, um den wöchentlichen Gottesdienst[8] und besondere Feste (wie das Bemafest) zu feiern. Ein recht weitgehendes Edikt wurde 381 erlassen: Es untersagte den Manichäern die Vererbung und erkannte ihnen (auch rückwirkend) die Eigentumsübertragung ab. Sie verloren die *facultas testandi* (Fähigkeit, ein Testament zu hinterlassen) ebenso wie die *facultas vivendi iure Romano* (Fähigkeit, nach dem Römischen Recht zu leben, was wohl vor allem eine Art der Geschäftsfähigkeit bezeichnet; nicht ganz klar ist, ob damit auch das römische Bürgerrecht entzogen wurde), und schließlich wird ihnen die *potestas aut relinquendae aut capiendae alicuius hereditatis* (Möglichkeit, irgendein Erbe zu hinterlassen oder anzunehmen) genommen (*Cod. Theod.* 16,5,7 *principium*, Edikt vom 8. Mai 381, das sich an den Prätorianerpräfekten Eutropius in Illyrien richtet). Umgehungen dieses Verbots durch Schenkungen wurden untersagt. Im Fall der Enteignung wurden die Güter an Kinder weitergegeben, sofern diese nicht selbst dem Manichäismus zugehörten (ebd.

Verweis auf die persische Herkunft in der Ketzerpolemik HUNTER, *Syriac Sources* 293.

[8] Vgl. dazu DECRET, *Afrique* I, 203.

16,5,7,2). Damit sollte es auch finanziell begünstigt werden, sich vom Manichäismus abzuwenden. Die Manichäer wurden rechtlich eindeutig als Häretiker beurteilt und tauchen insofern in *Cod. Theod.* 16,5,9 (vom 31. März 382) neben Enkratiten und anderen Häretikergruppen auf. Neben den allgemeinen Häretikergesetzen werden auch in den folgenden Jahren noch immer wieder spezifische Gesetze erlassen (so besonders *Cod. Theod.* 16,5,18; 16,5,35; 16,5,38; 16,5,40; 16,5,43).[9]

Hinsichtlich der Struktur der manichäischen Gemeinschaft, die durchaus auch als *ecclesia sancta* (heilige Kirche) bezeichnet wird (*Epistula fundamenti* fr. 8,1[10]), unterscheidet Augustin regelmäßig zwischen den *electi* (Auserwählten), die auch *sancti* (Heilige), *perfecti* (Vollkommene) oder *iusti* (Gerechte) heißen, und den *auditores* (Hörern), die auch *catechumeni* (Katechumenen, d.h. »zu Unterrichtende«) genannt werden.[11] Diese Einteilung der Manichäer in zwei Klassen ist der zentrale Gegenstand des *Kodex von Tebessa*, der wohl wenigstens zwei Bücher einer Schrift *De duobus gradibus* (Über die zwei

---

[9] Vgl. KADEN, *Edikte*; LIEU, *Later Roman Empire* 146–150.

[10] Vgl. auch den Kodex von Tebessa A col. 34,9.

[11] Belege im Kodex von Tebessa: *perfecti*: A col. 31,6; *electi*: A col. 35,9; A col. 46,11f; A col. 47,12; *auditores*: A col. 34,5; A col. 47,13; *catechumeni*: A col. 35,2; A col. 42,5f; A col. 51,7.14f; vgl. A col. 38,2–5: *»auditores [...]m sive, ut dixi[m]us, catechumeni [s]unt appellati«* (»Hörer [...] bzw. – wie wir sagten – Katechumenen sind sie genannt worden«). Zu *iusti* vgl. den Kodex von Tebessa A col. 42,16–19 (und den Kommentar dazu in STEIN, *Manichaica* III.1, 252). Zu *sancti* vgl. *mor.* 2,36.60. In *c. Faust.* 30,5 kann Augustin die *electi* auch als *genus sacerdotum* (Priesterstand) bezeichnen, und zwar wegen der kultischen Funktion ihres Essens; vgl. dazu unten S. 37–42.

Grade) enthielt.[12] Innerhalb der *electi* gibt es das Amt der *episcopi* (Bischöfe) (bezüglich Nordafrika nur für Karthago wahrscheinlich [vgl. *mor.* 2,70], doch zeigt das Beispiel des Faustus, dass es auch manichäische Bischöfe gab, die kaum einer Stadt zugeordnet werden können) und das der *presbyteri* (Priester) wie Fortunatus (*retr.* 1,15,1). Die Bezeichnung als *doctor* (Lehrer bzw. Gelehrter) scheint hingegen nicht auf einen eigenen Weihegrad zu verweisen.[13] Wenn Fortunatus davon spricht, dass er Augustins Argumente mit seinen *maiores* (Älteren) besprechen wolle (*c. Fort.* 37), ist damit wohl dieselbe Autorität gemeint wie mit den verschiedentlich auftauchenden *primates* (Vorstehern) (*mor.* 2,11.70; *c. Adim.* 15). Ob damit eine Versammlung der *electi* oder eine bestimmte andere Institution gemeint ist, ist nicht erkennbar. Das Referat in *haer.* 46,16 belegt, dass Augustin außerdem eine Gesamtstruktur der manichäischen Kirche kannte, die sich aus dem *princeps* (Oberhaupt), 12 besonderen *magistri* (Leh-

---

[12] Kodex von Tebessa A col. 30,9f; Stein, *Manichaica* III.1, 118–120.322.

[13] Die Bezeichnung *doctor* wird gleichermaßen für den Bischof Faustus (*conf.* 5,13), für den *electus* Felix (Possidius, *Vita Augustini* 16,4; *retr.* 2,8) und für Manis Schüler Adda(s)/Adimantus (*c. Adim.* 12; *c. Faust.* 6,6) verwendet. Vielleicht lässt sich der Hinweis auf besonders mit der Missionspredigt beauftragte *electi* in *haer.* 46,16 dahingehend deuten, dass neben Klerikern auch geeignete *electi* speziell mit der Lehre und Missionspredigt beauftragt wurden (*»ad hunc errorem, vel ubi est, sustentandum et augendum, vel, ubi non est, etiam seminandum«* / »um diesen Irrtum entweder dort, wo es ihn schon gibt, zu stützen und zu vermehren, oder ihn dort, wo es ihn nicht gibt, überhaupt erst zu säen«). Ob die Bezeichnung des Fortunatus als *praecessor tuus* (dein Vorgänger) in *ep.* 79 als Verweis auf ein Amt, etwa das eines *doctor*, aufzufassen ist (dafür, dass Felix der Adressat ist, spricht wohl *retr.* 2,8; vgl. Decret, *Aspects* 74f), ist unsicher.

rern) und 72 Bischöfen zusammensetzte, außerdem aus zahlenmäßig nicht begrenzten[14] *presbyteri*, aus *diaconi* (Diakone) und zuletzt aus bloßen *electi.*[15] Die Existenz von *electae* (weiblichen Auserwählten) ist durch Augustin nicht sicher bezeugt.[16]

2. *Manichäische Mythologie in nordafrikanischen Quellen*

Die Suche nach dem einen manichäischen Mythos ist ebenso aussichtslos wie diejenige nach dem einen gnosti-

---

[14] Vgl. *haer.* 46,16: *»qui ordinantur ab episcopis indefiniti«* (»die ohne [scil. zahlenmäßige] Bestimmung von den Bischöfen geweiht werden«). In Quellen aus dem Osten ist die Zahl der Priester auf 360 begrenzt; vgl. ein chinesisches Kompendium (SCHMIDT-GLINTZER, *Chinesische Manichaica* 73) und ein mittelpersischer Hymnus (BÖHLIG, *Gnosis* III, 217).

[15] Vgl. auch *ep.* 236,2: *»non a solis presbyteris vel episcopis aut diaconis eorum, sed a quibuslibet electis«* (»nicht allein von ihren Priestern, Bischöfen oder Diakonen, sondern von beliebigen Auserwählten«).

[16] Vgl. *Cod. Theod.* 16,5,7; vgl. aber Possidius, *Vita Augustini* 16,1 und Leo, *Sermo* 16,4; für den syrischen Bereich z.B. die manichäische *electa* (Auserwählte) Julia aus Antiochia, die in Palästina wirkte (LIEU, *Later Roman Empire* 193). Zu *electae* im östlichen Manichäismus vgl. COYLE, *De moribus ecclesiae* 349f; ders., *Manichaeism and its legacy* 141–205; ders., *Prolegomena* 81–83. Bei Augustin selbst ist allenfalls *haer.* 46,9 anzuführen: *»quandam Manichaeam quasi sanctimonialem«* (»eine gewisse Anhängerin des Mani, eine Art heilige Jungfrau«), womit vielleicht eine spezielle Gruppe im Blick ist, die Augustin mit dem katholischen Jungfrauenstand vergleicht (den Begriff *sanctimonialis* verwendet er sonst regelmäßig für eine Vertreterin des Jungfrauenstandes, so z.B. in *s.* 93,1; *virg.* 46.57; *civ.* 1,16; *haer.* 82; *ep.* 78,6; *pecc. mer.* 3,13 *en. Ps.* 83,4).

schen Urmythos.[17] Auch ist es methodisch fragwürdig, Quellen aus verschiedensten Zeiten, Regionen und Sprachwelten schlichtweg mit den Nachrichten aus Nordafrika zu vermischen, um ein Bild von dem manichäischen »System« nachträglich zu synthetisieren.[18] Umgekehrt sind für Manis Denken die Zitate, die bei Augustin und Evodius belegt sind, zentrale Zeugnisse.[19] Sie belegen zugleich, dass die Verfasser der *Epistula fundamenti* (des Grundlagenbriefs) und des *Thesaurus* (Schatzes), d.h. entweder Mani selbst oder die direkte Generation nach ihm,[20] bereits mythologische Erzählmuster benutzt haben. In den wichtigsten Quellen für Ägypten aus dem vierten Jahrhundert, den *Kephalaia* und den koptischen Psalmen, sind teilweise ähnliche Strukturen greifbar, die ein hohes Alter der entsprechenden Grundmuster nahelegen und die (polemisch

---

[17] Vgl. MARKSCHIES, *Gnosis* 33.

[18] Vor einem solchen Versuch, das Denken Manis aus späteren Texten zu rekonstruieren, sollte schon die Tatsache warnen, dass MARKSCHIES, *Valentinus Gnosticus* recht deutlich nachweisen konnte, dass die Theologie des Valentinus, wie sie sich aus den zugegebenermaßen wenigen Fragmenten erheben lässt, eben keineswegs eine Art Urtyp valentinischer Gnosis enthält.

[19] Dass die *Epistula fundamenti* und der *Thesaurus* eine besondere Bedeutung innehatten, belegen die Antworten des Felix in *c. Fel.* 1,14; vgl. auch Evodius, *De fide* 36.

[20] Beide Texte sind in lateinischer Übersetzung zugänglich gewesen, sodass sie gegenüber den ursprünglichen Texten auch modifiziert gewesen sein könnten; vgl. STEIN, *Manichaica* II, 56 Anm. 4. Immerhin lässt sich Augustin aber in der Disputation die Authentizität des von ihm benutzten Textes der *Epistula fundamenti* ausdrücklich bestätigen; für Felix stand Mani als Verfasser der *Epistula fundamenti* fest (vgl. *c. Fel.* 1,1). Immerhin legen auch Textstellen aus China und Ägypten nahe, dass Mani sich an Patticius gewandt hat; vgl. DECRET, *Contra Epistulam Manichaei* 1071.

verzeichnet) auch in den *Acta Archelai* (Aufzeichnungen [der Disputationen] des Archelaos [mit Mani]) greifbar sind. Im Vergleich mit den späteren Darstellungen des Systems im syrischen Bereich, etwa bei Severus von Antiochien (Anfang 6. Jahrhundert) und Theodor bar Koni (Ende 8. Jahrhundert), ist auffällig, dass in den nordafrikanischen Texten einige Größen der drei Berufungen ebenso fehlen wie die Hypostasierung von Ruf und Antwort.[21] Dafür scheinen in dem nordafrikanischen Manichäismus die Christusgestalt und der Paraklet eine relativ wichtige Rolle gespielt zu haben (vgl. *haer.* 46,15f). Illustrationen oder bildliche Darstellungen sind für den nordafrikanischen Manichäismus nicht belegt.[22]

---

[21] Hilfreich sind die Übersicht über die Namen in den koptischen Manichaica bei VAN LINDT, *Mythological Figures* 211–219, sowie der Similienapparat zu Hegemonius, *Acta Archelai* 6–13; vgl. unten S. 93 Anm. 24.

[22] Die Entdeckung erheblich jüngerer manichäischer Illustrationen besonders aus China und Japan haben zu der Vermutung geführt, Mani habe selbst einen Bildkodex verfasst, der dann entsprechend tradiert worden sei; vgl. zu diesem Forschungstrend GULÁCSI, *Silk Painting* 319 mit Anm. 15 sowie die Bilder in GULÁCSI, *Mediaeval Manichaean Book Art* und im Anhang von VAN DEN BERG/KOTZÉ/NICKLAS/SCOPELLO, *In search of truth.* Angekündigt ist GULÁCSI, *Mani's Picture Book* (vgl. GULÁCSI, *Silk Painting* 334 Anm. 43); noch nicht berücksichtigt werden konnte Yoshida (vgl. GULÁCSI, *Silk Painting* 315 Anm. 2). Falls ein solches Bilderbuch bestanden haben sollte, so fehlt zumindest ein Beleg für seine Verwendung im nordafrikanischen Manichäismus. Augustins Polemik richtet sich zwar gegen die *pretiosi codices* (wertvollen Kodizes; *c. Faust.* 13,6; vgl. LIEU, *Later Roman Empire* 175f), und er fordert dazu auf, *»omnes illas membranas elegantesque tecturas decoris pellibus exquisitas«* (»all jene Pergamentblätter und edlen Einbände, vorzüglich aufgrund ihres feinen ledernen Materials«) zu verbrennen (*c. Faust.* 13,18; vgl. 15,4). Allerdings wird dabei die edle Beschaffenheit der Kodizes nicht explizit mit einer Bemalung

Augustin scheint manche seiner Kenntnisse erst nach und nach, manche vielleicht auch erst in der Beschäftigung mit seinen Gegnern, etwa Faustus, gewonnen zu haben.[23] Nicht jede Information über den Manichäismus beim späteren Augustin verweist also zwangsläufig auf das, was Augustin als junger *auditor* zwischen 373 und 382 gekannt hat. Wenn im Folgenden der Versuch unternommen wird, einmal das zu erheben, was aufgrund der Schriften Augustins und einiger ergänzender Hinweise bei Evodius und Secundinus als mythologische Erzählelemente belegt ist, soll damit weder gesagt sein, dass Augustin in den Jahren nach 372 genau diese mythologische Erzählfolge gekannt hat, noch soll damit ein umfassendes Bild »des manichäischen Mythos« gegeben werden. Es soll lediglich illustriert werden, was sich – ohne Supplement aus den griechischen, koptischen, syrischen etc. Quellen – aus den lateinischen Quellen bereits ergibt. Es handelt sich um ein relativ vielschichtiges und insgesamt recht umfassendes Bild.

---

begründet, geschweige denn mit einer figürlichen. Augustin sieht einen Widerspruch zwischen der Benutzung von Leder bzw. Pergament als Schreibstoff und dem Ausschluss tierischer Nahrung in den Speisegeboten, und auf eben dieser Gegenüberstellung dürfte auch die mehrfache Betonung der erlesenen Qualität des Pergaments beruhen. Auch in *c. Faust.* 13,18, wo Augustin *atramentum* (schwarze Tinte) und *encaustum* (rote Tinte, für Auszeichnungen verwendet) erwähnt, braucht eine illustrierende Bemalung nicht zwingendermaßen im Blick zu sein. Hinweise auf Bildkodizes ergeben sich also aus den untersuchten Zitaten nicht. Im Gegenteil stellt Augustin andernorts heraus, dass die Manichäer die Gegenstände ihres Mythos *»nec pingendo aut sculpendo nec interpretando«* (»weder durch Zeichnen oder Bildhauerei noch durch Auslegung«) dargestellt hätten (*c. Faust.* 20,9).

[23] Vgl. hierzu die Überlegungen von COYLE, *What did Augustine know?* und VAN OORT, *Augustine's Knowledge*.

Um die verstreuten Nachrichten zu ordnen, ist zu fragen, ob sich eine Grundstruktur erkennen lässt, in die sich dann die einzelnen mythologischen Erzählstücke einordnen lassen. Feldmann hatte angenommen, dass die *Epistula fundamenti* eine vollständige mythologische Erzählstruktur aufgewiesen habe,[24] die grundsätzlich dem Bericht bei Theodor bar Koni entspreche. Entsprechend hatte er immer dort, wo in diesem Erzählfaden kein Fragment aus der *Epistula fundamenti* vorliegt, eine entsprechende Ergänzung aufgrund von griechischen, koptischen oder syrischen Quellen vorgenommen und dies mit den bei Augustin verstreuten Nachrichten zu bestätigen versucht. Im Folgenden soll hingegen versucht werden, nur aus dem, was die Werke Augustins bieten, ein Bild zu erheben. Dabei kann als Grundstruktur durchaus die von Feldmann hervorgehobene Unterscheidung von *initium, medium et finis* (Anfang, Mitte und Ende) benutzt werden, deren Bedeutung jedoch genauer zu hinterfragen ist.

Diese Dreiheit *initium, medium et finis* nennt Felix als Inhalt der *Epistula fundamenti.*[25] Hierfür kommen zwei Deutungen in Frage: a) Die Einteilung meint mit *initium* den Anfangszustand, in dem das Reich des Lichts und das der Finsternis vollständig getrennt waren, dann mit *medium* den aus mehreren Abschnitten bestehenden

---

[24] Vgl. FELDMANN, *Epistula fundamenti* 55.62.68.78.

[25] Vgl. auch *c. Fel.* 1,6; 1,9. Die entsprechende Aussage wurde bereits von FELDMANN, *Epistula fundamenti* 51, als »Inhaltsangabe« bezeichnet (bei demselben als fr. 8b der *Epistula fundamenti* gezählt). Stein hat die entsprechende Stelle als Fragment 4 eingeordnet (wobei umstritten ist, ob letztgenannter Text eher als ein Fragment oder als Zeuge für Fragment 3 zu werten ist; vgl. STEIN, *Manichaica* II, 88f).

Kampf zwischen beiden Reichen und schließlich mit *finis* die endgültige Trennung. b) Die drei Zeitbereiche beziehen sich auf drei Phasen des Kampfes zwischen beiden Reichen. Danach würde die erste Phase insbesondere die Entsendung des Urmenschen und die Vermischung von Lichtelementen mit der Finsternis bzw. Materie überhaupt umfassen, die zweite Phase die Erschaffung der Welt mit Tieren und Pflanzen, die dritte Phase die Erschaffung des Menschen.

Für die nordafrikanischen Manichäer sind die erhaltenen Aussagen nicht eindeutig. Bei Augustin ist die zweite Deutung als Binneneinteilung des Kampfes wahrscheinlicher,[26] doch scheint er im Einzelnen nicht ganz strikt immer dieselbe Aufteilung benutzt zu haben. In *c. Fel.* 2,1 versteht Augustin unter dem *initium* den Kampf gegen die *gens tenebrarum* (das Volk der Finsternis), die Vermischung mit den Dämonen und die Bindung der Lichtelemente. Das entspricht einer Deutung als Binnengliederung des Kampfes. In *c. Fel.* 2,7 allerdings unterscheidet er die *media doctrinae vestrae* (Dinge in der Mitte eurer Lehre), zu der er die Ausläuterung und die Verführung der Archonten zählt, von dem *finis*, der in der endgültigen Bestrafung besteht. Das könnte auch im Sinne der ersteren Deutung verstanden werden. Ähnlich bezieht Augustin (*c. Faust.* 13,6) Faustus gegenüber das *initium* auf den Angriff der *gens tenebrarum*, das *medium* auf die Bindung von Lichtelementen in den Pflanzen, aber auch auf die Läuterung durch das Essen, den *finis* auf die Bestrafung der *anima misera* (elenden Seele) durch ihre Befestigung am *globus horribilis tenebrarum*

---

[26] So auch STEIN, *Manichaica* II, 63; vgl. WURST, *»Drei-Zeiten«-Formel.*

(schrecklichen Finsternisklumpen; *c. Faust.*; *c. Fel.*; *nat. b.* jeweils passim; *c. Sec.* 24). Auch hier lässt sich der *finis* eher auf die eschatologische Trennung beider Reiche beziehen, während für das *medium* Dinge genannt werden, die im Falle einer Binnengliederung zur zweiten und zur dritten Phase gehören. Lösen lässt sich das Problem vielleicht durch die Annahme, dass zum *initium* sowohl der Ausgangszustand gänzlich getrennter Reiche als auch der Beginn des Kampfes gerechnet wird, das *medium* dann die Erschaffung der Welt meint – wobei bisweilen auch noch die Erschaffung von Pflanzen und Tieren hinzugerechnet wird, die an anderer Stelle aber auch eher der dritten Phase zugerechnet wird –, und schließlich unter *finis* der Fortgang der Ausläuterung der Lichtelemente verstanden wird, insbesondere die Erlösung des Menschen, bis schließlich die Ausläuterung zu ihrem Ende kommt.[27] Diese Einteilung wird im Folgenden zugrundegelegt.

Der Ausgangszustand und der Beginn des Kampfes: Die Grundstruktur besteht darin, den Kampf zwischen den ursprünglich getrennten Naturen des Lichts und der Finsternis zu schildern. Eine Schilderung des Ursprungszustandes (*Epistula fundamenti* fr. 2,4: »*in exordio*« / »am Anfang«) enthält *Epistula fundamenti* fr. 2,4–9.[28] Demnach hat das *luminis imperium* (Reich des Lichts) der *deus pater* (Gott Vater) inne, der bei sich neben der *sapientia* (Weisheit) die *sensus vitales* (lebendigen Geis-

---

[27] Eine ähnliche Überlegung findet sich bei PEDERSEN, *Great War* 172–179.

[28] An die Stelle der Edition durch FELDMANN, *Epistula fundamenti* ist jetzt die durch STEIN, *Manichaica* II getreten, nach der im Folgenden zitiert wird.

teskräfte) hat, durch die er die zwölf *membra luminis* (Glieder des Lichts) umfasst. Eventuell verbirgt sich hinter den *sensus vitales* das, was außerhalb von Nordafrika als die »fünf Verstandeskräfte« bezeichnet wird.[29] Die zwölf *membra* (Glieder) sind wohl mit den in *c. Faust.* 15,5 genannten zwölf *saecula* (Äonen), die Gott umgeben, zu identifizieren.[30] Diese *membra* haben dann wieder unzählige *thesauri* (Schätze) in sich. An eine Seite dieses Lichtreiches, der *lucida et beata terra* (des lichten und seligen Landes), schließt sich die *tenebrarum terra* (das Land der Finsternis) an – Augustin beschreibt dies als Hineinragen eines Keils von unten her in das Reichs des Lichts[31] –, in der der *princeps* (Anführer bzw. Fürst) und weitere Größen (*genitores*/Erzeuger und ihr *fetus*/ihre Nachkommenschaft bzw. *innumerabiles principes*/unzählige Fürsten) sowie fünf Größen,[32] die hier *naturae* (Naturen) genannt werden, wohnen. In *mor.* 2,14 spricht Augustin von den *»quinque antra elementorum«* (»fünf Höhlen von Elementen«; *conf.* 3,11; vgl. *ep.* 7,4), womit vielleicht ineinanderliegende Schalen gemeint sind.[33] In *c.*

---

[29] Vgl. Feldmann, *Epistula fundamenti* 39f.

[30] Vgl. Feldmann, *Epistula fundamenti* 38–42; Stein, *Manichaica* II, 80f.

[31] Vgl. die Liste der Belege bei Decret, *Afrique* II, 240 Anm. 30. Die Aussage, dass der Keil von unten her hineinragt, ist z.B. in *c. ep. Man.* 23,25 belegt: *»cuneatum [deum] inferius terra tenebrarum«* (»[Gott] von unten keilförmig durchteilt durch das Land der Finsternis«). Vgl. zu der räumlichen Anordnung des Reiches der Finsternis im Verhältnis zum Reich des Lichts Bennett, *Primordial Space* 73–75.

[32] Diese Fünfzahl beim Reich der Finsternis macht es wahrscheinlich, dass auch die *sensus vitales* als Fünfzahl (scil. der Verstandeskräfte) dargestellt wurden.

[33] Vgl. hierzu Pettipiece, *Pentadic Redaction* 57f.

ep. Man. 28,31 ordnet er die fünf Größen konzentrisch an, wobei die *tenebrae* (die Finsternis) der äußerste Bereich sind und dann, jeweils weiter nach innen gehend, *aquae* (Wassermengen), *venti* (Winde), *ignis* (Feuer) und schließlich *fumus* (Rauch) folgen.[34]

Nach *Epistula fundamenti* fr. 3 ahnt der *lucis pater* (Vater des Lichts) die Gefahr, die von der Finsternis ausgeht, und beginnt daher, gleichsam als Präventivmaßnahme, den Kampf; ein *virtute potens numen* (eine an Kraft bedeutende göttliche Macht) soll die *stirps tenebrarum* (das Geschlecht der Finsternis) besiegen und zerstören. Ergebnis dieser ersten Maßnahme ist die Vermischung eines Teils des Lichts mit der Finsternis (*Epistula fundamenti* fr. *4: *»miscuisse naturae daemonum«* / »hat vermischt mit der Natur der Dämonen«). Die Entsendung dieses *primus homo* (ersten Menschen bzw. Urmenschen) taucht an mehreren Stellen auf;[35] er zieht mit den fünf Lichtelementen, die gleichsam seine Kleidung bzw. Waffen sind, in den Kampf, in dem die Lichtelemente gefangengenommen werden (*c. Faust.* 11,3).[36] Augustin kann dies auch als Vermengung der fünf Licht- mit den fünf Finsternis-

---

[34] In *mor.* 2,14, *c. ep. Man.* 28,31; 31,34 und *haer.* 46,7 werden den einzelnen Größen bestimmte Gestalten zugeordnet: den *tenebrae* die Schlangen, den *aquae* die schwimmenden Tiere, den *venti* die fliegenden Tiere, dem *ignis* die Vierfüßler und schließlich dem *fumus* die Zweifüßler.

[35] Vgl. *c. Faust.* 2,3f; 5,4f; 6,8; 11,3; 20,9; 24,2.

[36] Entsprechend sind Aussagen darüber, dass Gottes *substantia* (Substanz) im Kampf mit der *daemonum natura* (Natur der Dämonen) oder der *gens tenebrarum* (dem Finsternisvolk) mit derselben vermischt wird (verwendet ist das Verb *miscere* / vermengen neben *mergere* / hineinsenken), durchgängig auf diese erste Phase zu beziehen, auch wenn der *primus homo* nicht ausdrücklich genannt wird, so etwa in *c. Fel.* 2,3.7.13.

elementen beschreiben (*haer.* 46,7). Als *filius* (Sohn) dieses *primus homo* wird dann auch Christus genannt (*c. Faust.* 2,4). In diesem Sinne ist *Christus* die Chiffre für die Lichtelemente, die nach dem Kampf des *primus homo* in der Finsternis gefangen sind und wohl mit derjenigen Gestalt identisch sind, die Faustus in seinem Glaubensbekenntnis kontextbezogen auch *patibilis Iesus* (leidender Jesus) nennt (*c. Faust.* 20,2; vgl. 20,11).[37] Der Lichtvater bringt, so beschreibt es der *Thesaurus* Manis (fr. 1), einen Schleier als Sichtschutz an, weil er den Anblick der gefangenen Lichtelemente nicht ertragen kann.[38]

Die Entstehung der Welt: Die auf die anfängliche Gefangennahme von Lichtelementen folgende Entstehung des Kosmos ist in dem Referat in *haer.* 46 sowie wenigen weiteren Textstellen (besonders in *c. Faust.*) greifbar. Der *spiritus potens* (Lebendige Geist) errichtet die Welt (*c. Faust.* 20,9: »*mundum fabricantem*« / »der die Welt erbaut«). Ziel ist die Ausläuterung der fünf Lichtelemente *aer* (Luft), *lux* (Licht), *ignis bonus* (gutes Feuer), *aqua bona* (gutes Wasser) und *ventus bonus* (guter Wind) aus ihrer Vermischung mit den fünf Finsterniselementen (*fumus* / Rauch, *tenebrae* / Finsternis, *ignis malus* / böses Feuer, *aqua mala* / böses Wasser, *ventus malus* / böser Wind).[39] Dabei werden die Größen aktiv, die von diesen

---

[37] Dazu, dass *Iesus patibilis* nicht eine feststehende Bezeichnung manichäischer Mythologie ist, vgl. unten S. 31 Anm. 54.

[38] Gemäß STEIN, *Habilitationsschrift* II.1, handelt es sich hierbei um ein Fragment aus dem ersten Buch des *Thesaurus*, zitiert von Evodius, *De fide* 13 (vgl. außerdem ders., *De fide* 18–20.26.31.35.46; Augustin, *c. Faust.* 2,6; 18,7; 20,17; 22,12).

[39] Vgl. zu den fünf Elementen *haer.* 46,7 und *c. Faust.* 2,3; vgl. außerdem PUECH, *Manichéisme* 126f.

Elementen auf beiden Seiten hervorgebracht worden waren: Für die Finsternis belegt dies *haer.* 46,7 (»*quinque enim elementa, quae genuerunt principes proprios*« / »fünf Elemente, die ihre je eigenen Fürsten hervorgebracht haben«). Für die Lichtelemente ist zu überlegen, ob nicht eine analoge Hervorbringung die fünf in *c. Faust.* 15,6 genannten Größen hervorgebracht hat: *Splenditenens* (Lichtträger), *Rex honoris* (König der Ehre), *Adamas, Gloriosus rex* (ruhmreicher König) und *Atlas.* Von diesen fünf Größen treibt der *Gloriosus rex* die drei Räder (aus Feuer, Wasser und Wind) an, deren genaue Funktion unklar ist. Die Welt wird aus den gefangenen Körpern der *gens tenebrarum* hergestellt (in denen die Lichtelemente enthalten sind; *c. Faust.* 20,9; vgl. *c. Fort.* 1) und besteht aus acht Erden und zehn Himmeln, die vom *Atlas* getragen und vom *Splenditenens* »aufgehängt« bzw. in der Schwebe gehalten werden.[40]

Inwiefern die Entstehung von Pflanzen und Tieren noch in den Aussagen zur Weltentstehung inbegriffen war, ist in den bei Augustin und Evodius greifbaren Texten nicht ganz deutlich. Wesentlich ist ein Fragment aus dem *Thesaurus* (fr. 3), das Augustin in *nat. b.* 44 und Evodius in *De fide* 14–16 zitieren.[41] Danach lässt der *pater* (Vater) seine *virtutes* (Kräfte) in einem Schiff in männ-

---

[40] Vgl. *c. Faust.* 32,19: »*Octo esse terras et decem caelos, quod Atlas mundum ferat Splenditenensque suspendat*« (»dass es acht Erden gibt und zehn Himmel, dass *Atlas* die Welt von unten trägt und *Splenditenens* sie von oben festhält«), ähnlich *c. Faust.* 20,9f. Die Parallelstelle in *c. Faust.* 15,5 beschreibt die Aufgabe des *Splenditenes* darüber hinaus als »*capita elementorum tenere*« (»die Spitzen der Elemente festhalten«). Dem *Atlas* kommt es zu, gehockt die Masse zu stützen. Vgl. DECRET, *Aspects* 268 mit Anm. 3.

[41] Das Fragment entstammt dem siebten Buch des *Thesaurus*; die Zählung als fr. 3 ist STEIN, *Habilitationsschrift* II.1, entnommen.

licher und weiblicher Gestalt erscheinen.[42] Evodius belegt, dass dieses Erscheinen der *virtutes* in den Lichtschiffen eine Aktion des *tertius legatus* (Dritten Gesandten) ist, den er mit dem *beatus pater* (seligen Vater) identifiziert (wohl im Sinne einer substantiellen Identität[43]). Zugleich kann Augustin Faustus gegenüber davon sprechen, dass eine Christusgestalt *»per solem lunamque distentus«* sei (*c. Faust.* 20,8.11). Das legt eine Identifikation von Drittem Gesandten und einer Christusgestalt nahe[44] (und lässt sich mit dem vergleichen, was in anderen Texten »Jesus der Glanz« heißt[45]), die besonders als Kraft Gottes in der Sonne vorgestellt wird. Die Erscheinung der *virtutes* bzw. das *transfigurare* (die Verwandlung) derselben in männliche bzw. weibliche Gestalten benutzt der *pater* gleichsam als Waffen. Durch diese Verführung

---

[42] Wenig später spricht das *Thesaurus*-Fragment von mehreren Schiffen, in denen die *virtutes* erscheinen. Das deckt sich mit *haer.* 46,7, wo mit den Lichtschiffen insbesondere Sonne und Mond gemeint sind. Dazu passt die Auslegung von 1. Kor 1,24 durch Faustus, derzufolge die *virtus* (Kraft) in der Sonne, die *sapientia* (Weisheit) aber im Monde wohnt (*c. Faust.* 20,2).

[43] Evodius, *De fide* 17. Stein, *Manichaica* II, 56f Anm. 4, erwägt, ob die Übersetzer der *Epistula fundamenti* bewusst die Unterscheidung der verschiedenen mythologischen Figuren aufgelöst haben, die Volksfrömmigkeit hingegen gerade diese Erzählelemente bewahrt hat. Doch ist besonders Letzteres schwer zu belegen.

[44] Skeptisch gegenüber der Annahme, dass die Identifikation dieser Größe mit Christus bereits in der *Epistula fundamenti* vorausgesetzt ist (so Feldmann, *Epistula fundamenti* 70.74), äußert sich Stein, *Manichaica* II, 92; vgl. Wurst, *Glaubensbekenntnis des Faustus.* Für Faustus ist die Identifikation mit Christus hingegen gut greifbar. Zur Frage, inwiefern diese Deutung sich auf die *Epistula fundamenti* stützen konnte, vgl. Stein, *Manichaica* II, 93.

[45] Vgl. Feldmann, *Epistula fundamenti* 88–92. Skeptisch äußert sich Richter, *Jesus-Figuren* 179–183.

der *hostiles potestates* (feindlichen Mächte) wird jetzt die *concupiscentia* (Begierde) der Finsternismächte erregt, und dadurch wird die in ihren *membra* (Gliedern) festgehaltene *anima viva* (Lebendige Seele) befreit (*nat. b.* 44). Allerdings wird nur ein Teil der Lichtelemente gereinigt und über die Lichtschiffe in das Reich des Lichts zurückgeführt (*nat. b.* 44; vgl. den Hinweis in *haer.* 46,8). Diejenigen der Lichtelemente, die noch *maculae* (Makel) der Finsternis an sich tragen,[46] werden den Bäumen und Pflanzen beigemischt. Nach dieser Schilderung folgt in dem Zitat aus dem *Thesaurus* die Schilderung einer weiteren, recht analogen[47] Verführung: Aus den *principes* (Fürsten) der Finsternis werden, jeweils durch die Verführung durch männliche bzw. weibliche Gestalten Lichtelemente herausgeläutert, die dann zum Teil ebenfalls in das Licht zurückkehren und deren anderer Teil allen *terrae genera* (Arten auf der Erde; gemeint sind die Tierarten) beigemischt wird.[48] Das *Thesaurus*-Fragment in *nat. b.* 44 erklärt, wieso die Entstehung von Pflanzen und Tieren einerseits bereits zur Erlösung beiträgt, andererseits aber in ihnen noch Lichtelemente vorhanden sind, die weiter ausgeläutert werden müssen (entsprechend verweist *haer.* 46,8f unmittelbar anschließend auf die Speisung der *electi* / Auserwählten). Deutlich wird dabei

---

[46] Diese Lichtelemente werden in dem *Thesaurus*-Fragment auch als *animae* (Seelen) bezeichnet (*nat. b.* 44; CSEL 25/2, 883,5).

[47] Der Unterschied besteht vornehmlich darin, dass den Finsternismächten feuriger Natur die in der Sonne residierenden *virtutes* (Kräfte), den Finsternismächten kühler und feuchter Natur die im Mond residierenden *virtutes* gegenübergestellt werden. Vgl. hierzu Stein, *Habilitationsschrift* I, 67f.

[48] Innerhalb des Zitats aus dem *Thesaurus* lassen sich demnach *nat. b.* 44, CSEL 25/2, 881,28–883,16 auf die Erschaffung der Pflanzen, ebd. 883,16–884,2 auf die der Tiere beziehen.

auch, dass die Lichtelemente, die noch mit den Pflanzen und Tieren vermischt werden, ein eher unbeabsichtigtes Nebenprodukt der Ausläuterung von Lichtelementen sind.

Die Erschaffung des Menschen und das Ende: Hieran schließt sich die Erschaffung des Menschen an. Nach *Epistula fundamenti* fr. 6 wird angesichts des *maximum lumen* (sehr großen Lichtes) (womit wohl die Sonne bzw. die in ihr wohnende *virtus* / Kraft gemeint ist) der *princeps tenebrarum* (Finsternisfürst) aktiv. Er überzeugt die *principes tenebrarum* (Finsternisfürsten), ihm ihre Lichtpartikel zu übertragen. Ziel ist es, daraus eine *imago* (ein Abbild) zu bilden, durch die man (anstelle der *virtus*) herrschen kann. Die *principes tenebrarum* tun dies, weil sie zum einen nicht glauben, ihre Lichtpartikel behalten zu können, zum anderen hoffen, auf diese Weise doch noch herrschen zu können. Erst in einem zweiten Schritt schildert fr. 6 die Art und Weise, wie die Lichtelemente an den *princeps tenebrarum* übertragen werden, bildlich. Die *principes tenebrarum* werden (unklar, ob von dem *princeps tenebrarum*) angeregt, *»ut inter se coirent«* (»untereinander zu kopulieren«). Aus dieser geschlechtlichen Vereinigung gehen Nachkommen hervor, die *»vires plurimas parentum«* (»den größten Teil der Kräfte ihrer Eltern«) übernommen haben und vom *princeps* gegessen werden. Dieser wiederum geht die geschlechtliche Vereinigung mit seiner *coniunx* (Gattin) ein.[49] Das Ergebnis ist

[49] Beides wird kurz zusammengefasst in *mor.* 2,73: *»Adam dicitis ... a parentibus suis genitum abortivis illis principibus tenebrarum«* (»Ihr sagt, dass Adam von seinen Eltern, jenen zu früh geborenen Finsternisfürsten, gezeugt worden sei«); d.h. hier wird die Unterscheidung zwischen den *principes tenebrarum* (Finsternis-

der Mensch, der eine *similitudo* (Ähnlichkeit) mit dem gesamten Weltkreis aufweist (eben weil in ihm Lichtelemente mit den vom *princeps* stammenden Partikeln verbunden sind; vgl. auch das Referat in *haer.* 46,14, wo der *princeps* den Namen *Saclas* trägt). Dem Schicksal der *animae mortuorum malae minusve purgatae* (die bösen oder zu wenig gereinigten Seelen der Toten), für die gilt: *»aut in revolutiones ire aut in graviores aliquas poenas«* (»dass sie entweder die Wiedergeburt oder irgendwelche schlimmeren Strafen erleiden«), steht dasjenige der guten Seelen bzw. der *fideles* (Gläubigen) gegenüber, die ins Lichtreich gelangen (*c. Faust.* 20,21).[50] Der Gesamtablauf endet mit einer Art Gericht, in dem diejenigen Seelen, die zu stark der Finsternis verhaftet sind und sich zu wenig um das

fürsten [Pl.]) einerseits und dem *princeps tenebrarum* (Finsternisfürsten [Sg.]) und seiner *coniunx* (Gattin), die die Abortionen der ersteren essen, andererseits verdeckt. Eine von *Epistula fundamenti* fr. 6 und *haer.* 46 abweichende Auffassung von der Hervorbringung Adams braucht aufgrund der kurzen Notiz in *mor.* 2,73 nicht angenommen werden. Zu den Unterschieden in der Beschreibung der Erschaffung von Adam und Eva in manichäischen Texten insgesamt vgl. Stein, *Manichaica* II, 91.

[50] Während eine »gute« Seele (*c. Faust.* 20,21) bzw. die eines *fidelis* (Kodex von Tebessa A col. 51,2–14), womit ein *electus* im Blick ist, direkt den Weg aus dem Verstorbenen heraus und über die Lichtschiffe in das Lichtreich antritt, ereilt die *auditores* entweder die *revolutio* (Rückkehr) in die Körper von *electi* oder aber, als ein besonderes Privileg, diejenige in die Nahrung der *electi*, wodurch ihre Rückkehr ins Lichtreich sich beschleunigt (*c. Faust.* 5,10; *haer.* 46,12). Die übrigen Seelen, womit wohl diejenigen der Nichtmanichäer im Blick sind (vgl. Kodex von Tebessa A col. 51,8f: *»gentilium«* / »der Heiden«), gelangen nach dem Tod der Individuen in die Körper von (größeren; vgl. *haer.* 46,12; *c. Adim.* 12) Tieren oder aber in Pflanzen. Von diesem Individualgericht zu unterscheiden ist das Endgericht. Vgl. zur Thematik insgesamt Stein, *Manichaica* III.1, 293–298; Rose, *Christologie* 140–153.

cognoscere (die Erkenntnis) bemüht haben, insbesondere aber die, die die Manichäer verfolgt haben, von dem Land der Seligkeit ferngehalten und *»in praedicto horribili globo«* (»in bzw. an dem besagten schrecklichen Klumpen«) befestigt werden (*Epistula fundamenti* fr. 8). Augustin belegt auch die Vorstellung, dass diese Seelen *forinsecus* (an der Außenwand [scil. des Klumpens]) befestigt werden (*nat. b.* 42) und ihn wie ein *coopertorium et tectorium* (eine Bedeckung und Umhüllung) umschließen (*haer.* 46,19).[51] Damit ist eine endgültige Trennung zwischen der *terra sancta* (dem heiligen Land) und dem *tenebrarum globus* (Klumpen der Finsternis) vollzogen, wobei auffällig ist, dass nicht alle aus dem Lichtreich entstammenden Elemente wieder ausgeläutert sind. Die noch beschmutzten Lichtelemente erfahren zwar Bestrafung, erfüllen aber darin eine positive Funktion, dass sie *»ad custodiam positi sunt illius gentis tenebrarum«* (»zur Bewachung jenes Finsternisvolkes angebracht sind«; *c. Fel.* 2,16).

Die Christusgestalten in der mythologischen Erzählstruktur: Abschließend sei die Frage gestellt, welche Bedeutung die Christusgestalt in dieser mythologischen Erzählstruktur hat.[52] In den Fragmenten der *Epistula fundamenti* ist die Gestalt Jesu nur in Ansätzen greif-

---

[51] Vgl. DECRET, *Aspects* 315–320; BECK, *Ephräms Polemik* 162–164; STEIN, *Manichaica* II, 102; DECRET, *Essais* 7–13; BENNETT, *Globus*; ebd. 434–439 auch zu Augustins polemischer Verwendung dieser Vorstellung.

[52] Vgl. BEDUHN, *Dilemma* 82. COYLE, *Jesus, Mani, and Augustine* 374f, befürwortet die Annahme, dass die erlösende Funktion der Christusgestalt nicht originär zum Manichäismus gehört, sondern sich sekundär an die Integration der Christusgestalt in die manichäische Vorstellungswelt angelagert hat. Die zentrale Bedeu-

bar.[53] Anders verhält es sich in den *Capitula* des Faustus. Ihm gegenüber wirft Augustin die Frage auf, ob Faustus denn drei Christusgestalten unterscheide oder identifiziere: a) den *Iesus patibilis* (leidenden Jesus), der von der Erde hervorgebracht ist, d. h. der die in der Materie gefangenen Lichtelemente symbolisiert,[54] b) den Christus, *»quem Iudaei crucifixerunt sub Pontio Pilato«* (»den die Juden unter Pontius Pilatus gekreuzigt haben«; für ihn nehmen die Manichäer an, dass er *»sine carne«* / »ohne Fleisch« gelebt habe; *c. Faust.* 20,11), und c) den Christus *»per solem lunamque distentus«* (»der sich auf Sonne und Mond verteilt«), der am ehesten mit dem *tertius legatus* (Dritten Gesandten) bzw. den erscheinenden *virtutes* (Kräften) zu identifizieren ist. Augustins Polemik beruht darauf, dass Faustus in seinem Glaubensbekenntnis von nur einem Christus gesprochen hat und dies die Frage stellt, ob dann, wenn die verschiedenen Christusgestalten der manichäischen Mythologie ineinanderfallen, der *Iesus* nicht genauso gut mit dem *Splenditenens* oder dem *Atlas* identifiziert werden könnte (*c. Faust.* 20,11; vgl. *c.*

---

tung von Christus gerade als *spiritalis salvator* (geistlicher Erlöser) betont hingegen Decret, *Doctrine centrale* 143–150.

[53] In dem inhaltlich auffälligen Fragment 7 wird anstelle des *salvator* (Retters) der *inimicus* (Feind), also der *princeps tenebrarum* (Finsternisfürst), gekreuzigt, womit wohl eine Art Befestigung an den Elementen gemeint ist. Evodius belegt darüber hinaus auch die analoge Anwendung der aus der Passionsgeschichte stammenden Motive der Dornenkrone, des Purpurmantels und des Trinkens von Essig und Galle (ders., *De fide* 28).

[54] Darauf, dass die Formulierung *Iesus patibilis* kontextabhängig ist, hat besonders Wurst, *Glaubensbekenntnis des Faustus* 652f, hingewiesen. Vgl. zum Zusammenhang von Kreuzigung und Bindung der Lichtelemente Smagina, *Lichtkreuz* und Franzmann, *Jesus* 112f.

Faust. 20,12). Dies lässt sich als Hinweis darauf werten, dass die nordafrikanischen Manichäer zwar durchaus mythologische Erzählstrukturen benutzten, in denen verschiedene Jesus- bzw. Christusgestalten voneinander unterschieden wurden, sie aber in den Zusammenhängen von Missionspredigt und Bekenntnissen diese Unterschiede verwischen konnten und so ihre Lehre dem Christentum und dem trinitarischen Gottesbegriff annäherten. Neben die Bedeutung der Christusgestalt als des in der Materie gefangenen Lichts und der kosmologisch wirksamen Erlösungsgestalt tritt demnach eine Gestalt, die zu einer bestimmten Zeit erscheint und als deren Apostel sich Mani begreift (so ja gerade der Beginn von *Epistula fundamenti* fr. 1).[55] Diese Christusgestalt wurde von den Manichäern eventuell mit allen Funktionen identifiziert, die die wahre Erkenntnis bereiteten, angefangen mit der Schlange der biblischen Schöpfungsgeschichte (so jedenfalls die Identifikation in *haer.* 46,15[56]). Diese Christusgestalt habe schließlich auch den Parakleten verheißen, welche *promissio* (Verheißung) die Manichäer als in Mani erfüllt betrachteten; damit verbindet sich der Anspruch, dass in Mani der Paraklet wirkt (*haer.* 46,16). Insofern ergibt sich der Eindruck, dass die verschiedenen Christusgestalten im Manichäismus doch eine relativ hohe innere Zusammengehörigkeit aufweisen, die jedoch

---

[55] Vgl. Ries, *Jésus sauveur* 186f.

[56] Vgl. *c. Faust.* 1,3; *Gn. c. Man.* 2,39. Eventuell handelt es sich dabei um ein Missverständnis, dem die christlichen Polemiker aufsitzen (so Waldschmidt/Lentz, *Stellung Jesu* 25; vgl. Cumont, *Recherches* 49; dagegen Rose, *Christologie* 74–76, und Feldmann, *Epistula fundamenti* 94f; vgl. auch die Überlegungen von Baur, *Religionssystem* 160–162).

in unterschiedlichsten Kontexten und Bezügen relativ stark ausdifferenziert werden konnte.[57]

3. *Dualismus und »Matérialisme manichéen«*

Für die Grundstruktur des manichäischen Denkens ist der Gegensatz zwischen dem Reich des Lichts und dem der Finsternis konstitutiv. Beide Bereiche werden als *terra* (Land bzw. Erde) beschrieben, als *regnum* (Reich), in Rückgriff auf Mt 7 als *arbor* (Baum)[58] und als *natura* (Natur). Insofern handelt es sich um *duo principia* (zwei Prinzipien; *c. Faust.* 21,1), d.h. insofern um einen metaphysischen Dualismus, als die beiden Grundprinzipien nicht auseinander abgeleitet werden können. Demgegenüber ist auffällig, dass die manichäischen Originalquellen als *deus* (Gott) immer nur das Reich des Lichts bzw. den *deus pater* (Gott Vater) bezeichnen. Faustus wehrt sich ausdrücklich gegen die Rede von zwei Göttern: *»Numquam in nostris quidem assertionibus duorum deorum auditum est nomen«* (»Niemals war in unseren Aussagen jedenfalls von zwei Göttern die Rede«; *c. Faust.* 21,1). Zwar wird die Bezeichnung als Götter auch auf verschiedene Größen im Reich des Lichts angewandt, doch scheint dies nur eine der Techniken zu sein, um die sub-

---

[57] Das zentrale Ergebnis von Franzmann ist die Einheit der Christusgestalten (FRANZMANN, *Jesus* 114f). Auch Rose hatte eine innere Einheit der Christusgestalten, die er fünf Gruppen zuordnet, angenommen (ROSE, *Christologie* 61–65). Zur Einheit des zu erlösenden und dann auch erlösten Erlösers vgl. DECRET, *Essais* 259–262.

[58] Vgl. Felix in *c. Fel.* 2,2; Fortunatus in *c. Fort.* 21; als Referat über Adimantus *c. Adim.* 26. Faustus bezieht die *duae arbores* (zwei Bäume) auf die Unterscheidung von Altem und Neuem Testament (*c. Faust.* 9,1).

stantielle Zusammengehörigkeit des Reichs des Lichts zu zeigen (wie sie Felix in *c. Fel.* 1,18 für Gott und seine *terra* / sein Land zu verteidigen sucht). Das Reich der Finsternis wird von den Manichäern niemals als *deus* bezeichnet, sondern lediglich als *adversa natura* (entgegengesetzte bzw. gegnerische Natur) und (so besonders Faustus) als *hyle* (Materie) bzw., *»ut communiter et usitate dixerim«* (»um eine allgemein anerkannte und übliche Ausdrucksweise zu verwenden«), als *daemon* (Dämon; *c. Faust.* 21,1).[59] Damit stellt sich die Frage, ob beide Reiche im Gleichgewicht sind bzw. als gleich mächtig vorgestellt werden.

Dies ist sehr wahrscheinlich nicht der Fall. Bildlich gesprochen, ragt der Keil des Reiches der Finsternis eben nur in das Reich des Lichts hinein. Es handelt sich demnach um eine zwar sehr aktive und gefährliche Größe, die jedoch letztlich nicht das Reich des Lichtes überwinden kann. Der Ausgang des Kampfes ist demnach also keineswegs offen, sondern der Kampf eines überlegenen Guten gegen das kräftemäßig von Anfang an unterlegene Böse.[60] Die Gefangennahme des Bösen und die Vermischung des Guten mit dem Bösen sind zwar gefährlich, letztlich aber nur zu überwindende Zwischenstadien.

Die Bezeichnung der Finsternis als *hyle* stellt dann die Frage, inwiefern materielle Vorstellungen eines der beiden oder beide Reiche bestimmen. Dabei ist zunächst zu beachten, dass mit *hyle* bei den Manichäern nicht ein passives Masseprinzip, die Materie an sich, gemeint ist, sondern eine Art ungeordneter Chaoskraft.[61] Augustin wirft

---

[59] Vgl. Puech, *Manichéisme* 144.

[60] Vgl. Bianchi, *Dualisme* 10f; Decret, *Dogme* 63f.

[61] Vgl. Beck, *Ephräms Polemik* 63f; Stein, *Manichaica* II, 95f. Konsequenterweise wird man Decret, *Afrique* I, 321, nicht folgen

Faustus gerade ein grobes Missverständnis des Begriffes *hyle* vor: In der klassischen Philosophie sei damit etwas gemeint, das geformt wird, nicht etwas, das selbst formt (*c. Faust.* 20,14). Faustus selbst beansprucht, mit seiner Rede von der *hyle* als *principium et natura mali* (Prinzip und Natur des Bösen) sich von der heidnischen Philosophie und Religion zu unterscheiden, die alles auf ein einziges *principium* zurückführt (*c. Faust.* 20,3). Augustin kritisiert (in *nat. b.* 18) die Auffassung der *hyle* als *formatrix corporum* (Bildnerin der Körper). Damit sei eben, so die polemische Schlussfolgerung, dann doch ein zweiter Gott gemeint, weil es sich um eine erschaffende aktive Größe handele, nicht um *quaedam penitus informis et sine qualitate materies* (eine Art von ganz und gar formloser Materie ohne eine Eigenschaft; *nat. b.* 18).

Von der Einschätzung der *hyle* als aktiver Chaoskraft ist die Frage zu unterscheiden, inwiefern die Vorstellung beider Prinzipien latent stofflich ist. In der Tat scheinen die Manichäer für beide Prinzipien stoffliche Vorstellungsmuster benutzt zu haben. Dies betrifft nicht nur die Substanzgleichheit zwischen dem *deus pater* (Lichtvater) und der *terra lucida* (dem lichten Land; *c. Fel.* 1,18), sondern insbesondere auch die Verehrung des sichtbaren Lichts. Faustus unterscheidet zwischen der *lux summa ac principalis* (dem höchsten und ursprünglichen Licht, das er mit der *lux inaccessibilis* / dem unnahbaren Licht aus 1. Tim 6,16 gleichsetzt) und der *secunda ac visibilis lux* (dem nachgeordneten und sichtbaren Licht), in der der Sohn wohne (*c. Faust.* 20,2). Damit ist einerseits eine Sub-

---

können, der den manichäischen Gott, d.h. das Reich des Lichts, als »anti-Matière« begreift. Wenn die *hyle* nicht in erster Linie als Materie zu begreifen ist, ist der Schluss darauf, dass das Gegenprinzip automatisch »immateriell« sein müsse, nicht zwingend.

stanzgleichheit ausgedrückt, andererseits eine Abstufung, die das sichtbare Licht als sekundär einstuft. Entsprechend kann für die Finsterniselemente betont werden, dass es sich nicht einfach um das normale Feuer, den normalen Wind etc. handelt (*c. ep. Man.* 32,35). Das legt nahe, dass die Prinzipien selbst als etwas aufgefasst werden, das nicht direkt durch die sinnliche Wahrnehmung wahrgenommen werden kann, dass die Prinzipien jedoch in ihren Wirkungen unmittelbar in bestimmten, sinnlich wahrnehmbaren Dingen und Elementen gegenwärtig vorgestellt werden. Letzteres ist dann eine wesentliche Voraussetzung für die manichäische Ethik.

Natürlich ermöglicht eine solche Auffassung von der Gegenwart der Prinzipien in stofflichen Bereichen auch eine weitgehend materialistische Auffassung der beiden Prinzipien, die jedoch vom System aus nicht zwingend vorgegeben ist, sondern die nur als eine mögliche Deutung nicht ausgeschlossen ist. Ein solches materialistisches Verständnis der beiden Prinzipien würde als Materialität der Prinzipien des Lichts und der Finsternis jeweils eine eigene Art subtiler Materie postulieren und könnte dabei auch vereinfachend die *hyle* als aktive stoffliche Materie auffassen. Die dann entstehende Auffassung ist mit dem Gegensatz zwischen dem *pneuma* und der Materie in der stoischen Philosophie durchaus vergleichbar. Im Rückblick sagt Augustin über sein Denken in der Zeit vor seiner Begegnung mit Ambrosius, er habe sowohl unter Gott (*conf.* 7,1) als auch unter der Seele (*beata v.* 4) eigentlich nur etwas Stoffliches verstehen können. Diese Selbstaussage zeigt demnach nicht, wie der Manichäismus an sich gelehrt hat (speziell in Nordafrika), sondern zeigt (wenn es sich nicht um eine polemische Verzerrung handelt) lediglich an, welche Deutung des manichäischen Prinzipiengegensatzes der junge Augustin geteilt hat.

4. Grundzüge manichäischer Ethik

Die Erlösungsvorstellung der Manichäer ist stark durch die Ethik geprägt. Beruhend auf der Einsicht in die Grundgegebenheit der Welt, der Pflanzen, Tiere und des Menschen war es die Aufgabe, durch entsprechendes Verhalten die Welt als Ausläuterungsmaschinerie der Lichtelemente zu benutzen. Die manichäische Ethik ist dabei deutlich strukturiert und schreibt den *electi* (Auserwählten) andere Aufgaben zu als den *auditores* (Hörern).

Augustin erwähnt die *tria signacula* (drei Siegel) *»oris ... et manuum et sinus«* (»des Mundes ..., der Hände und des Schoßes«; *mor.* 2,19),[62] die für die *electi* gelten. Das *signaculum oris* (Siegel des Mundes) besteht aus drei Dingen, nämlich *»ab omni continere blasphemia«* (»sich jeglicher Lästerung zu enthalten«; *mor.* 2,20) und *»quod non vescimini carnibus et vinum non bibitis«* (»dass ihr euch nicht von Fleisch ernährt und keinen Wein trinkt«; *mor.* 2,27; vgl. Röm 14,21). Während sich das Blasphemieverbot und der Verzicht auf Wein auf die Reinheit und damit auf die Erkenntnisfähigkeit des Manichäers beziehen, hat das Verbot des Fleischessens einen direkten Bezug zur Ausläuterung der Lichtelemente. Dem Bericht Augustins zufolge ist dabei die Vorstellung vorauszusetzen, dass die Welt *»de commixta utraque natura«* (»aus

[62] Diese Bezeichnung des dritten Siegels ist nur hier und in *mor.* 2,65 genannt. Paralleltexte aus dem östlichen Manichäismus sprechen von einem »Siegel der Gedanken«; vgl. LIEU, *Later Roman Empire* 26 Anm. 141; COYLE, *De moribus ecclesiae* 195 f. Zu den drei Siegeln generell vgl. RUTZENHÖFER, *De moribus* 23–30.

der Vermengung beider Naturen«) geschaffen ist und die Lichtelemente versuchen, zum Lichtreich zurückzukommen. Die *pars divina* (der göttliche Teil), d.h. die in der Welt befindlichen Lichtelemente, dünstet dabei *per terram* (durch die Erde) aus und gelangt, in ihrem Streben gen Himmel, in die Pflanzen, wobei an eine Sammlung der Lichtelemente aus der Erde in den Wurzeln und Trieben gedacht ist.[63] Vegetation stellt danach eine Kanalisierung der Lichtelemente auf ihrem Rückweg zum Reich des Lichts dar. Das Essen von Pflanzen durch Tiere unterbricht jedoch diese Reinigung (vgl. *mor.* 2,36: *»pars ... divina ... quotidie purgatur«* / »der göttliche Anteil wird täglich geläutert bzw. gereinigt«) und bindet die Lichtelemente *»in carne«* (im Fleisch bzw. in das Fleisch; ebd.). Die *sancti* (Heiligen), d.h. die *electi* (Auserwählten), befördern daher die Ausläuterung der Lichtelemente, indem sie Pflanzen und Früchte essen, jedoch auf Fleisch verzichten, weil die hierin gebundenen Lichtelemente dann noch stärker gebunden würden. Das Essen der *electi* erhält somit eine hohe, fast soteriologische Qualität, weil es die Rückkehr von Lichtelementen befördert. Dies gilt nicht nur für das Essen selbst, sondern auch für die gesamte Verdauung und für die Umsetzung der Nahrung im Körper, sogar im Schlaf (*mor.* 2,37). Andere Menschen hingegen, besonders Nichtmanichäer, binden durch ihr

[63] Möglicherweise wird die Rede vom Ausdünsten aus der Erde durch die angeschlossene Aussage (dass die Lichtelemente gen Himmel und damit in die Wurzeln und Pflanzen streben) präzisiert. Ob mit der zuvor genannten *»pars ... illa divina«* (»jenem göttlichen Teil«), die überall ausgeläutert wird, und mit *»haec [pars divina]«* (»diesem [göttlichen Teil]«), die in die Pflanzen gerät, unterschiedliche Wege der Lichtpartikel genannt sind – der Weg direkt aus der Erde gen Himmel und das Aufgehaltenwerden in den Pflanzen –, wird aus der Formulierung nicht eindeutig ersichtlich.

Essen auch von Pflanzen die Lichtelemente weiter, weswegen es aus manichäischer Sicht nicht gut ist, ihnen Brot oder Früchte zu geben (*mor.* 2,36; *conf.* 3,18). Durch diese Bindung der Lichtelemente bleiben sie so stark dem Schlechten verbunden, dass ihre Seelen nach ihrem Tod in die Körper von *electi*, in Pflanzen oder Tiere[64] eingekörpert werden (*c. Faust.* 5,10; 20,21; *haer.* 46,12). Neben dem Verbot des Essens von Fleisch erwähnt Augustin in *haer.* 46,11 den Verzicht auf Eier und Milch sowie Wein, der als Galle des *princeps tenebrarum* (Finsternisfürsten) angesehen wird (vgl. hierzu auch *mor.* 2,46). Faustus selbst betont seine eigene Heimat- und Besitzlosigkeit (*c. Faust.* 5,1) und sieht sie als echte Befolgung der Verkündigung Jesu, des eigentlichen Evangeliums, an.[65]

Wesentlich knapper sind die Informationen, die Augustin zu den beiden anderen Siegeln gibt. Das *signaculum manuum* (Siegel der Hände) betrifft das Verbot, an der Ernte mitzuwirken (*mor.* 2,37) und Tiere zu töten (*mor.* 2,59). Schließlich betrifft das *signaculum sinus* (Siegel des Schoßes) das Verbot geschlechtlicher Vereinigung und Fortpflanzung, da hierdurch nur das schlechte Verhalten der *principes tenebrarum* (Finsternisfürsten) nachgeahmt und das Licht weiter in der Vermischung mit der Materie gebunden werde.

Die *auditores* sind nicht auf die drei *signacula* verpflichtet, aber doch zu bestimmten Verhaltensweisen aufgefordert. Sie können im Gegensatz zu den *electi*

---

[64] Allerdings kommen dafür nur größere Tierarten in Frage; vgl. *c. Adim.* 12 (CSEL 25/1, 139,20–140,15).

[65] Dabei ist der rhetorische Kontext zu beachten, in dem Faustus auf die Frage: »*Accipis evangelium?*« (»Nimmst du das Evangelium an?«) mit dem Verweis auf seine eigene Befolgung des *evangelium* antwortet.

Reichtümer (Kodex von Tebessa A col. 38,10; col. 43,5; *c. Faust.* 20,23) und eigene Häuser (Kodex von Tebessa A col. 35,6f) besitzen, Handel treiben (Kodex von Tebessa A col. 38,14–20; *c. Faust.* 20,23), öffentliche Ämter bekleiden (*c. Faust.* 20,23), Acker- und Weinbau betreiben (*haer.* 46,12; *c. Faust.* 20,23 u.a.) und Speisen zubereiten (auch Wein trinken und Fleisch essen: *ep.* 236,2; *c. Faust.* 20,23; aber keine Tiere töten: *haer.* 46,12; *mor.* 2,62).[66] Zwar können sie die Ehe eingehen (*c. Faust.* 15,7; 20,23; *mor.* 2,65; *c. Sec.* 21; vgl. Kodex von Tebessa A col. 40,13–15); es wird allerdings erwartet, dass sie sich nicht fortpflanzen (*c. Faust.* 30,6; *mor.* 2,65; *haer.* 46,13).[67] Des Weiteren sind die *auditores* insbesondere aufgefordert, den *electi* deren Reinigungsaufgabe zu ermöglichen, und zwar durch finanzielle Unterstützung sowie durch den kultischen Dienst (vgl. dazu S. 40–44).

5. *Manichäischer Gottesdienst*

Grundidee des manichäischen Gottesdienstes ist es, die Ausläuterung der Lichtelemente zu befördern, wozu insbesondere das Essen und Trinken der *electi* dient (*nat. b.* 45). Das Grundprinzip ist dabei die gegenseitige Unterstützung der *auditores* und *electi*: *»quis de quo abu[n]dat, alii com[muni]cat, elect[i] ... auditoribus de caelesti suo*

---

[66] Singulär ist Augustins Angabe, die *auditores* dürften [scil. im Gegensatz zu den *electi*] in die öffentlichen Bäder gehen: *»cum auditores vestri ... lavent«* (»obwohl eure Hörer ... ins Bad gehen«; *c. Faust.* 20,23). Angedeutet wird das Verbot für die *electi* auch in *mor.* 2,68. Vgl. dazu DECRET, *Aspects* 306 Anm. 3.

[67] Vgl. COYLE, *De moribus ecclesiae* 427f. In *c. Faust.* 20,23; 30,6 lässt Augustin erkennen, dass diese Erwartung häufig nicht erfüllt wurde.

thensauro (...), audi[tores vero e]lec[tis« (»Ein jeder gibt von dem, was er reichlich hat, dem anderen ab, die Auserwählten den Hörern von ihrem himmlischen Schatz (...), die Hörer hingegen den Auserwählten [etwa: von ihren irdischen Schätzen]»; Kodex von Tebessa A col. 47,10–20). Dadurch können die *auditores* hoffen, am Jüngsten Tage miterlöst zu werden (Kodex von Tebessa A col. 5,6–20). Der Bezug beider Gruppen aufeinander wird auch durch den Vergleich mit Maria und Martha verdeutlicht, wobei den *auditores* insbesondere das *officium domus* (der Hausdienst; im Blick ist vielleicht, wie in Kodex von Tebessa A col. 35,9–12, die Aufnahme von *electi*) und das *ministrare* (Dienen) zukommt (Kodex von Tebessa A col. 46,2–19). Die *auditores* bereiten die Speisen zu[68] und bringen sie den *electi*, die ja nicht selbst ernten oder Speisen zubereiten dürfen. Die Zubereitung hat dabei selbst schon eine soteriologische Qualität, denn bereits durch sie (Augustin nennt als Bearbeitungsmethoden: *commotio* / Schütteln, *subactio* / Stampfen bzw. Kneten und *attritio* / Zerreiben bzw. Zerstampfen; *mor.* 2,46) können Lichtelemente entweichen. Über das tägliche, vermutlich kultisch aufgeladene Essen der *electi* ist nur wenig bekannt. Augustin behauptet in der Diskussion mit Fortunatus, als ehemaliger *auditor* über das Verhalten der *electi* nichts sagen zu können (*c. Fort.* 3).[69] Dass auch er selbst als *auditor* den *electi* Speisen bereitet hat, bezeugt *conf.* 4,1. Bei dem Ritus haben sich die *auditores* vor den *electi*

---

[68] Das von Augustin entfaltete Szenario des asketischen *electus*, der die delikatesten Speisen zubereitet bekommt (*mor.* 2,29f), legt nahe, dass es sich dabei um sehr aufwendige und hochwertige Nahrung handelte.

[69] Vgl. zu Augustins Infragestellung der manichäischen Ethik unten S. 155–157.173–175.

in bittender Haltung hingekniet, woraufhin ihnen die *electi* die Hände aufgelegt haben (*ep.* 236,2).[70] Dieses abendliche Darbringen der Speisen für die *electi* war vermutlich mit einem Gottesdienst verbunden, in dem gebetet wurde, wobei Augustin besonders die *oratio* (das Gebet) in Richtung Sonne bzw. deren *adoratio* (Anbetung) nennt.[71] Neben den Gebeten sind die *psalmi* (Psalmen) zu

---

[70] Die *electi* haben wohl den *auditores* die Sünden der Nahrungsbeschaffung vergeben; vgl. *c. Faust.* 6,4: »*post illud unum vulnus, in quo eas [cucurbitas] cum decerpsit vester auditor reus factus est vestra indulgentia liberandus*« (»nach dieser einen Wunde, die die Schuld des Hörers darstellt, die er beging, als er sie [= die Kürbisse] erntete, sodass er durch eure Barmherzigkeit befreit werden muss«). Augustin bezeugt eine fürbittende Funktion der ausgeläuterten Lichtpartikel [scil. beim Gericht]; vgl. *haer.* 46,12: »*Suisque auditoribus ideo haec arbitrantur ignosci, quia praebent inde alimenta electis suis, ut divina illa substantia in eorum ventre purgata impetret eis veniam, quorum traditur oblatione purganda*« (»Und sie glauben, dass ihren Hörern dies [scil. die Sünde des Ackerbaus] deshalb vergeben werde, weil diese ihren Auserwählten daraus [scil. aus den Ernteerträgen] Speisen darreichen, damit jene göttliche Substanz in deren Magen gereinigt wird und denjenigen Gnade erwirkt, durch deren Darbringung sie zur Reinigung übergeben wird«). Vgl. auch *mor.* 2,61: Die von den *auditores* verursachten Wunden würden durch die den *electi* dargebrachten Früchte gesühnt *(expiari)*.

[71] Neben der Sonne (*c. Faust.* 20,5f; *mor.* 2,13) kam die *oratio* bzw. *adoratio* auch – ersatzweise, d.h. in der Nacht – dem Mond zu (*c. Faust.* 14,11; *ep.* 236,2; *haer.* 46,18). In mondlosen Nächten wandte man sich gen Norden (*haer.* 46,18), der vermeintlichen Rückkehrbewegung der Sonne von West nach Ost folgend. Vgl. auch noch die große griechische Abschwörungsformel aus dem neunten Jahrhundert, die diese wechselnde Gebetsrichtung verurteilt (Adam, *Texte* 99). Augustin weiß von mehreren Gebetshaltungen: Neben dem Gebet im Stehen (*haer.* 46,18) erwähnt er auch das Beugen des Knies (was ein Niederknien oder aber Verbeugen bezeichnen könnte; *mor.* 2,13 zur Sonnenverehrung: »*cui genu flec-*

nennen (*mor.* 2,36.55; *en. Ps.* 140,12), die gesungen wurden,[72] sodass man insgesamt Bittgebete und lobpreisende

---

titis« / »vor der ihr das Knie beugt«; ebenso Evodius, *De fide* 24). Ob mit *c. Faust.* 20,6: *»ut ... dorsum cervicemque curvetis«* (»dass ihr ... Rücken und Nacken beugt«; Augustin bezieht sich auf die Aussage von Faustus in *c. Faust.* 20,2) wirklich eine alternative Gebetshaltung genannt ist, wie DECRET, *Afrique* II, 150, annimmt, ist unsicher. Zu den manichäischen Gebetshaltungen vgl. die Quellenbelege bei VAN DER LOF, *Manichäische Verbeugungen* 159 Anm. 10.

[72] Auf die Rolle der Musik weist Augustins Bemerkung in *mor.* 2,46 hin: *»dulcedo musica, quam de divinis regnis venisse contenditis«* (»die Süße der Musik, die, wie ihr behauptet, aus den göttlichen Reichen stammt«). Vielleicht gilt dies auch für die Erwähnung eines *amatorium canticum* (Liebesliedes), das gemäß Augustin Faustus »singt« und das von einzelnen mythischen Figuren handelt (*c. Faust.* 15,5), und für die ironische Aufforderung an Faustus: *»Interim canta, quod cantas«* (»Unterdessen besinge [nur], was du besingst!«; *c. Faust.* 15,6). Allerdings bedeutet das Verb *cantare* ja ebenso auch »ständig im Munde führen, predigen, unablässig rühmen«, etwa in *c. Faust.* 13,18: *»Hanc fabellam cotidie et moribus et vocibus cantatis«* (»Von diesem Märchen kündet ihr täglich in Wort und Werk«; vgl. auch *conf.* 6,21). Ebensowenig, wie jeder Beleg von *cantare* auf einen (Psalmen)gesang hinzuweisen braucht, gilt dies für das Nomen *canticum*; vgl. *c. Faust.* 22,12: *»Scio quidem istis quam surdis haec cantem; nec tamen despero, quod cantici mei veritas inventura sit aurem suam, quam dominus aperuerit«* (»Ich weiß zwar, wie taub diese Kerle sind, denen ich dies wieder und wieder predige – aber dennoch gebe ich die Hoffnung nicht auf, dass die Wahrheit meiner unablässigen Predigt ihr Ohr finden wird, das der Herr geöffnet hat«). Die oftmals als Beleg für einen bestimmten liturgischen Gesang in Anspruch genommene (etwa DECRET, *Aspects* 309 Anm. 5) Stelle *c. Faust.* 15,5 kann also auch als Rhetorik Augustins gedeutet werden: *»Annon recordaris amatorium canticum tuum, ubi describis maximum regnantem regem ...?«* (»Oder erinnerst du dich nicht an dein Liebeslied, in dem du den ›allergrößten König, der die königliche Gewalt habe‹, unablässig rühmst ...?«). Für eine solche Deutung spricht die Beobachtung, dass Augustin das Possessivpronomen *tuum* verwendet, sodass nicht von

bzw. den Mythos darstellende Hymnen unterscheiden kann.[73]

Vielleicht verweist *c. ep. Man.* 5,6 (CSEL 25/2, 197,8–10) darauf, dass in diesen Gottesdiensten auch aus den Schriften Manis gelesen wurde. Für den nordafrikanischen Manichäismus ist ein spezifisches Montagsfest nicht belegt,[74] sehr wohl aber das Fasten am Sonntag (*ep.* 36,27.29), das auch für die *auditores* galt (*ep.* 236,2).[75] Schließlich erwähnt Augustin noch das Bemafest, als dessen Anlass er den Todestag Manis angibt (es ist der *dies, quo Manichaeus occisus est* / der Tag, an dem Mani getötet wurde; *c. ep. Man.* 8,9) und zu dem ein fünfstufiges Podest reich geschmückt wurde (ebd.).[76] Da das Bemafest im März stattfand (*c. Faust.* 18,5), hatten die Manichäer ein Fest aufzubieten, das mit Ostern konkurrierte. Eine eigene Fastenzeit als Vorbereitung auf das Bemafest lässt sich für Nordafrika aber nicht belegen; ebenso bleibt die Erwähnung von *festae vigiliae* (einer nächtlichen Feier) in *mor.* 2,70 ohne Bezug auf das Bemafest.[77]

6. *Grundzüge manichäischer Schriftinterpretation*

Im nordafrikanischen Manichäismus gab es eine intensive Beschäftigung mit der Bibel. Dabei wurde grundsätzlich das Alte Testament kritisiert, zugleich aber in

---

»dem *amatorium canticum* der Manichäer«, sondern von »der pausenlosen Schwärmerei des Faustus« die Rede sein könnte.

[73] Vgl. Wurst, *Bemafest* 86.

[74] Es sei denn, man wollte aus der Erwähnung der Verehrung von Sonne und Mond etwa in *ep.* 236,2 schließen, dass dies sich auf den Sonn- und den Mon[d]tag bezieht.

[75] Vgl. Decret, *Afrique* II, 150.

[76] Vgl. Pedersen, *Great War* 271.

[77] Vgl. Wurst, *Bemafest* 20–23.

bestimmten Hinsichten als Verzeichnung wahrer Sachverhalte bewertet, das Neue Testament größtenteils als autoritativ angesehen, wobei auch hier bestimmte, verzeichnende Elemente ausgeschieden wurden. Betrachtet man die in Augustins Werk und im Kodex von Tebessa überlieferten Aussagen von Manichäern, ist Paulus als wichtigste Bezugsgröße zu nennen.[78] Die Apostelgeschichte, der Hebräerbrief, die Petrusbriefe, der Jakobusbrief und die Offenbarung fehlen weitgehend.[79] Zugleich benutzten die Manichäer einige neutestamentliche Apokryphen.[80]

Für die Verwendung des Alten wie des Neuen Testaments sind insbesondere die *Capitula* des Faustus aufschlussreich.[81] Bezüglich des im Alten Testament Berichteten kritisiert Faustus, dass seine Gegner kein *discrimen* (keine Differenzierung) vornähmen (*c. Faust.* 22,2). Er selbst unterscheidet zwischen dem, *»quae vere sit lex«* (»was wirklich das Gesetz ist«), was sich nämlich auf die

[78] Vgl. Ries, *Saint Paul* 16–22.

[79] Vgl. Coyle, *De moribus ecclesiae* 191. Für Secundinus ist die Kenntnis der Apostelgeschichte und evtl. auch des Hebräerbriefes anzunehmen; vgl. Kudella, *Contra Secundinum* 193. Zur Ablehnung der Apostelgeschichte (besonders Apg 2) vgl. *util. cred.* 7.

[80] Aufstellung bei Coyle, *De moribus ecclesiae* 149 Anm. 612.

[81] Zum Aufbau der *Capitula* vgl. Wurst, *Capitula des Faustus* 320f. Danach betreffen die in *c. Faust.* 2,1–11 zitierten *Capitula* die Anerkennung des Alten Testaments und die menschliche Geburt Jesu, die in *c. Faust.* 2,12–17 zitierten die Geltung der Christus betreffenden alttestamentlichen Prophezeiungen. Daran schließen sich dann weitere *Capitula* an, die neben der Geburt vor allem das Leiden Jesu betreffen. Vergleichen lassen sich insbesondere die Argumente gegen das Alte Testament, die sich aus *Gn. c. Man.* und *c. Adim.* erkennen lassen; vgl. dazu die tabellarische Aufstellung bei Feldmann, *Einfluß* 574–581.

Grundlagen eines moralisch richtigen Lebens bezieht, wie sie im Dekalog stehen: *»Non occides, non moechaberis, non peiurabis et cetera«* (»Du sollst nicht töten, du sollst nicht die Ehe brechen, du sollst keinen Meineid schwören und so weiter«), und den nachträglich eingemengten, jüdischen *praecepta* (Vorschriften) bzw. *institutiones* (Gebräuchen). Die Vorschriften bezüglich Beschneidung und Opfern seien daher abzulehnen (und werden, so Faustus in *c. Faust.* 22,2, von seinen Gegnern ja auch de facto nicht beachtet[82]). Faustus möchte sich also keineswegs als Gegner des Gesetzes verstanden wissen, sondern nur als Gegner derjenigen Schriften, die in das eigentliche Gesetz Entstellungen einmischten: Die Kultgesetze seien eher *legis maculae et scabies* (Makel und Geschwür des Gesetzes) als das Gesetz, *»statim videbitis nos Iudaismi inimicos fuisse, non legis«* (»sogleich werdet ihr sehen, dass wir Gegner des Judentums, nicht des Gesetzes sind«; *c. Faust.* 22,2).[83] Bezüglich der Patriarchen und Propheten gilt: Falls diese nicht selbst und aus freien Stücken ihre tatsächlichen *actus iniqui* (ungerechten Taten) eingestanden haben, dann haben die Verfasser der alttestamentlichen Schriften sie verunglimpft, und die entsprechenden Schriften müssen wegen ihrer moralischen Minderwertigkeit verdammt werden (vgl. *c. Faust.* 22,3: *»Damnentur eorum libri, purgetur propheticum nomen indigna fama«* / »Ihre Bücher sollen ver-

---

[82] Vgl. *c. Faust.* 6,1: *»Uterque enim nostrum vetus respuit testamentum.«* (»Wir beide nämlich lehnen das Alte Testament ab«).

[83] BeDuhn, *Dilemma* 113, betont, dass die *Capitula* des Faustus und die Ablehnung des Alten Testaments besonders dadurch bedingt seien, dass er »sharply directs the focus of religious commitment to action, relativizing the importance of doctrine«.

dammt werden, und der Leumund der Propheten soll von der Schmach befreit werden«).

Um die von ihm angenommene Minderwertigkeit der alttestamentlichen Überlieferung zu zeigen, legt Faustus in *c. Faust.* 22,4f eine umfangreiche Liste vor:[84] Er kritisiert an der Schöpfungsgeschichte, dass Gott sich zunächst in der Finsternis aufgehalten und dann das Licht gesehen habe (darum ist es naheliegend, dass aus manichäischer Sicht in Gen 1 vom *princeps tenebrarum* [Finsternisfürsten] die Rede ist),[85] dass er, als er Adam verbot, vom Paradiesesbaum zu essen, die künftige Übertretung nicht kannte und dann nicht wusste, wo Adam im Paradies sich versteckt hielt, schließlich ihm neidete, auch vom Baum des Lebens zu essen. Hinzu kommt die Charakterisierung Gottes als eines Gottes, der blutige Opfer will, der willkürlich zornig ist und ohne Rücksicht auf Verluste straft (*c. Faust.* 22,4). Bezüglich der Patriarchen und Propheten nennt Faustus: das Verhältnis Abrahams zu Hagar, die Überlassung seiner Frau Sara dem Abimelech und dem Pharao *»in concubitum«* (»für den Beischlaf«), wobei er sie zu Unrecht als seine Schwester ausgegeben habe (und das gleiche Verhalten Isaaks), die

[84] Vgl. im Überblick Decret, *Aspects* 129–149; Hoffmann, *De utilitate credendi* 91–98.

[85] Vgl. auch Augustins Antwort in *c. Faust.* 22,12.22; denselben Vorwurf nennt er in *Gn. c. Man.* 1,6.13. Zum Verständnis von Gen 1,1 (von den Manichäern als Widerspruch aufgefasst: Einerseits ist die *terra* erschaffen, andererseits gibt es schon eine *terra invisibilis et incomposita*) vgl. *Gn. c. Man.* 1,5; Weber, *Schöpfungsbericht* 302. Eine besondere Kritik richtete sich außerdem auf die Gottesebenbildlichkeit, die von den Manichäern wörtlich aufgefasst wurde, sodass für Gott *membra inferiora* (niedere Gliedmaßen) (zu dieser Konjektur vgl. Weber, *Schöpfungsbericht* 305) anzunehmen wären.

Vereinigung Loths mit seinen Töchtern, die faktische Vierfachehe Jakobs, den von Tamar vorausgesetzten Umgang des Juda mit Prostituierten, die Bathsebageschichte, die Vielweiberei Salomons, die Zeichenehe des Hosea mit einer *fornicaria mulier* (Hure), das *homicidium* (den Mord) des Mose und seine blutigen Kriege (*c. Faust.* 22,5). Diese Listen (mit denen man besonders Secundinus, *Epistula* 3 vergleichen könnte[86]) sollen zeigen, dass die alttestamentlichen Schriften insgesamt nicht anzunehmen sind. Als eine besondere Stütze benutzte Faustus dabei wohl auch die Antithesen des Adimantus,[87] in denen dieser das bereits von Markion genutzte Verfahren, die Widersprüche zwischen Altem und Neuem Testament aufzuführen, angewandt hatte.[88]

---

[86] Dazu und zu der Frage, ob Secundinus *c. Faust.* gekannt hat, vgl. Kudella, *Contra Secundinum* 197–201.

[87] Die Texte hat jetzt neu zusammengestellt van den Berg, *Biblical argument* 105–121 (vgl. die Tabelle ebd. 150f); vgl. außerdem Decret, *Contra Adimantum* 92f, und Baker-Brian, *Biblical Traditions.*

[88] Augustin referiert die Widersprüche überwiegend als Kritikpunkte der *Manichaei* (Manichäer) und nennt Adimantus erst in der zweiten Hälfte der Schrift (ab *c. Adim.* 15); in *retr.* 1,22 berichtet er, dass er die *Disputationes* (»Streitfragen«) des Adimantus in den Händen hielt. Ob sich darin niederschlägt, dass Adimantus bereits vorhandene Argumente zusammengestellt hat, oder ob die Argumente des Adimantus bei den *Manichaei* schlichtweg sehr verbreitet waren, mag hier offenbleiben. Vgl. Decret, *Contra Adimantum* 91–93; Baker-Brian, *Biblical Traditions* 71f. Während Raveaux, *Contra adversarium* 140f, den *adversarius* (Gegner), gegen den sich *c. adv. leg.* richtet, von den Manichäern deutlich abgehoben hat, schätzt Coyle, *Manichaeism and its Legacy* 297–306, die Nähe zum Manichäismus doch deutlich größer ein. Zur Verhältnisbestimmung zu Markion vgl. van den Berg, *Biblical argument* 154–158.

Im Hinblick auf das Neue Testament betont Faustus, dass die Evangelien weder von Jesus Christus (im Unterschied zu den von Mani selbst verfassten Schriften) noch von seinen Aposteln geschrieben seien, sondern *»a quibusdam incerti nominis viris«* (»von bestimmten Männern, deren Namen ungewiss sind«; *c. Faust.* 32,2). Diese hätten das, was *»per famas opinionesque«* (»durch Gerüchte und Mutmaßungen«; *c. Faust.* 33,3), d.h. mündlich überliefert wurde, bei der Niederschrift genauso berücksichtigt wie authentische Jesustraditionen.[89] Ihre eigenen Werke hätten sie dann teilweise Aposteln untergeschoben (Johannes und Matthäus),[90] teilweise Apostelschülern (Markus und Lukas; *c. Faust.* 32,2; 33,3). Somit ist der jetzt vorfindliche Zustand gemäß Faustus der, dass in den Evangelien neben authentischer Jesustradition (dem eigentlichen *evangelium*, das nichts anderes ist als *»praedicatio et mandatum Christi«* / »die Verkündigung und Weisung Christi«; *c. Faust.* 5,1) sich viele Dinge finden, die der authentischen Jesusüberlieferung widersprechen oder in sich widersprüchlich sind (*c. Faust.* 32,2).[91] In *c. Faust.* 32,7 lässt Faustus erkennen, welche

[89] Vgl. HOFFMANN, *Verfälschung* 154–160.

[90] In *c. Faust.* 17,1 ist vorausgesetzt, dass nur zwei Apostel selbst überhaupt als Verfasser eines Evangeliums in Frage kommen (nämlich Matthäus und Johannes). Da für das Wort in Mt 5,17 Matthäus nicht in Frage kommt, weil er noch nicht berufen ist, bliebe nur Johannes. Da sich das Wort aber *nusquam* (nirgends) bei Johannes findet, handelt es sich gemäß Faustus um jenes verfälschte mündliche Material, das in die Evangelien eingeflossen ist. Faustus folgt hier rhetorisch der Voraussetzung seiner Gegner; seiner Meinung nach sind freilich auch das Matthäus- und das Johannesevangelium erst von späteren geschrieben; vgl. HOFFMANN, *Verfälschung* 165–167.

[91] Faustus setzt die Kenntnis der vier Evangelien in der Mehr-

Überlieferungen er dabei besonders im Blick hat. Verworfen werden insbesondere die Geburt *»ex femina«* (»aus einer Frau«), die Beschneidung, die Taufe und die Versuchung Jesu, darüber hinaus diejenigen Fälle, für die gilt: *»si quid ei ab scriptoribus ex testamento vetere falsa sub testificatione iniectum est«* (»wenn ihm [scil. Jesus] von den Verfassern etwas aus dem Alten Testament unter falscher Bezeugung angedichtet worden ist«; *c. Faust.* 32,7).[92] Als authentisch angesehen werden hingegen die Dinge, die sich mit der bei Mani greifbaren Wahrheit in Einklang bringen lassen, nämlich die *crucis eius mystica fixio* (seine geheimnisvolle Festnagelung ans Kreuz) – die übertragen verstanden wird –, die *praecepta salutaria* (heilbringenden Gebote), die Gleichnisse und der gesamte *sermo deificus* (die göttliche Predigt), aus dem man die Unterscheidung der zwei Naturen erkennen kann. An dieser Unterscheidung wird deutlich, dass die Übereinstimmung mit den Vorstellungen der Maniwerke für Faustus das Kriterium darstellt, zwischen der wahren, authentischen Jesusüberlieferung und der Aufnahme verfälschten Materials zu unterscheiden. Nur das, was den eigenen Glauben bestätigt (*c. Faust.* 32,2) bzw. *»in honorem et laudem filii maiestatis«* (»zur Ehre und zum

---

zahl voraus, was daran deutlich erkennbar ist, dass er auf die einzelnen Evangelisten eingeht. Quispel vermutet, Adimantus habe Tatians Diatessaron benutzt (Quispel, *Gnostica* 77–82.263–270; vgl. auch van den Berg, *Biblical argument* 132), doch sind die Hinweise nicht zwingend. Bezüglich des Kodex von Tebessa argumentiert Stein, *Manichaica* III.1, 257–259, gegen Quispel, der auch hier eine Verwendung des Diatessaron annimmt. van Oort, *Secundini Manichaei Epistula* befürwortet die Kenntnis von Tatians Diatessaron für Secundinus; zurückhaltend äußert sich dazu Kudella, *Contra Secundinum* 193 Anm. 28; 346.

[92] Vgl. Hoffmann, *Verfälschung* 163f.

Lob der Hoheit des Sohnes«;[93] *c. Faust.* 32,7) gesagt ist, wird akzeptiert.[94] Faustus wehrt den Vorwurf, die Evangelien selektiv zu benutzen, dadurch ab, dass er auf den Gebrauch des Alten Testaments in der Kirche Augustins verweist: Dort wird behauptet, dass Jesus nur weniges übernommen, das meiste aber abgelehnt habe – und ebenso lehrt im Manichäismus der *paracletus* (Paraklet), was anzunehmen ist und was nicht (*c. Faust.* 32,6).[95] Faustus lehnt es dementsprechend ab, Joh 5,46 und Mt 5,17 als Belege für die Kontinuität zwischen Mose bzw. Gesetz und Propheten und Jesu Lehre zu werten.[96] Die Propheten wiederum enthalten gar keine Voraussagen auf Christus (*c. Faust.* 12,1; 13,1; 32,7).

---

[93] Ob vom *filius maiestatis* (Sohn der Hoheit) oder von der *maiestas filii* (Hoheit des Sohnes) die Rede ist, kann nicht sicher bestimmt werden. Für ersteres spricht etwa die Aussage des Secundinus, der die *maiestas ineffabilis ac sacratissima* (unaussprechliche und allerheiligste Hoheit) und deren *primogenitus* (Erstgeborenen) Jesus Christus erwähnt (ders., *Epistula* 1); für letzteres spricht die Bezeichnung des Heiligen Geistes als *tertia maiestas* (dritte Hoheit) durch Faustus selbst (*c. Faust.* 20,2).

[94] Vgl. Hoffmann, *Verfälschung* 161 f.

[95] An der Schrifthermeneutik des Faustus lässt sich erkennen, dass die Manichäer keineswegs die Schrift grundsätzlich *ad litteram* interpretierten, sondern vielmehr einzelne Stellen entweder auf die Grundlagen manichäischer Vorstellungen bezogen oder – im Konfliktfall – ablehnten.

[96] Faustus hält beide Verse für verfälschte Tradition; vgl. *c. Faust.* 16,8 (*»utrum sit eius [sententia] an subinducta«* / »ob es sein [d.h. Jesu Wort] ist oder eingeschmuggelt«) und *c. Faust.* 17,1. Vgl. Hoffmann, *Verfälschung* 164 Anm. 59. Besonders ausführlich beschäftigt Faustus sich mit Mt 5,17 und gibt hierfür sogar eine eigene Deutung (*c. Faust.* 19,2): Die Erfüllung des Gesetzes besteht gerade in der Bestätigung dessen, was im Gesetz *veritas* (Wahrheit) ist, also etwa der Gebote zum guten Leben (*c. Faust.* 19,3).

Bezüglich der Paulusbriefe nimmt Faustus an, dass sie (im Unterschied zu den Evangelien) tatsächlich von Paulus geschrieben sind (das erklärt ihre besondere Wichtigkeit als Argumentationsgrundlage), dass jedoch auch hier Gedanken eingefügt sind, die als verfälschende Interpolation zu bewerten sind. Zu nennen sind hier etwa der Verweis von Röm 1,3 auf die Geburt *»ex semine David«* (»aus dem Samen Davids«), die Faustus durch 2. Kor 5,16 als überholt ansieht (*c. Faust.* 11,1), die Kritik an Verwerfung der Ehe und Hochschätzung der Nahrungsaskese in 1. Tim 4,1–3 (*c. Faust.* 30,1) sowie die Relativierung von Reinheitsvorstellungen durch den Verweis auf das reine/unreine Gewissen der Betroffenen in Tit 1,15 (*c. Faust.* 31,1). Der von diesen Interpolationen[97] gereinigte Paulus ist dann, besonders für die Anthropologie, in den Disputationen entscheidende Argumentationsbasis für Felix und Fortunatus.

[97] Für die Evangelien ist der Begriff der Interpolation ungeeignet, da nach Faustus die Verfasser mündliche (authentische wie verfälschte) Überlieferungen unterschiedslos bei der Niederschrift gemischt haben, es also keine geschriebene Zusammenstellung gegeben hat, die die authentische Jesusüberlieferung enthielt und in die dann interpolierend eingegriffen wurde; vgl. HOFFMANN, *Verfälschung* 168 (ebd. auch zu den benutzten Verben *inicere*/einfließen lassen, *inserere*/einführen und *inducere*/einfügen). Für das Corpus Paulinum ist nach Faustus hingegen ein ursprünglich unverfälschter Text anzunehmen, der dann interpoliert wurde. Augustin reagiert hierauf kritisch mit der Rückfrage, ob sich dies auch in der Überlieferung der Kodizes greifen lasse (*c. Faust.* 11,2; *mor.* 1,61); vgl. HOFFMANN, *Verfälschung* 170.180f.

7. Verhältnis von Manichäismus und Gnosis

Die Frage, ob der Manichäismus eine Form von Gnosis ist oder eine von der Gnosis sehr wohl zu unterscheidende Religion, wird in der Forschung kontrovers beurteilt.[98] Schwierigkeiten einer Definition von Gnosis lassen es als ratsam erscheinen, eine Reihe von charakteristischen Grundzügen zu beschreiben, die für Denkansätze zutreffen, die man als gnostisch bezeichnen kann, und dann jeweils danach zu fragen, inwiefern dies auch auf den nordafrikanischen Manichäismus zutrifft. So nennt etwa Markschies die folgenden acht Elemente:

– Die »Erfahrung eines vollkommen jenseitigen, fernen obersten Gottes«[99] wird im Manichäismus für den *deus pater* (Gott Vater) eher vorausgesetzt als betont. Zugleich wird die Substanzgleichheit des *deus pater* und der Lichtelemente stark betont, was der Betonung der Transzendenz eher entgegenläuft.

---

[98] BAUR, *Religionssystem* 483, beschrieb das Verhältnis zwischen Gnosticismus und Manichäismus dergestalt, dass der Manichäismus »auf der einen Seite unter jenen Gesichtspunct nicht gestellt werden kann, auf der andern aber doch seiner Natur nach dem Gnosticismus so nahe verwandt ist«. Für RUDOLPH, *Mani und die Gnosis* 200, hat Mani »die originellste und bewusst angelegte Weltreligion aus gnostischem Geiste geschaffen«. Deutliche Vorbehalte melden hingegen GARDNER/LIEU, *Manichaean Texts* 9, an: »An analysis of the core of tenets of Manichaeism, when measured against what we suppose to be gnosticism [...] shows that this faith must be differently categorised.« Demgegenüber ist die Einschätzung bei VAN OORT, *Manichäismus* 736, einseitig: »Der M.[anichäismus] sollte als eine Form der Gnosis angesehen werden. Herzstück dieser Rel. war Manis eigene spekulative Fassung des gnost. Mythos vom kosmischen Exil und von der kosmischen Erlösung«.

[99] Nennung der folgenden acht Merkmale als Zitat aus MARKSCHIES, *Gnosis* 25f.

– Die »Einführung weiterer göttlicher Figuren« (scil. die dem Menschen näher stehen) ist auch im Manichäismus weit verbreitet. Im Vergleich mit ausdifferenzierten Wiedergaben der manichäischen Mythologie aus späterer Zeit und insbesondere im östlichen Bereich[100] ist für den nordafrikanischen Manichäismus eine Reduktion der Figuren festzustellen, sodass Manichäer wie Faustus geradezu beanspruchen konnten, einen trinitarischen Gottesbegriff zu vertreten (so gerade *c. Faust.* 20,2). Dies stellt die Frage, inwiefern für den nordafrikanischen Manichäismus insgesamt gilt, was Cumont überlegt hat, dass nämlich »les noms barbares ont été remplacés par de vagues ›vertus‹ ou puissances, et les génies cosmiques [...] sont devenus de pâles abstractions sans personnalité«[101].

– Die »Einschätzung von Welt und Materie als böser Schöpfung und eine dadurch bedingte Erfahrung der Fremdheit des Gnostikers in der Welt« ist im Manichäismus nur insofern gegeben, als die spezifisch zu verstehende *hyle* mit dem Bösen in Verbindung gebracht wird. Die Erschaffung der Welt an sich geht vom *spiritus potens* (Lebendigen Geist) aus, also gerade von einem im Kampf befindlichen Mitglied des Reichs des Lichts. Die Welt hat gerade eine positive Funktion als groß angelegte Läuterungsmaschinerie. Gleichwohl werden zur Erschaffung der Welt Elemente aus dem Gegenprinzip benutzt, sodass die Lichtelemente gefangen sind (*c. Faust.* 6,6; 20,15.22),

---

[100] So zieht etwa RUDOLPH, *Mani und die Gnosis* 196f, Vergleiche zwischen dem Vater der Größe und dem Agnostos Theos, der Mutter des Lebens und der Barbelo, der Lichtjungfrau der Dritten Berufung und der Sophia. Diese Parallelen lassen sich auf die bei Augustin und Evodius greifbaren Strukturen nur schwer übertragen.

[101] CUMONT, *Théodore Bar Khôni* 6. Vgl. auch S. 17.

bedrängt (*c. Faust.* 20,17) oder gar misshandelt werden (*c. Faust.* 20,18). Insofern kann der Manichäer durchaus eine Fremdheit in der Welt empfinden: *»Et nos animae, inquiunt, de ipsis membris dei sumus, sed premimur hic visceribus gentis tenebrarum«* (»Und wir, die Seelen, sagen sie, stammen geradewegs von den Gliedern Gottes ab, doch werden wir hier bedrängt von den Eingeweiden des Finsternisvolkes«; *en. Ps.* 140,10).

– Die »Einführung eines eigenen Schöpfergottes« (scil. der oft Demiurg genannt wird) ist im Manichäismus nicht ohne weiteres gegeben, denn die Welt selbst wird vom Lebendigen Geist geschaffen; die Erschaffung der Pflanzen, Tiere und dann schließlich des Menschen beruht auf einem komplexen Miteinander beider Prinzipien, eben dem Kampf, und entsprechenden Initiativen (*nat. b.* 44.46).

– Die »Erklärung dieses Zustandes durch ein mythologisches Drama, in dem ein göttliches Element, das aus seiner Sphäre in eine böse Welt fällt, als göttlicher Funke in Menschen einer Klasse schlummert und daraus befreit werden kann«, ist im Manichäismus insofern gegeben, als auch hier Sprachformen eines mythologischen Dramas benutzt werden, um eine Kosmogonie und Anthropogonie zu erklären. Dabei taucht auch das Motiv auf, dass ein göttliches Element gefangen wird. Allerdings wird die Vermischung beider Prinzipien gleichsam ins Grundsätzliche ausgeweitet, sodass die Gegenwart göttlicher Elemente gerade nicht nur den Menschen, sondern auch Tiere, Pflanzen, ja die Welt insgesamt betrifft.[102] Eine Be-

[102] Auf interessante Ähnlichkeiten in der Erzählung über Kosmogonie und Anthropogonie im Manichäismus und Gnostizismus, etwa den Namen *Saclas*, das Verführungsmotiv u.a. weist RUDOLPH, *Mani und die Gnosis* 197f, hin.

schränkung auf eine bestimmte Klasse von Menschen und eine damit einhergehende deterministische Einteilung der Menschen (vergleichbar der in Pneumatiker, Psychiker und Sarkiker) existieren im Manichäismus nicht.

– Eine »Erkenntnis (›Gnosis‹) über diesen Zustand, die aber nur durch eine jenseitige Erlösergestalt zu gewinnen ist«, ist im Manichäismus insofern gegeben, als der Paraklet als in Mani wirksam vorgestellt wird. Eine Ausdifferenzierung der Erlösungs- und Offenbarungsgestalten nach der Anthropogonie bieten die Nachrichten über den nordafrikanischen Manichäismus nicht.

– Die »Erlösung durch die Erkenntnis des Menschen, ›dass Gott (bzw. der Funke) in ihm ist‹«, wird im Manichäismus insbesondere durch Maßgaben zur Ethik und den richtigen Gebrauch der Welt als »Ausläuterungsmaschinerie« der Lichtelemente gefüllt. »Die für die Gnosis grundlegende Idee der Konsubstantialität von Salvator und Salvandus«[103] ist auch im Manichäismus tragend.

– Eine »unterschiedlich ausgeprägte Tendenz zum Dualismus, die sich im Gottesbegriff, in der Entgegensetzung von Geist und Materie und in der Anthropologie äußern kann«, ist im Manichäismus durch den Prinzipiengegensatz sicherlich in besonders ausgeprägter Form enthalten.

Für die Zuordnung des Manichäismus zum Phänomen Gnosis lässt sich somit sagen: Legt man ein »typologisches Modell«[104] für die Einstufung als Gnosis zugrunde, wird man sagen müssen, dass der Manichäismus viele

[103] RUDOLPH, *Mani und die Gnosis* 199.
[104] MARKSCHIES, *Gnosis* 25.

Merkmale der Gnosis teilt. Allerdings tut er dies oft in spezifischer Modifikation (so gibt es etwa nicht den Demiurgen, und Kosmogonie wie Anthropogonie werden auf eine grundsätzliche Vermischung, den Kampf zwischen den beiden Prinzipien, zurückgeführt, gleichsam generalisiert; die Erkenntnis bezieht sich insbesondere auf einen richtigen Gebrauch der Welt als Ausläuterungsmaschinerie). Insgesamt sind zwei Dinge zu bedenken, die die Zuordnung des Manichäismus zur Gnosis in Frage stellen:

– Ist in der Gnosis die Tendenz zum Dualismus etwas durchaus Nachgeordnetes, sodass dieser Dualismus oftmals von einer strikten Betonung des einen Ursprungs gleichsam gerahmt wird, so stellt sich für den Manichäismus die Frage, ob der Prinzipiengegensatz nicht so grundsätzlich aufgefasst ist, dass eine solche Klammer fehlt. Zwar ließe sich auf das Ungleichgewicht der beiden Prinzipien, das auch im Manichäismus festzustellen ist, verweisen, doch stellt dies weder die ursprüngliche noch die endgültige Scheidung beider Prinzipien grundlegend in Frage.

– Ist für die Gnosis größtenteils wahrscheinlich, dass sie in früher Zeit (etwa dem 1. Jh. ?) entweder aus dem Christentum herausgewachsen oder zumindest eng mit ihm verwachsen ist und erst in einer weiteren Entwicklungsphase (ab dem 2. Jh. ?) teilweise auch nichtchristliches Gepräge angenommen hat,[105] so lässt sich für den

[105] Für die Annahme, dass die Gnosis aus dem Christentum herausgewachsen ist, spricht insbesondere die Tatsache, dass datierbare Texte und Nachrichten für die Anfangszeiten nichtchristlicher Gnosis schlichtweg nicht existieren. Zu dieser Position vgl. insbesondere MARKSCHIES, *Gnosis* 28–34.83–86; ders., *Religionsphilosophie*; LUTTIKHUIZEN, *Sethianer?*. Alternativ kommt am

Manichäismus insgesamt fragen, ob hier der Synkretismus nicht von Anfang an neben christlichen auch weitere (etwa persische) Traditionen integriert hat.[106] So sehr einerseits der Bezug zu christlichen Wurzeln bereits für den ältesten Manichäismus wahrscheinlich ist, so wenig lässt sich der Manichäismus andererseits ohne diese synkretistische Komponente verstehen. Insofern lässt sich der Manichäismus am besten als eine der Gnosis in typologischer Hinsicht verwandte, durchaus eigenständige »Religionssynthese«[107] bezeichnen.

II. Augustin als Manichäer

1. Augustins Hinwendung zum nordafrikanischen Manichäismus

Auch wenn keine literarischen Quellen aus Augustins Zeit als Manichäer erhalten sind, so erlauben doch die späteren Hinweise Augustins auf seine manichäische Vergangenheit eine hypothetische Rekonstruktion dessen, was Augustin im Jahr 373 zu den Manichäern ge-

---

ehesten ein Herauswachsen aus einem bestimmten Spektrum hellenisierten Judentums in Frage (da es sich um eine Bearbeitung alttestamentlicher Traditionsbestände handelt, zu denen dann bereits sehr früh Einflüsse aus dem Christentum gekommen wären), wie es etwa bei BARRY/FUNK/POIRIER/TURNER, *Introduction* 131–144, zusammengefasst ist; vgl. TURNER, *Sethian Gnosticism.* Diese Position ist insbesondere von Schenke entwickelt worden; vgl. die Angaben bei LUTTIKHUIZEN, *Sethianer?* 76 Anm. 1–3.

[106] Vgl. HUTTER, *Manichäismus* 19–26. Die Bedeutung der buddhistischen Tradition, die BAUR, *Religionssystem* 434–451, betont hat, ist aufgrund der Textfunde des 20. Jahrhunderts obsolet.

[107] MARKSCHIES, *Gnosis* 101.

führt hat. Methodisch ist es dabei sinnvoll, nicht ein Motiv zum entscheidenden Grund für die Hinwendung Augustins zum Manichäismus zu benennen, sondern von einer Konvergenz verschiedener Motive[108] auszugehen. Als solchermaßen konvergierende Attraktionspunkte lassen sich aus *conf.* 3 erheben:[109]

– Die in Ciceros *Hortensius* angetroffene *exhortatio ad philosophiam* (Aufmunterung zur Philosophie) bleibt ein wesentlicher Grundimpuls der Suchbewegung Augustins: *»Ille vero liber mutavit affectum meum«* (»Jenes Buch aber gab meinem Gemüt eine andere Richtung«; *conf.* 3,7).[110] Diese Suchbewegung relativiert die Schönheit rhetorisch geprägter Sprache und konzentriert sich auf den Inhalt. Augustin führt auf die *Hortensius*-Lektüre ein leidenschaftliches Streben nach der *immortalitas sapientiae* (Unsterblichkeit der Weisheit) zurück. Überzeugend findet Augustin besonders, dass die *philosophia* (Philosophie), verstanden als *amor sapientiae* (Liebe zur Weisheit),[111] nicht als Werben für die eine oder andere philosophische Richtung (*secta; conf.* 3,8) befürwortet

---

108 Der Begriff der Konvergenz wurde von FELDMANN, *Konvergenz* in die Debatte eingebracht, der sie allerdings auf Strukturen beziehen möchte und daher ähnliche Gedankenstrukturen in späteren Schriften Augustins heranzieht. Für die Analyse von *conf.* 3 ist es sinnvoller, die Konvergenz verschiedener Motive zu untersuchen, die Augustin ausdrücklich nennt. In eine ähnliche Richtung zielt die Darstellung bei LIEU, *Later Roman Empire* 151–190, der verschiedene »appeals« herausarbeitet, die Augustin angezogen haben dürften.

109 Zur Gliederung von *conf.* 3 vgl. FELDMANN, *Einfluß* 378f; vgl. zu Augustins Darstellung in *conf.* 3 auch FELDMANN, *Übertritt*.

110 Zum Begriff *affectus* vgl. FELDMANN, *Einfluß* 415–424.

111 Zum Begriff der *sapientia* (Weisheit) in den *conf.* vgl. FELDMANN, *Einfluß* 405–415.

wird, sondern als unmittelbares Bemühen um die *sapientia* (*conf.* 3,8). Dies lässt sich als Beschäftigung mit den inhaltlichen Fragen deuten, d.h. Augustin sucht nach einem inhaltlich überzeugenden Konzept. Philosophisch-theologische Fragen treten damit in den Vordergrund,[112] allerdings dergestalt, dass sie zugleich als ein orientierendes Modell einen Lebenstypus vorgeben. Das *Hortensius*-Fragment *»beati certe omnes esse volumus«* (»Bestimmt wollen wir alle glückselig sein«)[113] zeigt diese Verbindung von Streben nach *sapientia* und *beata vita* (dem glückseligen Leben) deutlich.

– Augustin ist als junger Rhetor abgelenkt durch die Theaterbesuche (*conf.* 3,2) und bewegt sich in einem Freundeskreis, den er im Rückblick negativ als Kreis von *eversores* (Umstürzlern bzw. Chaoten) skizziert, die sich durch ihre Fähigkeit, zu täuschen und sich über andere lustig zu machen, unangreifbar dünken (*conf.* 3,6).[114] Zugleich blickt er auf Abschweifungen in Gottesdiensten zurück (*conf.* 3,5) und spricht davon, dass die *Hortensius*-Lektüre seine Gebete verändert habe (*conf.* 3,7). Das legt nahe, dass Augustin sich auch in der Zeit der *Hortensius*-Lektüre als Katechumene verstanden hat (vgl. *conf.* 1,17). Er gehört also nach wie vor zu den »Noch-nicht-Getauften«, die bereits in eingeschränktem Maße an der kirchlichen Gemeinschaft teilhaben.

– Die christliche Prägung des Denkens des jungen Augustin wirkt sich auch auf die *Hortensius*-Rezeption aus. Neben den Gebeten bleibt eine innere Reserve, dadurch

---

112 Vgl. Feldmann, *Einfluß* 460.490.

113 *Trin.* 13,7. Der Satz taucht bei Augustin in unterschiedlichen Kontexten und Formen auf; vgl. Hagendahl, *Latin Classics* Fragment 182a-p; Drecoll, *Entstehung* 34 Anm. 38.

114 Vgl. O'Donnell, *Confessions* II, 161.

bedingt, *»quod nomen Christi non erat ibi«* (»dass der Name Christi sich darin nicht fand«; *conf.* 3,8). Ausdrücklich spricht Augustin davon, dass er *»hoc nomen salvatoris mei«* (»diesen Namen meines Erlösers«; ebd.) seit seiner Kindheit festgehalten hatte – und daher jede Konzeption dann nicht ganz überzeugend fand, wenn sie nicht den Namen Christi enthielt.

– Dies erklärt den nächsten Schritt der Suchbewegung im Anschluss an die *Hortensius*-Lektüre, nämlich die Schriftlektüre. Zwar sagt Augustin im Rückblick, dass er damals die Warnung vor der täuschenden Wirkung der Philosophie aus Kol 2,8f noch nicht gekannt habe (*conf.* 3,8), doch dürften ihm zentrale Inhalte der Bibel durchaus aus dem Elternhaus und seinen Gottesdienstbesuchen bekannt gewesen sein. Insofern ist die Schriftlektüre, von der Augustin in *conf.* 3,9 berichtet, eher der Versuch, jetzt von den Denkvoraussetzungen der *Hortensius*-Lektüre aus noch einmal erneut und ernsthaft die Bibel zu lesen. Diese Bibellektüre scheitert, weil ihm die Bibel – gerade im Vergleich mit Cicero – *indigna* (unwürdig) vorkommt (*conf.* 3,9). Augustin führt dieses Scheitern in *conf.* 3 darauf zurück, dass er zu hochmütig war und nicht bereit war, sich in Demut und kindhafter Lernhaltung nach und nach den inneren Geheimnissen der Schrift zu nähern (ebd.). Daraus kann man vielleicht schließen, dass Augustin in der Bibel (vergeblich) ein überzeugendes Gesamtkonzept gesucht hat, das seinem Streben nach *sapientia* und seinem Bemühen um ein theologisch-philosophisch überzeugendes Konzept in Verbindung mit einem bestimmten Lebenstypus und christlicher Orientierung entsprechen würde.[115]

---

[115] Vgl. FELDMANN, *Einfluß* 523f.

»Itaque incidi in homines superbe delirantes« (»Also verfiel ich Menschen, die voll Hochmut Wahnwitziges faselten«; *conf.* 3,10).[116] Das Scheitern der Bibellektüre lässt Augustin anfällig für die Manichäer werden. Er sucht und findet im Manichäismus genau die Antwort auf die genannten vier konvergierenden Grundrichtungen seiner Suchbewegung:[117] a) Die Manichäer bieten ein philosophisch-theologisches Konzept. Augustin betont im Rückblick den Anspruch der Manichäer, die Wahrheit zu besitzen: *»veritas et veritas«* (»Wahrheit und nochmals Wahrheit«; *conf.* 3,10).[118] b) Es handelt sich nicht nur um ein philosophisch-theologisches Konzept, sondern um einen Lebenstypus; dies wird daran ersichtlich, dass Augustin unmittelbar anschließend die Verehrung von Sonne und Mond schildert, d.h. die religiösen Praktiken und die damit verbundene Frömmigkeit, in den Blick nimmt. c) Diese Einheit von inhaltlichem Konzept und Frömmigkeit ist betont christlich. Augustin unterstreicht, dass die Manichäer den Namen Jesu Christi und des Heiligen Geistes als des Parakleten unablässig gebraucht haben (ebd.). d) Die Manichäer hatten plausible Antworten auf die Anfragen, die Augustin bei seiner Schriftlektüre gekommen waren (vgl. hierzu besonders *conf.* 3,12f). Diese vier Punkte seien jetzt im Einzelnen noch näher erläutert:

---

[116] Vgl. O'Donnell, *Confessions* II, 175–177. Zur Formulierung *laquei diaboli* (Schlingen des Teufels) in *conf.* 3,10 vgl. Mikkelsen, *Devil's snares*.

[117] Vgl. Feldmann, *Einfluß* 534–536.

[118] In eine ähnliche Richtung verweist der in *util. cred.* 2 erkennbare Anspruch der Manichäer, die *veritas* (Wahrheit; parallel zu *ratio* / Vernunft) der *fides* (dem Glauben) vorzuordnen. Vgl. Hoffmann, *De utilitate credendi* 175–180; ders., *Erst einsehen* 68–71.

a) Der Manichäismus als philosophisch-theologisch überzeugende Konzeption

Dass der Manichäismus als eine philosophisch-theologische Konzeption attraktiv war, dafür nennt Augustin in *conf.* 3 folgende Aspekte:

– Die Gotteslehre hat Augustin überzeugt. Im Rückblick qualifiziert Augustin sein eigenes Denken als grundlegend materialistisch orientiert: *»Non noveram deum esse spiritum«* (»Ich wusste nicht, dass Gott Geist ist«; *conf.* 3,12; vgl. 7,1). Dazu hat der manichäische Gottesbegriff gut gepasst.[119]

– Die inhaltliche Konzeption umfasste insbesondere auch eine beeindruckende Kosmologie (vgl. *conf.* 3,10: *»de istis elementis huius mundi«* / »über diese Elemente dieser Welt«), etwa die Erklärung der besonderen Bedeutung von Sonne und Mond, eingebettet in einen größeren Kontext, den Augustin später polemisch als *phantasmata* (Trugbilder) bezeichnet.

– In Augustins negativer Abgrenzung, Gott sei nicht die *anima* (Seele), *»quae vita est corporum«* (»die bei den Körpern das Leben ausmacht«; *conf.* 3,10), lässt sich die manichäische Vorstellung greifen, dass die gefangenen Lichtelemente auch als *anima* beschrieben werden können. Die Verbindung der verschiedenen Aspekte von Seele mit einer umfassenden Kosmologie dürfte dem jungen Augustin interessant erschienen sein.

– Der Vergleich der manichäischen mit den paganen literarischen Mythen in *conf.* 3,11 erlaubt außerdem den Rückschluss, dass Augustin bereits in dieser frühen Zeit

---

[119] Zur Bedeutung der Gotteslehre vgl. FELDMANN, *Et inde rediens* 895f. Zur materialistischen Prägung des Gottesbegriffes des jungen Augustin vgl. TORCHIA, *Creatio* 99f.

mit mythologischen Erzählstrukturen in Berührung gekommen ist. Ausdrücklich nennt er die *»quinque elementa varie fucata propter quinque antra tenebrarum«* (»fünf Elemente, die verschiedenartig ausgestaltet sind entsprechend den fünf Höhlen der Finsternis«; *conf.* 3,11). Die Fülle dieser mythologischen Erzählstrukturen dürfte durchaus zunächst faszinierend gewirkt haben.

Schließlich boten die Manichäer eine Lösung für die Frage *»Unde malum«* (»Woher stammt das Böse?«) an, die Augustin in *conf.* 3 nicht näher skizziert, die jedoch aus dem Verweis auf die *gens tenebrarum* (das Finsternisvolk) bestehen dürfte. Dies bestätigt sich insbesondere, wenn man die Disputation mit Fortunatus heranzieht. Fortunatus möchte Augustin unmittelbar auf die Frage festlegen, ob die Seele zu Gott gehört oder nicht (*c. Fort.* 7f). Dann ergibt sich nämlich die Alternative, dass es entweder *praeter deum* (neben Gott) noch eine andere Größe gibt oder alles *in deo* (in Gott) ist (*c. Fort.* 4). Im letzteren Fall wäre Gott verantwortlich auch für das Böse; also bleibt nur die erste Annahme möglich. Entsprechend sieht es Fortunatus als evident an, *»quod duae sunt substantiae in hoc mundo, quae speciebus et nominibus distant, quarum est una corporis, alia vero aeterna patris omnipotentis«* (»dass es zwei Substanzen in dieser Welt gibt, die sich in Erscheinungsbild und Namen unterscheiden und deren eine die [Substanz] des Körpers, deren andere hingegen die ewige [Substanz] des allmächtigen Vaters ist«; *c. Fort.* 14). Auf diesen körperlichen Bereich bezieht Fortunatus auch Eph 2,3, wonach die Menschen *naturaliter* (von Natur aus) Söhne des Zorns sind: *naturaliter* meine hier genauer *corporaliter* (in körperlicher Hinsicht), womit eben das Finsternisreich gemeint sei (*c.*

Fort. 17). Erst die Zurückführung auf die beiden Grundprinzipien erklärt, *»quod aliena sint mala a deo«* (»dass die bösen Dinge Gott fremd sind«; *c. Fort.* 19). Das Lösungsangebot, dass Gott dem Menschen das *liberum arbitrium* (den freien Willen) gegeben habe, bedeutet für Fortunatus, dass Gott entweder ein *consensor* der Sünde (mit der Sünde einverstanden) war oder nicht wusste, dass der Mensch künftig sündigen würde – beides würde bedeuten, dass Gott an der Entstehung des Bösen indirekt beteiligt ist (*c. Fort.* 20). Es würde zugleich immer noch nicht erklären, wieso der Mensch sich in so starkem Ausmaße für das Böse entscheidet, denn ohne die Annahme einer *contraria gens* (eines gegnerischen Volkes) würde sich die *anima in corpore constituta* (die im Körper befindliche Seele) sicher für ein Leben ohne Sünde entscheiden (*c. Fort.* 20). Erst die Annahme einer solchen *contraria gens* ermöglicht laut Fortunatus also eine angemessene Erklärung des Ist-Zustandes der Welt und des Menschen, nämlich durch die Annahme *»quod a contraria natura anima cogatur delinquere«* (»dass die Seele von einer gegnerischen Natur gezwungen wird zu sündigen«; *c. Fort.* 21). Die *radix malorum* (Wurzel der bösen Dinge) ist dabei ein universal wirksames Prinzip, dessen Herkunft in Fortunatus' Augen Augustin nicht erklären kann. Die *cupiditas* (Begierde), deren Realität Augustin eingesteht, ist nur ein Ausdruck dieses Prinzips und mit der *caro* (dem »Fleisch«) der paulinischen Theologie zu verbinden (*c. Fort.* 21). Von *conf.* 3 aus ist nicht erkennbar, wie weit sich die Lösung für die Frage *»Unde malum«*, der Augustin 373 begegnete, mit der des Fortunatus deckt; doch ist die Annahme, dass es sich um eine ähnliche Vorstellungswelt gehandelt haben dürfte, plausibel. Somit zeigt sich, dass die Frage *»Unde malum«*

zum Bewährungsfall für den Gottesbegriff wird. Nur eine Fassung des Gottesbegriffes bzw. der Lehre von den Prinzipien, die diese Frage zufriedenstellend erklärt, kann den von Augustin erhobenen Anspruch, rational überzeugend zu sein, erheben.

b) Die attraktive Frömmigkeit der Manichäer

Zu der Frömmigkeit ist neben dem Hinweis auf den Psalmengesang im manichäischen Gottesdienst (*conf.* 3,14) besonders das hinzuzunehmen, was in *conf.* 4 über Augustins Leben als *auditor* (Hörer) belegt ist (vgl. besonders *conf.* 4,1).[120] Augustin nennt auch die Auffassung, dass eine gepflückte Feige und der Feigenbaum weinen und dass dann, wenn jene von einem *sanctus* (Heiligen) gegessen wird, Lichtelemente (hier als *angeli* / Engel bezeichnet) ausgeläutert werden. Die Ausläuterung geschieht *»gemendo in oratione atque ructando«* (»durch Seufzen und Rülpsen beim Gebet«; *conf.* 3,18; vgl. *c. Faust.* 6,4), womit Augustin auf die abendlichen Mahlzeiten der *electi* (Auserwählten) anspielt.

Nicht explizit ausgeführt ist in *conf.* 3 Augustins Bewunderung für die Askese der Manichäer.[121] Doch spricht Augustin später von *duae maxime illecebrae Manichaeorum* (hauptsächlich zwei Lockmitteln der Manichäer), womit neben der Kritik an der Schrift besonders das as-

[120] Mit Feldmann ist die Bedeutung der Frömmigkeit für Augustins Hinwendung zum Manichäismus zu betonen; anders hingegen BeDuhn, *Dilemma* 69: »Participation in Manichaean ritual and disciplinary practices was simply the price he paid for association with a group of people with whom he wished to pursue primarily intellectual interests«.

[121] Lieu, *Later Roman Empire* 180, spricht von einem »ascetical appeal« des Manichäismus.

ketische Leben gemeint ist: »*Vitae castae et memorabilis continentiae imaginem praeferunt*« (»Sie tragen das Bild eines keuschen Lebens und einer bemerkenswerten Enthaltsamkeit zur Schau«; *mor.* 1,2).[122] Die Hochschätzung der Askese geht etwa auch aus der Selbstbeschreibung des Faustus hervor, in der er seine Heimatlosigkeit und seine Armut und Nahrungsaskese hervorhebt (*c. Faust.* 5,1). Zugleich dürfte für den jungen Augustin anziehend gewesen sein, dass er, um den Manichäern anzugehören, nicht unmittelbar eine strikte Askese befolgen musste, sondern als *auditor* (Hörer) sein bisheriges Leben weitgehend weiterführen konnte. Dies hatte wegen seiner Lebensgefährtin, mit der Augustin in der Rechtsform des Konkubinats zusammenlebte, und wegen des 372 geborenen Sohnes Adeodatus[123] für ihn sicherlich eine hohe Bedeutung.[124]

c) Der Manichäismus als besseres Christentum

Die christliche Prägung wird in *conf.* 3 eher genannt und vorausgesetzt als entfaltet. Der Blick auf das bei Fortunatus und Faustus erkennbare Profil erlaubt den Schluss, dass sich der nordafrikanische Manichäismus durchaus als das wahre Christentum präsentiert hat.[125] Die Manichäer »*se christianos vel putant vel putari volunt*« (»halten sich für Christen oder wollen, dass man sie für solche hält«; *Gn. litt.* 7,11). So beansprucht Faustus, eine rich-

---

[122] Vgl. ALEXANDER, *Church* 128.

[123] Vgl. MADEC, *Adeodatus* 87f.

[124] Vgl. O'DONNELL, *Sinner and Saint* 48f.

[125] Vgl. WURST, *Glaubensbekenntnis des Faustus* 651; RIES, *Livre III des Confessions* 25. Zur Debatte zwischen Decret und Tardieu über den christlichen Charakter des nordafrikanischen Manichäismus vgl. BEDUHN, *Dilemma* 82.

tige Trinitätslehre zu haben: »*Nos patris ... dei omnipotentis et Christi filii eius et spiritus sancti unum idemque sub triplici appellatione colimus numen*« (»Wir verehren unter dreifacher Bezeichnung die eine und selbe Gottheit des Vaters, ... des allmächtigen Gottes, und Christi, seines Sohnes, und des Heiligen Geistes«; *c. Faust.* 20,2).[126] Im Gegenzug bezeichnet er die Christen der *catholica* (katholischen Kirche) – ohne Berücksichtigung der Differenz zwischen Donatisten und Caecilianern – als *semichristiani* (Halbchristen; *c. Faust.* 1,2). Für Faustus gibt es demnach ein *numen* (göttliches Wesen), das unter verschiedenen Bezeichnungen (*pater* / Vater, Jesus und *spiritus* / Geist) auftreten kann. Dies bestätigt auch die sich anschließende Erläuterung, in der Faustus den Vater als die *lux summa ac principalis* (das höchste und ursprüngliche Licht) deutet, den Sohn auf das sichtbare Licht bezieht (und dabei besonders mit Sonne und Mond verbindet) und den Geist als denjenigen beschreibt, der die *terra* (Erde) dazu befähigt, den *patibilis Iesus* (leidenden Jesus) hervorzubringen.[127] Auch Fortunatus erhebt den Anspruch, trinitätstheologisch richtig zu lehren: »*Unam fidem sectantes huius trinitatis, patris et filii et spiritus sancti*« (»Wir befolgen einen einzigen Glauben an diese Dreiheit, an Vater, Sohn und Heiligen Geist«; *c. Fort.* 3). Er interpretiert den *pater* (Vater) als denjenigen, der die *aeterna lux* (das ewige Licht) bewohnt, den Sohn als vom Vater entsandte Erlösungsgestalt, die die Welt geschaffen und die würdigen Seelen ausgewählt hat, welche dann durch die *mandata caelestia* (himmlischen Gebote)

---

126 BeDuhn, *Dilemma* 132f, stellt einen Zusammenhang mit den Gesetzen des nordafrikanischen Prokonsuls Messianus vom Jahr 386 her.

127 Vgl. Wurst, *Glaubensbekenntnis des Faustus* 650.

geheiligt worden sind (hiermit ist wohl das Wirken des Heiligen Geistes genannt; *c. Fort.* 3). Faustus wie Fortunatus reichern ihre Bekenntnisformulierungen (*»nostra professio«* / »unser Bekenntnis«; *c. Fort.* 3) mit biblischen Begriffen an. Faustus bezieht sich für die Beschreibung des Vaters als Licht ausdrücklich auf Paulus[128] (*»quam Paulus alias inaccessibilem vocat«* / »das Paulus an anderer Stelle als unnahbar bezeichnet«) und benutzt dann erkennbar 1. Kor 1,24 für die Beschreibung Christi als *dei virtus et dei sapientia* (Kraft Gottes und Weisheit Gottes), die er wiederum auf den *apostolus* (Apostel) zurückführt (*c. Faust.* 20,2). Fortunatus schildert die Entsendung des *salvator* (Retters) explizit durch Wendungen aus Joh 1: Das *verbum* (Wort) sei *»a constitutione mundi«* (»seit der Grundlegung der Welt«) geboren und später *»inter homines«* (»unter die Menschen«) gekommen. Mit Versen aus dem Johannesevangelium (Joh 14,6.9; 5,24) wird Christus als notwendiger Erlöser bezeugt (*c. Fort.* 3). Felix belegt den Anspruch, dass in Mani der Paraklet wirksam sei, mit Joh 16,13, d. h. mit der Aussage Christi, zum Vater zu gehen und den Heiligen Geist als Parakleten zu schicken (*c. Fel.* 1,2); auch hierin wird eine biblisch trinitarische Struktur erkennbar.

Entsprechend werden Bibelverse gerade auch eingesetzt, um den christlichen Charakter des Manichäismus zu unterstreichen.[129] So benutzt etwa Felix 1. Tim 4,1–6,

---

[128] Vgl. die Übersicht bei Decret, *Essais* 55–106, über die Paulusbenutzung durch die nordafrikanischen Manichäer. Vgl. Mara, *Agostino interprete di Paolo* 34–38.

[129] Dies zeigt sich auch in dem Brief des Secundinus, der durchweg mit Anspielungen auf Bibelverse durchsetzt ist; vgl. hierzu die Nachweise in der Übersetzung bei Kudella, *Contra Secundinum* 221–245 (und 333–335).

um zu zeigen, dass Mani die von Paulus genannte *fides* (den Glauben) nicht verlassen habe. Zitate aus dem Matthäusevangelium und aus den Paulusbriefen[130] zeigen für ihn den Gegensatz der *duae naturae* (beiden Naturen; *c. Fel.* 2,2) genauso wie Joh 1,5 (*c. Fel.* 2,15). Felix benutzt sogar Gen 1,1 als Beleg für die *duo regna* (beiden Reiche), indem er die von Gott erschaffene *terra* (Erde) von der in Gen 1,1b genannten wüsten *terra* unterscheidet (*c. Fel.* 1,17). Felix entwickelt auch recht ausführlich eine Christologie. Er betont, dass Christus als Befreier geschickt wurde. Das setze voraus, dass die Menschen vorher *»in captivitate«* (»in Gefangenschaft«) waren (*c. Fel.* 2,10). Anzunehmen, dass eine *virtus dei* (Kraft Gottes) hierfür verantwortlich war, macht die Sendung Christi überflüssig. Also bleibt nur die Annahme, dass es sich um einen *»extraneus a deo«* (»Gott gegenüber Fernstehenden«) handelt, der zugleich für die Kreuzigung verantwortlich war und (mit Gal 3,13) jeden verdammt, der am Holz hängt (also gekreuzigt ist; ebd.). Es gilt: *»Christus propter animam nostram crucifixus est«* (»Christus wurde um unserer Seele willen gekreuzigt«; *c. Fel.* 2,17), was voraussetzt, dass die Seele vorher beschmutzt war und nun durch Christus gereinigt ist (ebd.). Felix benutzt dabei das Sprachfeld der Kreuzigung so, dass er die Kreuzigungsgeschichte nicht ausblendet, zugleich aber ein übertragenes Verständnis auf die Fesselung der Lichtelemente ermöglicht. Die manichäische Interpretation gibt sich erkennbar christlich.

Auch Fortunatus bekräftigt die Kontinuität zum paulinischen Zeugnis: *»Hoc sentimus, quod nos instruit bea-*

---

[130] Mt 7,17; Mt 13,27f; Mt 25,34.41; Röm 8,7; 2. Kor 4,4; 2. Kor 12,7–9.

tus apostolus Paulus« (»Von dem sind wir überzeugt, was uns der selige Apostel Paulus lehrt«; *c. Fort.* 7; es folgt das Zitat Phil 2,5–8). Der Gegensatz zwischen *tenebrae* (Finsternis) und *lux* (Licht) wird mit einer Konfusion aus Mt 15,13 und Mt 3,10 belegt (*c. Fort.* 14). Für das Wirken des *princeps* (Fürsten [scil. der Finsternis]) wird Eph 2,1–18 angeführt (wobei Fortunatus einige Verse überspringt; *c. Fort.* 16). Insbesondere arbeitet Fortunatus mit dem paulinischen Gegensatz von *caro* (1. Kor 15,50) und *spiritus* (Fleisch und Geist; *c. Fort.* 21; vgl. Gal 5,17; Röm 7,23–25). Fortunatus legt seinen Glauben nach eigenem Ermessen so dar, *»ut non desit auctoritas fidei christianae«* (»dass nicht die Autorität des christlichen Glaubens fehlt«) und möchte ihn mit der *scripturarum auctoritas* (der Autorität der Schriften) belegen (*c. Fort.* 20). Der christliche Charakter zieht sich also durchgehend durch die Argumentation, ganz so, wie es *conf.* 3,10 voraussetzt: *»Haec nomina non recedebant de ore eorum«* (»Diese Namen [scil. Jesu Christi und des Parakleten] führten sie unablässig im Munde«). Dadurch wird der Weg vom christlichen Katechumenen zum manichäischen *auditor* (Hörer) denkbar kurz, zumal die *auditores* (Hörer) auch im Manichäismus *catechumeni* hießen. Augustin konnte 373 das Gefühl haben, nur die eine Form des christlichen *catechumenus* gegen eine andere einzutauschen.[131]

d) Manichäische Lösungen für den Umgang mit der Schrift

Relativ ausführlich berichtet Augustin in *conf.* 3,12 f über die Lösungsansätze, die die Manichäer dem jungen Au-

[131] Vgl. FERRARI, *Young Augustine* 112.

gustin für seine gescheiterte Schriftlektüre boten.[132] Die Argumente richten sich dabei insbesondere auf das Alte Testament und sind mit den von Faustus (besonders in *c. Faust.* 22,4f) genannten Argumenten vergleichbar. Die spöttische Frage der Manichäer, ob Gott denn durch eine *forma corporea* (körperliche Gestalt) begrenzt sei, und ob er Haare und Fingernägel habe (*conf.* 3,12), dürfte als Hinweis auf eine manichäische Kritik am Anthropomorphismus des Alten Testaments zu verstehen sein. Da Augustin ausdrücklich auch das *ad imaginem dei*-Sein (das »nach dem Bilde Gottes«-Sein) des Menschen betont, dürfte dabei auch die manichäische Kritik an Gen 1,26 im Blick sein.

Hinzu kommt insbesondere die Kritik an den Patriarchen (genannt werden Abraham, Isaak, Jakob, Moses und David). Ihr Leben wird als das von *iniqui* (Ungerechten) eingestuft, und zwar aufgrund von allgemeinen Moralvorstellungen.

Die manichäische Kritik bezog sich fernerhin auch auf die Propheten: *»[...] verum quoque, sicut deus revelaret, futura praenuntiantes«* (»sondern auch deshalb [scil. lehnte ich die Väter ab], weil sie, wie Gott es offenbarte, die Zukunft vorhersagten«; *conf.* 3,14; vgl. 3,18).[133] Da die

---

[132] Im Rückblick beklagt Augustin, dass Honoratus und er die Angriffe auf die Bibel nicht noch einmal gegengeprüft hätten, und zwar *»non evolutis saltem illis litteris, non quaesitis magistris«* (»obwohl wir jene Schriften nicht einmal aufgeschlagen hatten, keine Lehrer konsultiert hatten«; *util. cred.* 13). Dies lässt sich jedoch nicht darauf beziehen, dass Augustin keine Kenntnis von der Bibel hat, sondern nur darauf, dass er die Lösungsansätze der Manichäer und ihre Kritik nicht durch erneute Heranziehung der Bibel überprüft hat.

[133] Leo der Große erwähnt in *Sermo* 9,4 die manichäische Ablehnung der David-Psalmen. Die Psalmen spielen in der antimanichä-

Schriftkritik der Manichäer (vgl. auch *mor.* 1,2) zentrale Bedeutung für den jungen Augustin hat, ist anzunehmen, dass sich Augustin auch als Manichäer mit der Schrift beschäftigt hat und dabei vermutlich insbesondere die manichäische Auslegung des Neuen Testaments, und hier besonders des Paulus, praktiziert hat, wie sie bei Fortunatus, Felix und Faustus erkennbar ist.[134]

2. *Die Zeit als auditor (Hörer)*

»Ab undevicensimo anno« (»vom 19. Lebensjahr an«, das für ihn mit dem 13. Nov. 372 beginnt; *conf.* 4,1), d.h. seit dem Alter von 18 Jahren, war Augustin manichäischer *auditor.* Die Lektüre des *Hortensius* und die der biblischen Bücher waren unmittelbar vorausgegangen.[135] Wie lange Augustin als Manichäer gelten kann und bis zu welchem Zeitpunkt er sich selbst als einen solchen wahrnimmt, ist nicht ganz klar; die Angaben bei Augustin sind in sich unstimmig. Den Zeitraum als Manichäer gibt er mit *»novem ferme anni«* (»etwa neun Jahre«; *conf.* 3,20, vgl. *util. cred.* 2)[136] an. Damit ist vermutlich die Zeit

ischen Auseinandersetzung eine eher untergeordnete Rolle. Zu den allgemeinen Auswirkungen der Auseinandersetzung mit den Manichäern auf Augustins hermeneutisch-exegetische Prinzipien mit Blick auf die Psalmen (Betonung der Einheit von Altem und Neuem Testament), ferner zur antimanichäischen Stoßrichtung der Einzelexegese bestimmter Psalmverse äußert sich FIEDROWICZ, *Psalmus* 34–36.

[134] Vgl. MARA, *L'influsso* 38–45.

[135] Vgl. *conf.* 3,7–9; 6,18; 8,17.

[136] Vgl. auch *conf.* 4,1: *tempus annorum novem*; *c. ep. Man.* 10,11 und *mor.* 1,34: *novem anni; mor.* 2,68: *novem anni toti.* Eine pejorative Bedeutung der Neunzahl nimmt FERRARI, *Nine years* 215, an.

gemeint, in der sich Augustin als einen überzeugten Manichäer wahrnimmt.

Das Ende jener Zeitspanne wird in *conf.* 4,1 *»usque ad duodetricensimum [annum]«* (»bis zum 28. Lebensjahr«), d.h. auf die Zeit nach dem 13. November 381, aber vor dem 13. November 382 datiert. Nach *conf.* 5,10 jedoch wird es erst durch die Begegnung mit Faustus markiert, die sich gemäß *conf.* 5,3 im *annus undetricensimus* (29. Lebensjahr; also nach dem 13. November 382, aber vor dem 13. November 383) zugetragen hat.[137] Beide Aussagen liegen dann nicht weit auseinander, wenn Augustin Faustus bereits im Winter 382/383 begegnet ist. Das gerade abgeschlossene 28. Jahr und das mit der enttäuschenden Erfahrung anhebende 29. Jahr würden dann zumindest nahe zusammenrücken.[138]

Augustins Übersiedlung nach Rom erfolgt im Sommer oder Herbst 383,[139] diejenige nach Mailand wiederum

---

[137] In *conf.* 6,1 eröffnet Augustin seiner Mutter, er sei kein Manichäer mehr.

[138] Andernfalls müsste man eine der beiden Zeitangaben auf die rhetorische Gestaltung der Passagen zurückführen und relativieren. Eine gewisse Stilisierung des Passus in *conf.* 4,1 ist in der Tat daran erkennbar, dass Augustin die mit derselben Zeitspanne assoziierte Rhetorentätigkeit tatsächlich weitaus länger ausübte als suggeriert. Ebenso könnte aber auch in *conf.* 5 die Faustusbegegnung als ein Rückblick eingeschoben sein (vgl. die Plusquamperfektformen in *conf.* 5,3 und 5,13), um die Voraussetzungen des in *conf.* 5,3 angekündigten, aber erst in *conf.* 5,14 geschilderten Ortswechsels nach Rom – den Autoritätsverlust der manichäischen Lehre – darzustellen.

[139] Der Erzählduktus von *conf.* 5,13 legt es nahe, dass zwischen dem Kennenlernen des Faustus und der Übersiedlung nach Rom eine gewisse Zeit vergeht. Wenn man annimmt, dass die Übersiedlung erst erfolgt ist, nachdem im Frühjahr 383 die regelmäßige Schiffahrt wiederaufgenommen worden war, gelangt man in das

frühestens im Sommer 384,[140] jedoch vor dem Winter 384/385.[141] Daraus ergibt sich, dass der Romaufenthalt in jenen *»novem ferme anni«* nicht enthalten sein kann.[142] Nichtsdestotrotz kommt es erst in Mailand zu Augustins formalem Bruch mit dem Manichäismus.

Augustin war durchaus ein überzeugter *auditor*. In der Rückschau beschreibt er sich als zunächst eifrigen Konvertiten, den das Versprechen einer rationalen Wahrheitserkenntnis angezogen hat (*util. cred.* 2.13; *conf.* 3,10). Mani erkennt er *»propter creditam sanctitatem«* (»wegen seiner Heiligkeit, an die ich glaubte«; *conf.* 5,9) als Autorität an und nimmt die mythischen Erzählungen des Manichäismus im wörtlichen Sinne ernst (*conf.* 3,11).[143] Im

---

Frühjahr oder den Sommer 383; vgl. Vössing, *Itinera* 760f.765f. Wenn man außerdem annimmt, dass Augustin den Unterricht bis zu den Ferien gegeben hat (auch um den dann fälligen Lohn zu erhalten), ist die Annahme, dass die Übersiedlung im August/September erfolgte, nicht unplausibel.

[140] *Terminus post quem* ist der Amtsantritt des Symmachus (vgl. unten S. 79 Anm. 152) nach dem 11. Juni 384. Auch hier ist es wahrscheinlich, dass die Augustferien der Zeitpunkt des Wechsels waren. Dazu würde auch die Notiz Augustins passen, die von der Gewohnheit einiger Studenten berichtet, kurz vor dem Zahltag den Lehrer zu wechseln (*conf.* 5,22). Der Wechsel nach Mailand hätte dann mit der Ernüchterung über das Verhalten der Studenten im Sommer 384 zu tun (vgl. *conf.* 5,23: *itaque* / deshalb).

[141] Der *terminus ante quem* für die Übersiedlung nach Mailand ergibt sich aus *c. litt. Pet.* 3,30, wo Augustins Festrede in Mailand zum Konsulat des Bauto an den Kalenden des Januar, also am 1. Januar 385, genannt wird.

[142] Vom Herbst 373 (als spätester Beginn des 19. Lebensjahres) an führen 9,8 Jahre (als längste anzunehmende Zeitspanne für *novem ferme anni*) in den Frühling 383.

[143] Zu der Frage, ob Augustin in dieser Zeit intensiv manichäische Schriften gelesen hat, vgl. van Oort, *Manichaean Christians* 510–513.

Glauben an die Lehre von den in der Natur eingeschlossenen Lichtelementen, die er nicht schädigen dürfe (*conf.* 3,18), lehnt er die Tötung von Tieren ab (*conf.* 4,3) und trägt den *electi* (Auserwählten) Speisen auf (*conf.* 4,1; *c. Fort.* 1: *»inter Manichaeos administrasse« / »[ich weiß, dass du] unter den Manichäern den Dienst versehen hast«;* s. S. 41 f). Er nimmt am Gottesdienst teil (*c. Fort.* 1 f) und singt die manichäischen Hymnen (*conf.* 3,14). Als Manichäer setzt Augustin seine rhetorischen Fähigkeiten gezielt gegen die kirchliche Theologie ein. Mit verfänglichen *quaestiunculae* (Fragen; *conf.* 3,21) stößt er theologische Laien vor den Kopf und führt erfolgreich Streitgespräche gegen Anhänger der *catholica*.[144] Der Angriff der fremden Überzeugung fällt ihm dabei allerdings leichter als die uneingeschränkte Bejahung der Lehren Manis (ein Vorwurf, den Augustin später seinerseits gegen die Manichäer erheben sollte; *util. cred.* 2). Die wachsenden Zweifel führen schließlich zu einer wachsenden Entfremdung (vgl. unten S. 82 f).

In seiner anfänglichen Begeisterung bringt der junge *auditor* Augustin mehrere seiner Freunde mit dem Manichäismus in Berührung (*conf.* 4,1) und verzeichnet eine Reihe von Konversionserfolgen:[145] Honoratus, den Augustin aus der Studienzeit in Karthago kennt und der vermutlich ebenso wie Augustin von dem im ciceronischen *Hortensius* vertretenen Ideal der Wahrheitssuche ergriffen ist (*util. cred.* 1 f.13), steht dem Manichäismus

---

144 Vgl. *duab. an.* 11; *persev.* 53; *c. ep. Man.* 3,3. Beispiele solcher verfänglicher Fragen nennt er in *conf.* 4,26; auch die manichäische Kritik an dem anthropomorphen Gottesbild des Alten Testaments und an der Lebensführung der Patriarchen (vgl. *conf.* 3,12.18) scheint er sich zueigen gemacht zu haben.

145 Vgl. FELDMANN, *Christologische Ansätze* 534.

zunächst ablehnend gegenüber, beschäftigt sich aber auf Drängen Augustins mit demselben (*util. cred.* 2). Da Honoratus ein christlicher Hintergrund fehlt, ist es wohl eher der Anspruch auf Wissenschaftlichkeit als die Frömmigkeit der Manichäer, der ihn zum überzeugten Anhänger werden lässt.[146] Ein *rationum explorator* (einer, der nach Vernunftgründen fragt) wie Augustin, ist Honoratus von dem manichäischen Argument, die Bibel der *catholica* sei interpoliert, ebensowenig überzeugt wie dieser, und auch er hofft, seine kritischen Fragen mit Hilfe des Faustus klären zu können (*util. cred. 7.*20). Auch seinen reichen Gönner Romanianus aus Thagaste kann Augustin für den Manichäismus gewinnen, kurze Zeit nachdem er selbst *auditor* geworden ist.[147] Zudem beschuldigt Augustin sich, einen Freund aus Thagaste vom katholischen Glauben *»in superstitiosas fabellas et perniciosas«* (»zu den abergläubischen und verderblichen Märchen«; *conf.* 4,7) geführt zu haben. Ob die beiden in Thagaste als *auditores* einer Manichäergemeinde angehörten, ist nicht bekannt. Augustin verliert seinen, offenbar zuvor großen, Einfluss auf den Freund mit dessen Nottaufe am Sterbebett. Bezüglich weiterer Freunde und Schüler Augustins, die zeitweilig manichäische *auditores* sind, liegen keine Hinweise darauf vor, inwieweit Augustin an ihrer Konversion zum Manichäismus Anteil hat. So schließt sich Alypius, Schüler Augustins, etwa zeitgleich der Religion des Lichts an, wobei ihm insbesondere die manichäische Sittenstrenge imponiert.[148] Er begleitet Au-

---

146 Vgl. *util. cred.* 2; Hoffmann, *De utilitate credendi* 24–35; zu Honoratus insgesamt Decret, *Afrique* I 368f.

147 Vgl. *Acad.* 1,3; zu Romanianus ingesamt Decret, *Afrique* I 373f.

148 Vgl. *conf.* 6,12; Feldmann, *Alypius* 246; zu Alypius insge-

gustin den nicht nur räumlichen, sondern auch inneren Weg über Rom und Mailand nach Cassiciacum und empfängt gemeinsam mit diesem im Jahr 387 die katholische Taufe (*conf.* 9,14). Auch der aus einer paganen Familie stammende Nebridius schließt sich in Karthago den Manichäern an. Augustin nennt explizit seine Empfänglichkeit für die doketische Christologie (*conf.* 9,6). Ihn verbindet mit Augustin eine gewisse Skepsis gegenüber einzelnen manichäischen Lehrinhalten (*conf.* 6,17). Die Frage nach der Unverletzlichkeit, Allwissenheit und Güte Gottes angesichts seines mythischen Kampfes gegen die Finsternis treibt Nebridius ebenso um wie Augustin (*conf.* 7,3; *mor.* 2,26). Auch er konvertiert später zur *catholica* und lässt sich bald nach Augustin taufen.[149]

In Karthago steht Augustin nicht nur mit *auditores*, sondern auch mit mehreren ansässigen *electi* in Kontakt, deren einer sich ihm im Zusammenhang der *studia liberalia* (des Studiums der Freien Künste, d.h. der für Freigeborene schicklichen Künste) eng anschließt und nach Augustins Weggang manichäischer Presbyter wird (*mor.* 2,71). Namentlich bekannt sind von den Manichäern aus Augustins Umfeld neben den oben genannten ein gewisser Cornelius (*ep.* 259,3), ein weiterer Fortunatus und Profuturus (*un. bapt.* 29). Während unklar bleibt, ob Augustin diesen in Karthago oder in Rom begegnet, macht er die Bekanntschaft mit dem manichäischen Presbyter

---

samt auch DECRET, *Afrique* I 355f. Möglicherweise stammt Alypius aus einem paganen Hintergrund; vgl. *conf.* 9,7.

[149] Vgl. *conf.* 9,6 und – falls auf Nebridius zu beziehen – *mor.* 2,26: *»quem maxime illo errore cupio liberari«* (»bei dem ich mir am allermeisten wünsche [Präsens!], dass er von jener Irrlehre befreit wird«). Vgl. zu Nebridius insgesamt DECRET, *Afrique* I 371.

Fortunatus möglicherweise bereits in Karthago.[150] In Rom begibt sich Augustin, ernsthaft erkrankt, in die Obhut eines Hörers. Allein diesen Gastgeber lässt Augustin als Einzelperson in Erscheinung treten, und keinen der zahlreichen stadtrömischen Manichäer (vgl. *conf.* 5,19: »*Plures enim eos Roma occultat*« / »In größerer Zahl hält Rom sie nämlich verborgen«) nennt er in der Rückschau mit Namen, auch wenn er selbst zu *electi* Kontakt pflegt (*conf.* 5,18). Für Augustins zweiten Romaufenthalt (Sommer 387 bis Juli 388) sind keine persönlichen Kontakte zu römischen Manichäern bekannt. Diese werden aber von seinem noch in Rom verfassten (*retr.* 1,7,1) antimanichäischen Werk *mor.* Kenntnis genommen haben. Ihr Entsetzen angesichts der in der Fremde erfolgten und für sie wohl unerwarteten[151] Abkehr Augustins vom Manichäismus lässt noch der Brief des Secundinus erahnen.

Inwiefern Augustins Zugehörigkeit zum Netzwerk der Manichäer auch dafür verantwortlich ist, dass seine berufliche Karriere schließlich an den Kaiserhof in Mailand führt, ist unsicher. Im Sommer oder Herbst 384[152] wird der römische Stadtpräfekt Symmachus ersucht, einen Rhetoriker an den Kaiserhof nach Mailand zu entsenden. Augustin berichtet, er habe sich »*per eos ipsos manichaeis vanitatibus ebrios*« (»mittels eben dieser durch die manichäische Lügenhaftigkeit Berauschten«;

---

[150] Vgl. Possidius, *Vita Augustini* 6,4; vgl. S. 135 Anm. 91.

[151] Vgl. *conf.* 5,23 über die Manichäer: »*... quibus ut carerem ibam, sed utrique nesciebamus*« (»Mein Weggang sollte die Trennung von ihnen werden, aber wir ahnten es nicht, weder sie noch ich«).

[152] Symmachus wird irgendwann zwischen 11. Juni 384 und 9. November 384 Stadtpräfekt. Vgl. Jones/Martindale/Morris, *Symmachus* 867.

conf. 5,23) um die Stelle bemüht. Inwiefern Augustins einstige Glaubensgenossen ihm den Zugang zu Symmachus verschafften, muss offen bleiben. Dieser hat sich zeitweise als Prokonsul in Afrika aufgehalten,[153] was ihn in Kontakt mit Augustins manichäischen Bekannten gebracht haben könnte. Eine weitere mögliche Deutung lautet, dem Bewerber sei seine Zugehörigkeit zu manichäischen Kreisen insofern zugute gekommen, als Symmachus mit Augustin einen erklärten Gegner der *catholica* nach Mailand habe entsenden wollen.[154] Allerdings ist unklar, ob Symmachus überhaupt von der Zugehörigkeit Augustins zum Manichäismus wusste.

3. Loslösung vom Manichäismus

Bereits in Karthago hat der Manichäismus Augustin keinesfalls gänzlich überzeugt. Die von Elpidius vorgebrachte Verteidigung der biblischen Schriften stimmt ihn nachdenklich (*conf.* 5,21; *util. cred.* 7), auch die Anfrage des Nebridius beschäftigt ihn (s. u.). Die von einem Dritten geäußerte Ansicht, dass das *malum* (Böse) keine Substanz sei, bewegt die Freunde so sehr, dass sie sie einem manichäischen *primas* (Oberen) präsentieren, der ihnen allerdings *»pueriliter«* (»auf eine kindliche bzw. kindische Weise«) antwortet (*mor.* 2,11). Hinzu kommen große Zweifel an der pseudowissenschaftlichen Kosmologie[155] der manichäischen *fabulae* (Märchen; *conf.* 5,3.12

---

[153] Vgl. Pietri/Pietri, *Symmachus* 2142; Jones/Martindale/Morris, *Symmachus* 866.

[154] Vgl. Courcelle, *Recherches* 78 f.

[155] Ein direkter Zusammenhang der manichäischen Kosmologie zu den Nativitätsberechnungen der *mathematici* (Astrologen; vgl. *conf.* 4,4–6) lässt sich nicht herstellen – der Manichäer Nebridius

und z.B. *c. Faust.* 20,8). Wohl im Rahmen der Lektüre von Varros *Disciplinae* wird Augustin mit konkurrierenden Deutungen konfrontiert. Die manichäische Doktrin vergleicht er mit den an mathematischer Logik einerseits und Empirie andererseits orientierten Aussagen der Naturphilosophen.[156] Zwar gibt er vorerst der *auctoritas* (Autorität) Manis den Vorzug (*conf.* 5,9), hält allerdings die astronomischen Berechnungen der anderen Autoren für bedenkenswert, da sie in der Lage sind, Sonnen- und Mondfinsternisse, Sonnenwenden sowie Tag- und Nachtgleichen exakt vorherzusagen (*conf.* 5,4.6), dazu die Gestirnsbewegungen und den Wechsel der Tag- und Nachtlängen und denjenigen von Tag und Nacht überhaupt zu erklären (*conf.* 5,8f). Vielleicht ist es kein Zufall, dass dem Erzählduktus der *conf.* zufolge Augustin zum letzten Mal im Zusammenhang seines Aufenthalts in Thagaste (*conf.* 4,7f) als überzeugter Manichäer in Erscheinung tritt. Denn zwischen seiner Rückkehr aus Thagaste und der Begegnung mit Faustus dürfte Augustin in Karthago zwei partielle Sonnenfinsternisse, am 8. September 378 und am 12. Januar 381, miterlebt haben und von der Zuverlässigkeit der Vorhersagen beeindruckt gewesen sein.[157] Augustin nimmt zunehmend eine Diskrepanz zwischen dem rationalen Anspruch der Manichäer und dem Fehlen einer »*ratio per numeros et ordi-*

---

hält denn auch nichts von den *libri genethliacorum* (Büchern der Nativitätssteller), denen sein Freund sich zeitweilig widmet (vgl. *conf.* 4,6; 7,8–10).

[156] Vgl. *conf.* 3,10; 5,3.6.25. Augustin hat lediglich Zugang zu Autoren der »nicht-mathematischen«, an den Naturphilosophen der hellenistischen Zeit orientierten Astronomie wie etwa Varro und Plinius. Vgl. Pingree, *Astrologia* 486–489.

[157] Vgl. Ferrari, *Astronomy* 274f, und den vor dem Hintergrund der eigenen Anschauung verfassten Passus *conf.* 5,4.

nem temporum et visibiles attestationes siderum« (»einer Methode, die sich an Zahlen, an der Ordnung der Zeiten und an den augenfälligen Bezeugungen der Gestirne orientiert«; *conf.* 5,6) wahr.[158]

Augustin berichtet denn auch, er sei den Manichäern *»pedetemtim atque caute«* (»bedächtig und vorsichtig«; *duab. an.* 11) nachgefolgt und in dem Glauben, man werde ihm zu einem späteren Zeitpunkt *»magnum aliquid«* (»etwas Großes«) enthüllen (*beata v.* 4). Mehreren Glaubensgenossen, vermutlich *doctores*[159] (vgl. *conf.* 5,13), legt Augustin seine Zweifel und Fragen vor, wird aber auf das Kommen des Faustus vertröstet (*conf.* 5,10; *util. cred.* 20). Als auch dieser ihm eine Antwort schuldig bleibt (s. u.), nimmt Augustins *cunctatio* (Zurückhaltung) von Tag zu Tag zu (*util. cred.* 20). In *util. cred.* erwähnt Augustin eine Gruppe von Manichäern in Karthago, die in ihren Urteilen um eine größere *diligentia* (Sorgfalt) bemüht gewesen sei als die breite Masse ihrer Glaubensgenossen. Inwiefern Augustin deren Zweifel geteilt hat, lässt sich nur mutmaßen. Von der manichäischen Lehre, die biblischen Schriften seien »jüdisch« interpoliert worden, sind jedenfalls auch sie nicht völlig überzeugt (*util. cred.* 7). Hinzu kommen wohl der bereits in Karthago von Nebridius vorgebrachte Einwand gegen den Beginn des mythischen Kampfes (vgl. dazu S. 159–166), der gemäß *conf.* 7,3 diejenigen aufwühlt, die ihn hören (der Freundeskreis? die versammelte Gemeinde?), und die Zweifel an der Substanzhaftigkeit des Bösen, wie sie Augustin gemeinsam mit anderen einem manichäischen *primas*

---

[158] Vgl. FELDMANN, *Unverschämt* 116; LIEU, *Later Roman Empire* 177–179.

[159] Siehe oben S. 14 Anm. 13.

(Oberen) vorlegt (*mor.* 2,11). Man darf, auch angesichts seines engen Verhältnisses zu einzelnen Personen wie Nebridius und Alypius (*conf.* 6,11), davon ausgehen, dass Augustin vor den Freunden seine Zweifel geäußert und einzelne Aussagen der *doctores* zur Debatte gestellt hat.

Auf diesem Hintergrund kam der Begegnung mit dem oftmals angekündigten Faustus besondere Bedeutung zu (auch als Augustin mit diesem ein vertrauliches Gespräch sucht, wird er im Übrigen von seinen *familiares* [Angehörigen bzw. Vertrauten] begleitet; vgl. *conf.* 5,11). Von ihm erhoffte sich Augustin das, was die *doctores* seines Umfeldes nicht leisten konnten: eine schlüssige Auflösung der Widersprüche und eine Deutung der Welt, die mit der Naturphilosophie konkurrieren konnte. Als Augustin auf Faustus trifft, ist er zunächst auch tatsächlich beeindruckt, namentlich von dessen *suaviloquentia* (angenehmer Redeweise; *conf.* 5,3.10f). Dennoch ist Faustus aus seiner Sicht nicht in der Lage, die versprochenen Vernunftbeweise zu erbringen, und gesteht seine *imperitia* (Unwissenheit) ein (*conf.* 5,12; *util. cred.* 20).[160] Der Aufbau von *conf.* 5,3–13 legt die Vermutung nahe, dass Augustins Anfragen an Faustus insbesondere die manichäische Kosmologie betrafen. Ihrer Infragestellung durch die astronomischen Berechnungen paganer Autoren kommt aus Sicht Augustins große Bedeutung zu. Denn zum einen ist die Kosmologie zentraler Bestandteil manichäischer Doktrin und steht in Zusammenhang mit der

---

[160] BeDuhn, *Scepticism* 8f, vermutet, dass bereits Faustus eine vorsichtig-skeptische Haltung eingenommen habe, die Augustins Interesse für den Skeptizismus vorbereitet habe. Allerdings wird damit der Begegnung mit Faustus eine positive Bedeutung untergeschoben, die sich mit dem Bericht in den *conf.* nicht direkt belegen lässt.

Heilslehre (vgl. *conf.* 5,9). Zum anderen versprechen die Manichäer eine *veritas* (Wahrheit), die sich der menschlichen *ratio* (Vernunft) unmittelbar erschließt – und büßten folglich ihre Glaubwürdigkeit ein, sollten sie diesem ihrem Versprechen nicht nachkommen (vgl. *conf.* 5,8; 6,7). Entgegen allen Ankündigungen (*conf.* 5,3.12) ist Faustus in den *artes liberales* (Freien Künsten, d.h. für Freigeborene schicklichen Künsten) nicht sonderlich bewandert, ja lässt sich gar von Augustin darin unterweisen (*conf.* 5,11–13).[161] Kenntnisse in den *artes liberales*, insbesondere wohl in den mathematischen Fächern, wären nach Ansicht Augustins vonnöten gewesen, die manichäische Kosmologie untermauern zu können (*conf.* 5,12).

Gemäß den *conf.* schwindet Augustins Eifer zunehmend (*conf.* 5,13.19); er erhofft sich vom Manichäismus kein (intellektuelles?) Weiterkommen mehr (*proficere* / Vorankommen; *conf.* 5,13.18), lässt es aber aus Trägheit und mangels Alternativen dabei sein Bewenden haben (*conf.* 5,13.18f). Gleichwohl pflegt Augustin zunächst auch in Rom, insbesondere während einer Krankheit, die Kontakte zu den Manichäern weiter, *»non enim tantum auditoribus eorum ... sed eis etiam, quos electos vocant«* (»nicht nur zu ihren Hörern nämlich ..., sondern auch zu denen, die sie Auserwählte nennen«; *conf.* 5,18). Und noch für diese Zeit weist Augustin sich in der Rückschau eine doketische Christologie und ein manichäisches Sündenverständnis zu, dazu insbesondere einen stofflichen Dualismus (*conf.* 5,16.18–20).

In Reaktion auf den zunehmend in Zweifel gezogenen Wahrheitsanspruch der Manichäer setzt sich Augustin in Rom mit den *Academici* (Akademikern) auseinander

---

161 Vgl. Decret, *Faustus* 1254.

(*conf.* 5,19; *util. cred.* 20).[162] Gemäß *util. cred.* ist Augustin hin- und hergerissen zwischen deren Prämisse, dass menschliche Erkenntnis lediglich den Grad des Wahrscheinlichen erreichen könne, und einer zweiten Position: Nicht die Wahrheit als solche, sondern der *quaerendi modus* (die Art der [scil. zum Ziel führenden] Suche) liege verborgen und müsse dem Menschen durch eine göttliche *auctoritas* (Autorität) eröffnet werden (*util. cred.* 20).

In Mailand gewinnt seine Erfahrung, dass die Philosophen Wahrscheinlicheres *(probabiliora)* über die sinnlich wahrnehmbare Natur lehren, für ihn an Überzeugungskraft (vgl. bereits *conf.* 5,3.5). Zwar rechnet Augustin sich zunächst noch zu den Manichäern (vgl. *conf.* 5,24: *»illud, quod tenebam«* / »jenes, was ich [noch] festhielt«), ist allerdings bemüht, sie *»certis aliquibus documentis«* (»mit irgendwelchen zwingenden Beweisen«) ihrer Falschheit zu überführen (*conf.* 5,24). Die (Natur)philosophen sind es, deren Deutung des *corpus huius mundi* (des Ganzen dieser Welt) und der sinnlich wahrnehmbaren Natur den Manichäismus entwertet. Doch möchte Augustin auch diesen die *curatio* (Pflege) seiner kranken Seele nicht anvertrauen, da sich bei ihnen das *salutare nomen Christi* (der heilbringende Name Christi) nicht findet (*conf.* 5,25). Gegenüber der manichäischen Kirche, die die versprochene *ratio* (den Vernunftbeweis) schuldig bleibt, gibt Augustin nun der *catholica* den Vorzug, deren

---

[162] Dass in *beata v.* 4 von einem langen Zeitraum die Rede ist (vgl. *diu* / lange), wird wohl der rhetorischen Gestalt der Stelle geschuldet sein (vgl. Courcelle, *Recherches* 278f). In der Darstellung der *conf.* äußert sich Augustins skeptische Grundhaltung während des Romaufenthalts insofern, als er die *nimia fiducia* (das allzu große Vertrauen [scil. in die manichäische Lehre]) seines manichäischen Gastgebers zu dämpfen versucht (*conf.* 5,19).

auctoritas (Autorität) offen den Glauben fordert (*conf.* 6,7). Darin zeigt sich schon der Einfluss des Ambrosius, dessen allegorisch-mystische Auslegung des Alten Testaments die Polemik der Manichäer entkräftet, ohne dass bereits darum die *catholica* in Augustins Augen als *victrix* (Siegerin) gelten kann (*conf.* 5,24). Augustin beschließt, die Manichäer zu verlassen und einstweilen als Katechumene in der Kirche seiner Kindheit zu bleiben, in der Hoffnung, ihr Wahrheitsanspruch werde sich als gerechtfertigt erweisen (*conf.* 5,25; *util. cred.* 20).[163]

[163] Die Schilderungen in *conf.* und *util. cred.* weisen eine je unterschiedliche Tendenz auf: Gemäß *conf.* 5,23 ist sich Augustin bei seiner Abreise aus Rom noch nicht der Tatsache bewusst, dass er mit den Manichäern brechen wird. In der Darstellung von *util. cred.* 20 bereut er bereits während seines Romaufenthalts, an die Manichäer geraten zu sein (*»incidisse«*), und setzt den Entschluss, sie zu verlassen, später nach und nach um.

Teil B: Augustin gegen die Manichäer

I. Literarische Bekämpfung des Manichäismus vor Augustin

In der lateinischen Theologie steht Augustin am Anfang der literarischen Auseinandersetzung mit dem Manichäismus. Lediglich wenige Bemerkungen bei Filastrius, Hilarius, Ambrosius[1] und Rufin gehen seinen Werken voran. Filastrius hat Epiphanius verwendet, der seinerseits die Bestreitung des Manichäismus in der griechischen Theologie seit dem Ende des 3. Jahrhunderts gekannt haben dürfte. Dabei handelt es sich im Einzelnen um die folgenden Texte:[2]

Alexander von Lykopolis: Der früheste antimanichäische Text[3] ist ein kurzer, philosophisch geprägter Traktat, der deswegen von besonderem Interesse ist, weil für ihn in der Forschung ein nichtchristlicher Autor angenommen wird.[4] Er wäre damit der einzige Beleg aus der

---

[1] Vgl. dazu SCHIPPER / VAN OORT, *Introduction* 9–11. Etwa zeitgleich mit Augustin schreiben Evodius von Uzali und Quodvultdeus von Karthago; vgl. SCHIPPER / VAN OORT, *Introduction* 15f.

[2] Einen Überblick über die frühen Antimanichaica aus Ägypten gibt HEIL, *Hintergründe*.

[3] Die Zuschreibung eines Briefes, auf den HEIL, *Hintergründe* 304f, hinweist (Text bei ADAM, *Texte* 52–54), an Theonas und die Datierung in die Zeit vor 300 sind unsicher.

[4] Vgl. die Zusammenstellung der Argumente bei VILLEY, *Alexandre de Lycopolis* 13–19.

Zeit vor Augustin, in dem deutlich wird, dass der Manichäismus auch aus nichtchristlicher Perspektive Beachtung gefunden hat. Allerdings ist der nichtchristliche Charakter des Textes bei näherem Hinsehen nicht so deutlich, wie man zunächst vielleicht meinen möchte. Der Text beginnt zwar mit einer Charakterisierung der Χριστιανῶν φιλοσοφία (Philosophie der Christen) und hebt dabei hervor, dass im Bezug auf die Ethik Desiderate bleiben, doch betont er zugleich, dass die christliche Ethik so formuliert ist, dass sie für die breite Masse attraktiv ist und sie zu der τοῦ καλοῦ ὄρεξις (dem Appetit nach dem Guten) führt.[5] Im Folgenden spricht der Autor mehrfach von ἡμεῖς (wir)[6], doch wird dabei nicht klar, ob es sich um einen nichtchristlichen Standpunkt handelt.[7] Zugleich wird deutlich, dass der Verfasser die Person Jesu und ihre Wirkung auf die einfachen Menschen schätzt.[8] Schließlich verteidigt er sogar die kirchliche Christologie und die sog. παλαιὰ ἱστορία (alte Geschichte) gegen die Manichäer.[9] Deren Christologie verwickle sich in Widersprüche[10] und ordne Christus schließlich Mani unter: Während Christus ihnen zufolge nur durch sein Leiden die Bindung der göttlichen Kraft (d.h. der Lichtelemente)

---

[5] Alexander von Lykopolis, *Contra Manichaeos* 1 (3,1–18).

[6] Alexander von Lykopolis, *Contra Manichaeos* 3 (6,7f); 5 (8,6).

[7] Darauf verweist weder die Rede von einem δημιουργός (Weltwerkmeister bzw. Demiurgen; Alexander von Lykopolis, *Contra Manichaeos* 3 [6,7]) noch die Anführung der Dionysosmysterien als ἐκ τῶν οἰκείων (aus dem Vertrauten, d.h. wohl Bekannten; ebd. 5 [8,5–8]).

[8] Alexander von Lykopolis, *Contra Manichaeos* 16 (24,1–7).

[9] Alexander von Lykopolis, *Contra Manichaeos* 24 (34,18–35,3).

[10] Die Widersprüche beziehen sich insbesondere darauf, Christus mit dem νοῦς (Intellekt) zu identifizieren, was mit der Annahme eines Kindes unter 7 Jahren unvereinbar sei.

ausdrücken konnte, konnte Mani dies begrifflich fassen bzw. lehren. Demgegenüber hat die kirchliche Lehre, dass das Leiden zur Lösung der Sünden geschieht, eine gewisse Glaubwürdigkeit bei der breiten Masse, und zwar aufgrund der Vergleichspunkte mit den Geschichten der Griechen ebenso wie aufgrund der jüdischen Geschichte (besonders der Opferung Isaaks). Dass das Leiden Christi nur als Tatsachenverdeutlichung anzunehmen ist, ist besonders unsinnig – wo doch das Wort zur Lehre und Erkenntnis des Seinszustandes ausgereicht hätte.[11] Keineswegs wird hier das Leiden selbst als unsinnig qualifiziert, sondern nur dessen Deutung als Tatsachenbeweis, die durch eine höherwertige Wortoffenbarung Manis überboten worden wäre.[12] Der Abschnitt zeigt nicht eine Herabsetzung der kirchlichen Christologie, sondern nimmt dieselbe in Schutz. Der Autor verbindet zwar hin und wieder Aspekte des Christentums mit der breiten Masse und sieht dort auch einige Defizite, er erkennt aber eine positive Funktion des Christentums für die Masse an und arbeitet keine Widersprüche zu der eigenen Anschauung heraus. Die Anzeige von Defiziten im Hinblick auf die philosophische Ethik im Anfangskapitel deutet vielleicht darauf hin, dass der Verfasser meint, selbst bereits eine höhere, philosophisch geprägte Erkenntnisstufe erreicht zu haben.[13] Vielleicht lässt sich dieser komplexe

---

[11] Alexander von Lykopolis, *Contra Manichaeos* 24 (35,21–36,14).

[12] Vgl. dagegen Villey, *Alexandre de Lycopolis* 325–327, wobei insbesondere die dort vorausgesetzte Entgegensetzung von platonischer Philosophie und Christentum nicht überzeugt.

[13] Natürlich ist weder das Fehlen von Schriftzitaten noch die Erwähnung von Deucalion und Phoroneus (Alexander von Lykopolis, *Contra Manichaeos* 22 [31,21 f]) ein Beleg für eine nichtchristliche Provenienz des Textes. Der Verweis auf die Seelen der Welt, von

Befund am besten durch die Vorstellung erklären, dass ein philosophisch gebildeter Mensch Ende des 3. oder Anfang des 4. Jahrhunderts das Christentum als eine allgemeinverständliche Fassung dessen, was die höhere Philosophie sagt, anerkennen konnte.[14]

Für die literarische Bekämpfung ist wesentlich, dass der Manichäismus als eine innerchristliche Gedankenströmung und eindeutig als christliche Häresie eingestuft wird.[15] In der inhaltlichen Auseinandersetzung arbeitet Alexander den Prinzipiengegensatz als Gegensatz zwischen Gott und der ὕλη heraus, wobei letztere als ἄτακτος κίνησις (ungeordnete Bewegung) gedeutet und gegen ein platonisches Verständnis abgegrenzt wird.[16] Die Entsendung der δύναμις (Kraft), die auch als Seele bezeichnet wird, führt zunächst zur Vermischung beider Prinzipien, eine weitere Entsendung zur Weltentstehung.[17] Die Kri-

---

Tieren und Pflanzen, Nymphen und Dämonen in ebd. 22 (30, 15f) wendet den manichäischen Seelenbegriff auf die verschiedenen Ebenen der dort vorausgesetzten Kosmologie an. Die Aussage, dass nur Sonne und Mond als einzige unter den Göttern verehrt werden (ebd. 7 [11,17f]), verweist auf die Konzentration der manichäischen Verehrung Sonne und Mond gegenüber und setzt voraus, dass es z.B. nach manichäischer Auffassung mehr Götter gibt, doch wird darin nicht eindeutig gesagt, dass der Verfasser selbst diese Größen ebenfalls für Götter hält. Die genannten Gesichtspunkte werden von Villey, *Alexandre de Lycopolis* 16f, unter Verweis auf Isaac de Beausobre genannt.

[14] Ob diese Einschätzung tatsächlich darin ihren Ausdruck gefunden hat, dass Alexander, wie es die handschriftliche Überlieferung sagt, »sich von den Heiden bekehrt hat« (»ἐπιστρέψας ἐξ ἐθνῶν«; vgl. Villey, *Alexandre de Lycopolis* 15), ist ebenso zweifelhaft wie der historische Wert der bei Photius belegten Nachricht, er sei Bischof gewesen (vgl. Villey, *Alexandre de Lycopolis* 13f).

[15] Alexander von Lykopolis, *Contra Manichaeos* 1f (3,19–4,22).

[16] Alexander von Lykopolis, *Contra Manichaeos* 2 (3,22–5,3).

[17] Alexander von Lykopolis, *Contra Manichaeos* 2f (5,11–6,22).

tik bezieht sich besonders auf den Begriff der ὕλη (Materie), deren Auffassung als Bewegung *ex negativo* Gott die Bewegung wiederum abspricht.[18] Eine Kenntnis des soeben vorgestellten Textes im lateinischen Bereich ist nicht belegt.

Erwähnung bei Arius: In einem wohl im Kern hauptsächlich auf Arius zurückgehenden Verteidigungsschreiben werden die Meinungen von vier Häresiarchen ausgeschlossen: Valentin, Mani, Sabellius und Hierakas. Bezüglich Mani wird dabei insbesondere die Vorstellung abgelehnt, dass das γέννημα (Gezeugte) im Verhältnis zum Vater als μέρος ὁμοούσιον (wesensgleicher Teil) angesehen werde. Dies steht parallel zur Valentin zugeschriebenen Vorstellung einer Emanation (Urkunde 6,3). Die Ablehnung der Substanzgleichheit von Vater und hervorgebrachter Größe (also vermutlich des zum Kampf entsandten Urmenschen bzw. der Kraft) führt Arius zu der Betonung von Gott-Vater als dem einzigen, nichtableitbaren Prinzip und zu der Absetzung Christi als eines willentlich zur Schöpfung gezeugten Sohnes (Urkunde 6,3 f). Inwiefern in der Betonung von Gott als μονὰς καὶ ἀρχή (Einheit und Anfang) ein Reflex auf eine gewisse Verbreitung manichäischer Gedanken in Ägypten um 318 liegt,[19] ist nicht mehr genau erkennbar. Wenn das ὁμοούσιος (wesensgleich) im Nizänum hauptsächlich deswegen eingefügt wurde, um Arius auszuschließen, könnte dies sich gerade auf die antimanichäische Stoßrichtung der arianischen Theologie beziehen, was wiederum die über Jahrzehnte bestehenden Vorbehalte ge-

---

[18] Alexander von Lykopolis, *Contra Manichaeos* 6 (9,17–11,9).

[19] Zur Datierung vgl. BRENNECKE/HEIL, *Arianischer Streit* XXX.

gen das ὁμοούσιος bei der Mehrheit der griechischen Bischöfe im 4. Jahrhundert erklären könnte.[20] Ob das genannte Verteidigungsschreiben bereits im vierten Jahrhundert in einer lateinischen Fassung in Italien zugänglich war,[21] ist unsicher.

Hegemonius, Acta Archelai: Die *Acta Archelai* (Aufzeichnungen [der Disputationen] des Archelaos [mit Mani]) sind wegen der Benutzung durch Kyrill von Jerusalem in die 1. Hälfte des 4. Jahrhunderts zu datieren, Epiphanius (s. unten) bietet einige Passagen in Griechisch. Auch Filastrius bezieht sich auf sie (ders., *Diversarum hereseon liber* 61,4), was ein hohes Alter der lateinischen Übersetzung nahelegt.[22] Die Schrift erzählt von zwei öffentlichen Disputationen zwischen Archelaos und Mani, die durch hagiographische Rahmung und Zwischenstücke verbunden sind.[23] Besonders auffällig ist das Referat

---

[20] Vgl. STRUTWOLF, *Euseb von Caesarea* 56f.

[21] Hierauf könnte hindeuten, dass Marius Victorinus seinen Büchern *Adversus Arium* (Gegen Arius) ein Exzerpt aus Urkunde 1 voranstellt, das vermutlich nicht eine eigenständige Übersetzung ist, sondern eine entsprechende lateinische Sammlung voraussetzt, deren weiterer Umfang jedoch ganz unbekannt ist. Zu Urkunde 6 vgl. die Kenntnis durch Hilarius (s. unten S. 100f). Beide Texte (Urkunde 1 und Urkunde 6) werden auch von Epiphanius angeführt (*Panarion* 69,6f; zu Epiphanius vgl. unten S. 99f).

[22] Für die Zeit vor 385 plädieren GARDNER/LIEU, *Manichaean Texts* 11. Die vollständige lateinische Fassung des Textes ist in einer Handschrift aus Süditalien erhalten, die auch *cons. ev.* enthält; vgl. BEESON, *Einleitung* XXVIII.

[23] Besonders wirkmächtig sind die biographischen Nachrichten zu Mani in *Acta Archelai* 62–65 geworden. Ein Anhang in *Acta Archelai* 68 ordnet den Manichäismus häresiographisch ein, gehört aber nicht mehr selbst unmittelbar zu den *Acta Archelai*, die vorher mit einer *subscriptio* des Verfassers Hegemonius enden.

eines Gesandten Manis, Turbo, der den manichäischen Mythos referiert (*Acta Archelai* 7–13). An dieser Fassung ist auffällig, dass eine Vielzahl göttlicher Größen mit den Bezeichnungen auftaucht, die auch spätere Texte enthalten, insbesondere Theodor bar Koni.[24] Zudem zeigt die polemische Darstellung der Disputationen sehr deutlich den Anspruch des Manichäismus, als das bessere Christentum verstanden zu werden und die eigene Theologie insbesondere auch durch Schriftbelege zu untermauern (so besonders *Acta Archelai* 15). Polemisch verzeichnen die *Acta Archelai* die manichäische Theologie als Ditheismus,[25] und Archelaos treibt Mani durch die Frage in die Enge, ob diese beiden Naturen *inconvertibiles* (unveränderlich) seien (*Acta Archelai* 17). Ein Angriff des Bösen auf den sich hinter einer Mauer verschanzenden Gott sei an sich ganz unmöglich (*Acta Archelai* 27). Archelaos verteidigt dann insbesondere den heilsgeschichtlichen Nutzen der *lex* (des Gesetzes) und betont, dass das Gesetz von Christus erfüllt sei (*Acta Archelai* 35; vgl. auch 49). »*Omne vetus testamentum convenire novo testamento et consonare probavimus*« (»Wir haben bewiesen, dass das ganze Alte Testament mit dem Neuen Testament übereinstimmt und ihm entspricht«; *Acta Archelai* 46). Dabei bezieht sich Archelaos auch unmittelbar auf 2. Kor 3 und das dort genannte *velamen* (die Decke), das erst durch die Hinwendung zu Christus aufgehoben wird (*Acta Archelai* 50). Der Anspruch Manis, als Paraklet

[24] Vgl. hierzu den Anmerkungsapparat von Holl in der Edition von Epiphanius, *Panarion* 66,25,2–66,31,8 und bei VERMES/LIEU, *Hegemonius* 44–58.

[25] So im Referat des Turbo (*Acta Archelai* 7). Vgl. hingegen die dem Mani in den Mund gelegte Formulierung von den beiden Naturen in *Acta Archelai* 16.

und Apostel aufzutreten, wird gerade mit dem Verweis auf Paulus zurückgewiesen (*Acta Archelai* 39f). Die doketische Christologie wird ebenso angegriffen (*Acta Archelai* 58), wie die Herkunft des Teufels als Fall von Engeln erklärt wird (*Acta Archelai* 36). Damit umfassen die *Acta Archelai* bereits ein breites Spektrum der antimanichäischen Polemik, das in den weiteren Antimanichaica aufgegriffen und erweitert wird.[26]

Serapion von Thmuis: Etwa in die gleiche Zeit wie die *Acta Archelai* fällt der Traktat des Serapion von Thmuis.[27] In seiner Widerlegung stehen weniger die Details mythologischer Differenzierung im Vordergrund als die Betonung der freien Willensentscheidung (προαίρεσις), die bei Menschen (*Contra Manichaeos* 4) und Dämonen gegeben sei (*Contra Manichaeos* 29f), sowie die Verteidigung der Geltung des Gesetzes (*Contra Manichaeos* 36.43.48). Die Fähigkeit des Menschen, sich zum Guten zu bekehren, wird an Paulus und den Aposteln verdeutlicht, ohne dass hierfür eine Auflösung der bisherigen Substanz (οὐσία) angenommen werden müsste (*Contra Manichaeos* 14–16). Einen möglichen Erklärungsversuch der unterschiedlichen Willensentscheidungen durch die Annahme zweier Seelen lehnt Serapion ab, weil dies zu Widersprüchen innerhalb der manichäischen Lehre führe (*Contra Manichaeos* 21). Mit der Betonung von freiem Willen und der Güte des Gesetzes überträgt Serapion zwei Topoi antignostischer Argumentation, wie sie etwa bei Origenes greifbar sind, auf den Manichäismus. Eine

---

[26] Vgl. SCOPELLO, *Hégémonius*.

[27] Ausführliche Darstellung der Schrift bei FITSCHEN, *Serapion* 3–57.

vermutlich lateinische Fassung der Schrift des Serapion kursierte unter dem Namen des Basilius und war Julian von Aeclanum bekannt (vgl. unten S. 99).

Kyrill von Jerusalem: In seinen Katechesen geht Kyrill von Jerusalem gleich am Anfang der Gotteslehre auf verschiedene häretische Gottesvorstellungen ein und beschäftigt sich dabei nach Simon Magus, Basilides und Valentin relativ ausführlich mit Mani (Katechese 6,20–34). Seine Kenntnisse sowohl bezüglich der manichäischen Lehre als auch im Hinblick auf die manichäische Mission beruhen auf den *Acta Archelai*, die teilweise schlichtweg exzerpiert werden (so besonders in Katechese 6,27–30). Der Text wird gewöhnlich in die Zeit kurz vor 350 datiert; doch sind Katechesen Gebrauchstexte, die immer wieder revidiert worden sein könnten, sodass für einzelne Abschnitte auch ein späteres Datum in Frage kommt.

Ephraem der Syrer: Von Ephraem, d.h. aus dem syrischen Bereich, stammt sowohl eine Prosawiderlegung als auch eine Verarbeitung antimanichäischer Theologie in Hymnen. Mit letzteren greift Ephraem genau die Gattung auf, in der die Manichäer ihrerseits ihre Theologie verbreitet haben.[28] Die Texte sind vor dem Todesdatum Ephraems (vermutlich 373) anzusetzen und waren im lateinischen Westen nicht bekannt.

---

[28] Beide Textgruppen wurden im Hinblick auf ihren Charakter und Quellenwert untersucht von Beck, *Ephräms Polemik*.

Titus von Bostra: Die Widerlegung des Titus von Bostra, die vollständig nur syrisch erhalten ist,[29] ist deswegen von besonderem Interesse, weil Titus sich gezielt auch mit der manichäischen Schriftauslegung beschäftigt und dabei vermutlich auch Schriften von Addas bzw. Adimantus benutzt hat. Augustin bezeugt die Identität von Addas und Adimantus (*c. adv. leg.* 2,42)[30] und die hohe Wertschätzung des Adimantus bei den Manichäern (*c. Adim.* 12).[31] Insbesondere scheint Addas, die von Markion entwickelte Methodik aufgreifend, eine Schrift mit Widersprüchen zwischen alt- und neutestamentlichen Stellen verfasst zu haben, von denen einige auch bei Augustin auftauchen.[32] Eventuell geht gerade auch das, was Titus in *Contra Manichaeos* 3,7 als manichäische Genesisauslegung referiert, auf Adimantus zurück. Sowohl bei Faustus bzw. bei Augustin als auch bei Titus, *Contra Manichaeos* 3,7, sind folgende Motive vorhanden: dass die Schlange als Christus gedeutet werden konnte (vgl. Augustin in *c. Faust.* 15,9; *haer.* 46,15; *Gn. c. Man.* 2,39), dass

---

[29] Revidierter Text der griechischen Fragmente bei PEDERSEN, *Titus of Bostra* 421–473.

[30] Vgl. zu dieser Identität SFAMENI GASPARRO, *Addas-Adimantus* 546–549; PEDERSEN, *Titus of Bostra* 181; VAN DEN BERG, *Biblical argument* 19f (ebd. 23–48 zu den Nachrichten über das Leben und Wirken des Addas/Adimantus); BAKER-BRIAN, *Manichaeism* 39–48.

[31] Vgl. auch Faustus: *»a doctissimo ... et solo nobis post beatum patrem nostrum Manichaeum studendo Adimanto«* (»von dem höchst gelehrten Adimantus, der als einziger nach unserem seligen Vater Mani von uns zu studieren ist«; *c. Faust.* 1,2) und Augustins Reaktion in *c. Faust.* 6,6.

[32] PEDERSEN, *Titus of Bostra* 184f, nennt besonders den Widerspruch zwischen Ex 21,24 und Mt 5,38–40 und wiederum zwischen Ex 25,2–8 und Mt 5,34f sowie die Benutzung von 1. Kor 15,50f und 1. Tim 6,16. Zu Augustins Kenntnis des Adimantus vgl. *retr.* 1,22.

Gott aus Neid das Essen vom Baum der Erkenntnis (Augustin in *Gn. c. Man.* 2,39 mit Bezug auf Gen 3,5) bzw. des Lebens (Faustus in *c. Faust.* 22,4 mit Bezug auf Gen 3,22) verboten hat und dass sein Vorherwissen hinsichtlich des künftigen Verhaltens des Menschen beschränkt war (Augustin in *Gn. c. Man.* 2,42; Faustus in *c. Faust.* 22,4). Dass Augustin das Werk des Titus von Bostra gekannt hat, etwa in einer alten lateinischen Übersetzung, kann nicht belegt werden.[33] Wahrscheinlicher ist ein Zusammenhang über eine gemeinsam benutzte Quelle (die dann vielleicht mit Adimantus zu identifizieren ist).

Eusebius von Emesa: Ob sich die in einer lateinische Fassung sowie griechischen Fragmenten erhaltene Rede *De arbitrio, voluntate Pauli et domini passione* (Über die [freie] Entscheidung, den Willen bei Paulus und das Leiden des Herrn) auf die Manichäer bezieht (oder auf Valentinianer bzw. gnostische Argumente), ist nicht sicher erkennbar.[34] Der Text, der, wenn er Eusebius von Emesa gehört, vor dessen Tod 359 anzusetzen ist, zeigt, wie wenig spezifisch antignostische bzw. antimanichäische Argumentationen auf spezifisch gnostisches oder manichäisches Material zurückgingen. Interessant ist die Betonung des freien Willens am Beispiel der Bekehrung des Paulus, die auch bei Serapion schon begegnete.

Didymus: Die unter dem Namen des Didymus überlieferte Schrift besteht aus einem kurzen »Wanderflorileg« (*Contra Manichaeos* 1 f) und einem kurzen Traktat, der,

---

[33] So die These von Zacher, *Versuch Augustins*; vgl. Pedersen, *Titus of Bostra* 247 Anm. 169.

[34] Vgl. Pedersen, *Titus of Bostra* 134–137.

die Argumentationsrichtung des Serapion und die antignostische Argumentation des Origenes fortsetzend, insbesondere die Herkunft des Bösen in der Willensentscheidung von Engeln und Menschen sucht.[35] Der schwer zu datierende Text (Didymus starb um 398) geißelt insbesondere auch den Anspruch der Manichäer, Christen zu sein, und kritisiert die manichäische Ethik. Das am Anfang angeflickte Wanderflorileg entwickelt insbesondere das Argument, dass alles, was ungezeugt bzw. nicht entstanden ist, auch unverderblich (ἄφθαρτον) ist (*Contra Manichaeos* 2).

Basilius: Die Predigt »ὅτι οὐκ ἔστιν αἴτιος τῶν κακῶν ὁ θεός« (»darüber, dass Gott nicht Urheber des Bösen ist«; Homilie 9) gehört nicht zu den Homilien, die in der lateinischen Übersetzung des Rufin auch Augustin (vgl. *c. Iul.* 1,18; *c. Iul. imp.* 1,52) bekannt waren. Insofern ist die Predigt eher als Hintergrund für die Interpretation der Hexaemeronshomilien anzusehen, die Augustin zumindest in späterer Zeit bekannt waren.[36] Basilius' Homilie 9 nennt die Manichäer nicht explizit, doch wendet sie sich gegen die Annahme, dass der guten Natur eine schlechte Natur gleichwertig gegenüberstehe (Homilie 9,5; 342C) und der Urheber der Finsternis ein anderer sei als der des Lichts (Homilie 9,3; 336A). Sie betont, dass die Wurzel (ῥίζα) der Sünde nur in dem freien Willen (αὐτεξούσιον) des Menschen liegt (Homilie 9,3; 332C). Auch die Schlechtigkeit des Teufels geht auf dessen willentliche

---

[35] Zu der insgesamt begrenzten Kenntnis des Manichäismus durch Didymus und der daraus resultierenden Vermischung besonders mit mittelplatonischem Gedankengut in seinen Referaten vgl. BENNETT, *Knowledge*.

[36] Vgl. BARTELINK, *Basilius* 615.

Entscheidung (προαίρεσις) zurück (Homilie 9,8; 346D). Seinerseits betont Basilius den Charakter des Bösen als Strafe bzw. Mangel: »στέρησις γὰρ τοῦ ἀγαθοῦ ἐστι τὸ κακόν« (»Denn das Böse ist Mangel an Gutem«; Homilie 9,5; 342B). Basilius verknüpft also eine vereinfachte neuplatonische Ontologie mit der klassischen Abwehr des Manichäismus. Dies zeigt sich dann auch an seiner Auslegung der Finsternis in Gen 1,2, in der Basilius die Auffassung der Finsternis als eines eigenständigen, unableitbaren Prinzips ablehnt (Homilie zum Hexaemeron 2,4). Schließlich führte Julian noch einen pseudobasilianischen Text *Adversus Manichaeos* (Gegen die Manichäer) an, den Augustin dann entsprechend bearbeitet (*c. Iul.* 1,16f), ohne dass er eine von Julian unabhängige Textkenntnis gehabt hätte.

Diodor von Tarsus und Georg von Laodicea: Eine antimanichäische Schrift des Diodor von Tarsus ist bei Theodoret, *Haereticarum fabularum compendium* 1,26, belegt, jedoch verloren.[37] Ob sich von der antimanichäischen Schrift des Georg von Laodicea Spuren bei Titus von Bostra erhalten haben,[38] ist nicht genau erkennbar.[39]

Epiphanius: In seinem *Panarion omnium haeresium* (Hausapotheke gegen alle Häresien) geht Epiphanius (vgl. Augustin, *ep.* 222,2; 223,2) so ausführlich auf den

[37] Vgl. Pedersen, *Titus of Bostra* 137.

[38] Dies ist die These von Pedersen, *Titus of Bostra* 366–419.

[39] Von den bei Epiphanius erwähnten weiteren antimanichäischen Schriften des Origenes, Euseb von Cäsarea, Athanasius und Apollinaris (vgl. *Panarion* 66,21,3) ist nichts erhalten; eventuell ist die Nachricht schlichtweg unzuverlässig. Zu Aphrahat vgl. Hunter, *Syriac Sources* 294.

Manichäismus ein, dass der Abschnitt *Panarion* 66 in der Länge mit den *Acta Archelai* und der Schrift des Titus von Bostra vergleichbar ist. Die Schrift fußt, insbesondere für die Manivita in *Panarion* 66,1–5, vornehmlich auf den *Acta Archelai* und bietet für den Brief Manis aus *Acta Archelai* 6, für einige weitere kleinere Stücke sowie für das Referat des manichäischen Mythos durch Turbo in *Acta Archelai* 7–13 den griechischen Text. Erst spät, bei der Erarbeitung von *haer.*, ist dem Augustin das Werk in einer verkürzten Fassung bekannt geworden, oder er hat den *Ancoratus* benutzt (in welcher Fassung, ist wiederum unklar).[40] Ob allerdings einige der Details, die in Augustins Werk nur in *haer.* 46 auftauchen, auf Epiphanius zurückgehen, ist unsicher.

Filastrius: Ergänzend zu Epiphanius hat Augustin auch Filastrius (vgl. wiederum Augustin, *ep.* 222,2; 223,2) benutzt, der für den Manichäismus allerdings nur knappe Notizen bietet (*Diversarum hereseon liber* 61), die durchweg auf die *Acta Archelai* zurückgehen (vermutlich über Epiphanius vermittelt). Filastrius vergleicht weitere Häresien mehrfach mit den *Manichaei et Gnostici et Nicolaitae* (Manichäern und Gnostikern und Nikolaiten; vgl. Filastrius, *Diversarum hereseon liber* 129,1; 115,2; ohne die *Nicolaitae* auch 100,1).

Hilarius: Die Ablehnung des ὁμοούσιος (wesensgleich) durch Arius (Urkunde 6,3) greift Hilarius in *De trinitate* 6,10 auf. Hilarius weiß um die Ablehnung von Gesetz und Propheten durch Mani und von der Sonnenvereh-

---

[40] Vgl. SCHINDLER, *Epiphanius* 865 f; SCOPELLO, *De haeresibus* 283 f.

rung der Manichäer. Den Ausdruck μέρος ὁμοούσιον (lateinisch: *portio unius substantiae* / Teil, der zum gleichen Wesen gehört) versteht er dahingehend, dass Maria einen Teil der göttlichen Substanz gehabt und bei der Inkarnation gezeigt habe (*De trinitate* 6,10).

Ambrosius: Inwiefern die verschiedenen Referenzen auf die Manichäer in Ambrosius' Werk[41] sich auch in dessen Predigttätigkeit niederschlugen, die Augustin in Mailand miterlebt hat, ist unsicher.[42] Ambrosius nennt Mani oder die *Manichaei* besonders im Zusammenhang der Christologie und der Schöpfungslehre. Die Manichäer leugneten die Inkarnation bzw. die Körperlichkeit Jesu, Mani lehne es ab, ihn als *filius David* (Sohn Davids) anzusehen (*De fide* 5,8,104).[43] Im Zusammenhang der Schöpfungslehre gibt Ambrosius als Meinung der Manichäer an, sie würden als *auctor carnis nostrae* (Urheber unseres Fleisches) den Teufel ansehen, den er mit *ignis et sulpur* (Feuer und Schwefel) assoziiert (*De fide* 2,13,119). Somit verkennen die Manichäer die einheitliche *divina operatio* (göttliche Tätigkeit) Gottes bei der Schöpfung und führen stattdessen eine *varietas* (Vielfalt) ein (*De spiritu sancto* 2,5,34). Schließlich nennt er im Zusammenhang der Diskussion des Ostertermins noch beiläufig das sonntägliche Fasten der Manichäer (*Epistula extra collectionem* 13[23],11).

---

[41] Vgl. Schipper/van Oort, *Introduction* 11.

[42] Dass die literarischen Werke des Ambrosius, insbesondere *De fide*, auf Predigten zurückgehen, hat Markschies, *Ambrosius* 89–97, wahrscheinlich machen können.

[43] Vgl. Ambrosius, *De fide* 5,14,182; 3,8,57; 2,5,44.

Rufin von Aquileia: Rufin bietet am Ende seiner etwa um 400 entstandenen Erläuterung des römischen Taufsymbols einen häresiologischen Rundumschlag und nennt dabei auch die Manichäer.[44] Als häretische Punkte werden genannt: Mani habe sich selbst als Paraklet angesehen, die Welt sei vom Bösen gemacht worden, was zugleich eine Leugnung von Gott als Schöpfer darstelle. Mani habe außerdem das Alte Testament verschmäht und zwei gleichalte Prinzipien, ein gutes und ein böses, eingeführt. Außerdem habe er (wie die Pythagoreer) eine Wiedereinkörperungstheorie vertreten, wonach die Menschenseelen *»per diversos nascendi circulos«* (»durch verschiedene Kreisläufe des Geborenwerdens«) in Tiere zurückkehrten. Eine fleischliche Auferstehung habe er ebenso abgelehnt wie die Leiblichkeit von Geburt und Leiden Jesu, letztere seien *»non in veritate carnis, sed in phantasiis«* (»nicht in fleischlicher Wirklichkeit, sondern in Wahnvorstellungen«) erfolgt. Damit zeigt sich ein standardisiertes häresiologisches Grundwissen, das von keiner tieferen Beschäftigung mit dem manichäischen Denken zeugt.

Grundstrukturen antimanichäischer Argumentationen vor Augustin: Die Bestreitung des Manichäismus erfolgt im vierten Jahrhundert durchweg aus christlicher Sicht, und indem man ihn als eine christliche Häresie wahrnahm;[45] in den häresiologischen Einordnungen (Anhang der *Acta Archelai*, Kyrills Katechese 6 sowie Epiphanius und Filastrius) wird der Manichäismus

---

[44] Rufin, *Expositio symboli* 37 (CChr.SL 20, 172,24–32).

[45] Zu Alexander von Lykopolis vgl. oben S. 87–91; die Widerlegung des Simplicius ist deutlich später anzusetzen.

durchweg als christliche Häresie eingeordnet (nicht als vom Christentum unterschiedene Religion). Grundprinzipien der Widerlegung sind der Vorwurf des Ditheismus, die Bestreitung, dass Altes und Neues Testament sich widersprechen, und die Widerlegung manichäischer Bibelauslegung, die Betonung der heilsgeschichtlichen, positiven Funktion des Gesetzes, die Betonung der Willensfreiheit, die besonders am Teufelsfall und der Bekehrung des Paulus verdeutlicht wird, die positive, antidoketische Deutung des Inkarnationsgeschehens und des Leidens Christi und die Bestreitung der manichäischen Askese. Das Argument, dass der Ausgangspunkt der mythischen Erklärung, der wirksame Angriff der Finsternis auf Gott, nicht überzeugend ist, weil dies mit der Unveränderlichkeit bzw. Unverderblichkeit Gottes unvereinbar ist, wird mehrfach entwickelt und ist mit dem sog. Nebridiusargument (vgl. unten S. 159–166) sachlich vergleichbar. An vielen Stellen wird die antimanichäische Argumentation auf denselben Schienen wie die antignostische (und antimarkionitische) Argumentation geführt und verselbständigt sich auch von der Detailwiderlegung manichäischen Materials beträchtlich.

II. Augustin im literarischen Kampf gegen die Manichäer

1. Rekonversionsbemühungen

Nach seiner Hinwendung zum Christentum versuchte Augustin, auf einstige Glaubensgenossen, die immer noch Manichäer waren, einzuwirken; im Falle von Honoratus und Romanianus sind diese Bemühungen genauer greifbar. Zugleich ist mit Secundinus der Versuch von manichäischer Seite aus erhalten, Augustin zum Manichäismus zurückzuführen.

Honoratus ist gemäß *retr.* 1,14 noch immer Manichäer, als ihm Augustin kurze Zeit nach der eigenen Priesterweihe (*retr.* 1,14; *util. cred.* 2) die Schrift *util. cred.* widmet. Vermutlich hat Augustin nach seiner Rückkehr nach Afrika – ob in Karthago, Thagaste oder Hippo – von der *indomita propagandi nominis libido* (dem ungezähmten Verlangen, den [scil. manichäischen] Namen weiter zu verbreiten) des einstigen Weggefährten gehört (*util. cred.* 31). Honoratus hat sich über die Glaubensforderung der *catholica* und deren Mangel an vernunftbegründeter Einsicht lustig gemacht (*retr.* 1,14). Auch die manichäische Kritik am Alten Testament hat Honoratus übernommen (*util. cred.* 36). Über einen Sinneswandel des Honoratus aufgrund der augustinischen Schrift ist nichts Sicheres bekannt. Für den Fall, dass Augustins Jahre später entstandene Schrift *De gratia testamenti novi ad Honoratum* (*ep.* 140), die durch die fünf Fragen eines Honoratus aus Karthago (vgl. *retr.* 2,36; *ep.* 139,3) veranlasst wurde, an denselben Honoratus gerichtet ist,[46] bräuchte man zwar nicht eine Konversion des Manichäers zur *catholica* vorauszusetzen.[47] Dennoch kann man auf ein ernstes Interesse an den Antworten Augustins und mithin auf einen gewissen Respekt gegenüber der *catholica* schließen.[48]

---

[46] Dies vertritt BOCHET, *Destinataire*; dies., *Firmament* 133–137. Dagegen hatten u.a. HOFFMANN, *De utilitate credendi* 32–34, und DECRET, *Afrique* I, 368f votiert.

[47] Der Adressat ist (noch) nicht getauft; vgl. *ep.* 140,48: *»cum fueris baptizatus, invenies«* (»wenn du getauft sein wirst, wirst du ... finden«).

[48] Keine sichere Erkenntnis böte der Versuch, einen *necessarius*

Romanianus hat sich zwischen 384 und 386 in Mailand aufgehalten und den Plan einer Gütergemeinschaft und eines *otium philosophandi* (eines zurückgezogenen Lebens, das sich der Philosophie widmet) maßgeblich mitgetragen, musste dann allerdings, vor dessen Verwirklichung in Cassiciacum, nach Afrika zurückkehren (*conf.* 6,14; *Acad.* 2,4f). Mit der Romanianus gewidmeten Schrift *Acad.* plant Augustin, das Gegenüber zunächst von nur einem der beiden *»vitia et impedimenta inveniendae veritatis«* (»Fehler und Hindernisse bei der Wahrheitsfindung«) zu befreien: nämlich von der *desperatio* (dem Pessimismus) bei der Wahrheitssuche. Bezüglich des zweiten *vitium* (Fehlers) – der falschen Annahme, im Manichäismus fündig geworden zu sein – stellt Augustin in Aussicht, ihm auch *»aliquam inter nos disputationem de religione«* (»einen Disput, den wir über die Religion geführt haben«) in schriftlicher Fassung zukommen zu lassen. Gemäß Augustin hat Romanianus Mailand zwar *»quaerens dubitansque«* (»fragend und zweifelnd«) verlassen, doch hält Augustin es für möglich, dass »etwas [von dem] Aberglauben in deine Seele zurückgekehrt ist« (*Acad.* 2,8: *»[ali]quid superstitionis in animum revolutum est«*). Seinem Versprechen kommt Augustin mit der

(Freund bzw. Angehörigen) Augustins mit Namen Honoratus, den Julian von Aeclanum nach eigenen Angaben in Karthago angetroffenen hat (*c. Iul. imp.* 5,26), mit dem in *util. cred.* angesprochenen Honoratus zu identifizieren (vgl. Hoffmann, *De utilitate credendi* 33f). Denn unklar bliebe sowohl der Zeitpunkt dieser Begegnung als auch der genaue Sinn der Aussage, dass jener Honoratus *aeque Manichaeus* (gleichfalls ein Manichäer) gewesen sei: ein Manichäer im eigentlichen Sinne oder einer, wie Julian ihn in Augustin sah? Ebenfalls nicht eindeutig ist es, auf welche *epistulae* (Briefe) Augustins Julian sich beruft (*c. Iul. imp.* 5,26): auf uns nicht erhaltene oder auf *ep.* 139 und *ep.* 140?

Schrift *vera rel.* erst Ende 390, inzwischen nach Afrika zurückgekehrt, nach (*vera rel.* 12; *ep.* 15). Die *acerrimae interrogationes* (eifrigen bzw. energischen Fragen) des Romanianus haben unterdessen »ohne ein bestimmes Ziel« hin- und hergewogt (*vera rel.* 12: *»sine ullo certo fine fluctuare«*). Ob dieser sie (brieflich?) an Augustin selbst gerichtet hat oder ob Augustin erst bei seiner Rückkehr von dem Zustand des Freundes erfahren hat, bleibt unklar. Ebenso ist die Reaktion des Romanianus auf *vera rel.* ungewiß. Weder gegenüber Paulinus von Nola, dessen besonderer Fürsorge er den *frater* (Bruder) Romanianus im Jahr 395 anempfiehlt (*ep.* 27,4f; 31,7),[49] noch in den *retr.* (1,1.13) sagt Augustin explizit, dass Romanianus zur *catholica* konvertiert sei. Für den Fall, dass Romanianus mit dem in *ep.* 259 (wohl aus dem Jahr 408) angesprochenen Cornelius identisch ist,[50] ist er allerdings *»in extremo vitae periculo«* (»in äußerster Todesgefahr«) getauft worden (*ep.* 259,3).

Für die ehemaligen manichäischen Glaubensgenossen ist Augustin einer, für den gilt: *»Lumen per illum transitum fecit«* (»Das Licht ist durch ihn hindurchgegangen«; *util. cred.* 3). Der römische *auditor* (Hörer) Secundinus unternimmt es, das verirrte Schaf, den verlorenen Sohn, der längst katholischer Bischof geworden ist, anzuschreiben.[51] In seinem wohl im ersten Jahrzehnt des 5. Jahrhunderts verfassten Brief will er den einstigen Glaubensge-

---

[49] Vgl. MANDOUZE, *Romanianus* 996.

[50] Dafür votiert GABILLON, *Romanianus alias Cornelius.*

[51] Zur römischen Herkunft vgl. Secundinus, *Epistula* 3; zum Rang des Hörers vgl. Augustin, *retr.* 2,10; zu den Metaphern vgl. Secundinus, *Epistula* 1.5 und KUDELLA, *Contra Secundinum* 237 Anm. 59 und 334.

nossen zurückgewinnen[52] – oder ihn zumindest wegen seiner Untreue anklagen (vgl. den Vorwurf der *perfidia punica* / punischen Treulosigkeit bei Secundinus, *Epistula* 2). Dazu sucht er Augustin seinen einstigen Eifer für die Lichtreligion in Erinnerung zu rufen (z. B. ders., *Epistula* 3), wobei offen bleiben muss, ob er sein Wissen um Augustins Biographie – einschließlich der *Hortensius*-Lektüre – allein den *conf.* entnommen hat oder ob die beiden Männer sich während Augustins erstem Romaufenthalt 383/4 begegnet sind.[53] Secundinus versteht sich als Sprachrohr seiner stadtrömischen Gemeinde und versichert deren Vergebungsbereitschaft. Augustin ist um eine breit angelegte, ihrerseits missionarische Antwortschrift nicht verlegen. Er weist Secundinus' Vorwurf, aus Angst vor Repressionen und aus Ruhmsucht konvertiert zu sein (vgl. Secundinus, *Epistula* 2.5), entschieden zurück, geht allerdings auf weitere biographisch gefärbte Aussagen *Epistula* nicht ein. Über eine etwaige Reaktion des Secundinus auf Augustins Werk ist nichts bekannt.

2. *Die antimanichäische Abteilung im* Indiculus, *die Antimanichaica in den* retr. *und »gestreute« antimanichäische Aussagen in den Schriften Augustins*

Einer Einteilung seiner Werke in einzelne Kategorien, die zum Teil auch explizit antihäretisch sind, scheint Augustin nicht abgeneigt gewesen zu sein: So erwähnt er in

---

[52] Hoffmann, *Secundinus* 487 hebt hervor, dass Secundinus in seinem Brief deswegen unmittelbar auf das *malum* (das Böse) eingeht, weil er um die Bedeutung der Frage nach dem *malum* in Augustins frühen Werken weiß.

[53] Vgl. dazu Kudella, *Contra Secundinum* 190–192; van Oort, *Manichaean Christians* 536.

ep. 18,1 *adversum Manichaeos libri* (Bücher gegen die Manichäer), ohne ihren Titel zu nennen. Antimanichäische Werke Augustins sind auch in den *retr.* durch Wendungen wie *»contra/adversus Manichaeos/um«* kenntlich gemacht:[54] *mor.* (*retr.* 1,7), *lib. arb.* (*retr.* 1,9), *Gn. c. Man.* (*retr.* 1,10), *duab. an.* (*retr.* 1,15), *c. Fort.* (*retr.* 1,16), *c. Adim.* (*retr.* 1,22), *c. ep. Man.* (*retr.* 2,2), *c. Faust.* (*retr.* 2,7), *c. Fel.* (*retr.* 2,8), *nat. b.* (*retr.* 2,9) und *c. Sec.* (*retr.* 2,10). Die Schrift *vera rel.* richtet sich gemäß *retr.* 1,13 ungeachtet ihrer affirmativen Gestalt gegen die manichäische Zwei-Naturen-Lehre, und *util. cred.* soll laut *retr.* 1,14 die an die *ecclesia catholica* (katholische Kirche bzw. Mehrheitskirche) gerichteten Vorwürfe des manichäischen Adressaten entkräften.

Der *Indiculus* (Werkverzeichnis)[55] – er ist unter apologetischen Gesichtspunkten strukturiert und geht vielleicht auf die Ordnung der Bibliothek in Hippo zurück – listet als antimanichäische Werke auf: *mor.*, *duab. an.*, *lib. arb.*, *c. Fort.*, *Gn. c. Man.*, *c. ep. Man.*, *c. Adim.*, *div. qu.* 2.6.10.14.21.22.24.25.40.43.49.51.52.53.55.73, *c. Sec.*, *c. Fel.*, *nat. b.*, *c. Faust.* und eine *epistula ad Honoratum* (einen Brief an Honoratus).[56] Außerdem sind *s.* 1, 12 und

[54] Unvollständig ist in dieser Hinsicht MADEC, *Introduction* 85–87.

[55] Text bei WILMART, *Elenchus* 165–167. Zum Titel vgl. HÜBNER, *Indiculum oder Indiculus?*. Zum Zusammenhang mit Possidius und der Bibliothek in Hippo vgl. DOLBEAU, *Survie*; ders., *Indiculum, -us* 575 f; MADEC, *Possidius*.

[56] Der genannte Brief ist vermutlich mit der Schrift *gr. t. nov.* (= *ep.* 140) identisch, die allerdings (auch) in der zehnten Sektion des *Indiculus* namentlich genannt ist; vgl. DRECOLL, *De gratia testamenti novi* 262; BOCHET, *Firmament* 136 f. MANDOUZE, *Honoratus* 564, identifiziert sie mit *util. cred.*, womit freilich ebenfalls eine Doppelung vorläge.

50 – zu Recht – als antimanichäische *tractatus* (Traktate) aufgeführt, dazu die beiden nicht erhaltenen Schriften *De die domini secundum Sophoniam prophetam* (Der Tag des Herrn gemäß dem Propheten Zefanja) und *De sacrificiis spiritalibus* (Die geistigen bzw. geistlichen Opfer). In mehrfacher Hinsicht muss die antimanichäische Sektion des *Indiculus* als unvollständig gelten: So werden *vera rel.*, *util. cred.* und *div. qu.* 3 nur unter *»contra paganos«* (»gegen die Heiden«), *div. qu.* 56 unter *»contra Iudaeos«* (»gegen die Juden«) verzeichnet.[57] Und auch in der neutralen, zehnten Abteilung des *Indiculus* begegnen mehrere latent antimanichäische *quaestiones* (Untersuchungen): *div. qu.* 4.66.67.68.[58]

Den in den *retr.* und dem *Indiculus* aufgeführten Antimanichaica hinzuzufügen sind die *conf.* mit ihren antimanichäischen Tendenzen und Kapitel 46 der Schrift *haer.* (die als Spätwerk in den *retr.* nicht mehr erfasst wurde). Im Folgenden sollen weitere antimanichäische Passagen berücksichtigt werden, die sich in mehr oder minder unerwarteten Zusammenhängen, also in nicht dezidiert antimanichäischen Werken Augustins finden. Wenngleich davon auszugehen ist, dass einzelne Argumentationen auch dann durch die Auseinandersetzung mit dem Manichäismus geprägt sein können, wenn Augustin denselben nicht ausdrücklich nennt, sind in der vorliegenden Auflistung nur Passagen berücksichtigt, die das Stichwort *Manichaeus* enthalten. Auch in vielerlei weiterer Hinsicht bleibt die Auflistung begrenzt. Denn

---

[57] Dieses Missgeschick geschah wohl wegen des Titels *»De annis quadraginta sex aedificati templi«* (»Die 46 Jahre des Tempelbaus«). Vgl. Joh 2,19–21 und Augustins christologische Auslegung in *doctr. chr.* 2,26.

[58] Vgl. MUTZENBECHER, *Einleitung* XXX.

ausgespart wurden neben den unumstritten antimanichäischen[59] auch weitere Schriften, die beispielsweise an Augustin gerichtete Manichäismusvorwürfe enthalten,[60] ebenso mehrere *tractatus* (Predigten), die bereits in den einleitenden Worten die Intention erkennen lassen, einen manichäischen Einwand zurückzuweisen.[61] Es geht in der vorliegenden Auflistung, kurz gesagt, um die bisweilen wohl spontanen Randbemerkungen und Exkurse, die Augustin in unterschiedlichsten Zusammenhängen einflicht und mit denen er inhaltliche, oft polemisch verzerrte Aussagen über die manichäische Lehre trifft. Die Inhalte sind innerhalb der Tabelle in den aufgeführten 15 Rubriken erfasst (der aus *util. cred.* bekannte Vorwurf, die Manichäer versprächen reine *ratio*, könnten dieses Versprechen aber nicht einhalten, fehlt in der Rubrizierung, da er in den hier untersuchten Schriften überhaupt nicht begegnet).

---

[59] Es handelt sich um die folgenden Werke: *c. Adim.; conf.; duab. an.; c. ep. Man.; c. Faust.; c. Fel.; c. Fort.; Gn. litt.; Gn. c. Man.; lib. arb.; mor.; nat. b.; c. Sec.; vera rel.* und *util. cred.* Für einige dieser Schriften hat Decret, *Afrique* I, 38f.50.63.79.92.105.124.140.157, bereits das Vorkommen einzelner Themenkomplexe untersucht (für *mor., Gn. c. Man., lib. arb., vera rel., util. cred., duab. an., c. Adim., c. ep. Man., nat. b.* und *c. Sec.*).

[60] *Cresc.; c. ep. Pel.; gest. Pel.; haer.; c. Iul.; c. Iul. imp.; c. litt. Pet.; c. Prisc.; nupt. et conc.; retr.* und *Simpl.*

[61] So hat *sermo* 1 die Vereinbarkeit von Gen 1,1 und Joh 1,1–3, *sermo* 12 diejenige von Hiob 1,8 und Mt 5,8, *sermo* 50 schließlich diejenige von Hagg 2,9 und Stellen wie Lk 16,9 oder 1. Tim 6,10 zum Thema. Nicht aufgeführt sind fernerhin Aussagen zur Ereignisgeschichte, die bloße Nennung der Manichäer in einem Häretikerkatalog und die nur namentliche Erwähnung eines antimanichäischen Werkes oder einzelner Manichäer.

A) Dualismus; Vorwurf einer Zwei-Götter-Lehre
B) Vorwurf der *carnalis cogitatio*; *malum* als *substantia* und Gott als *corpus*
C) Substanzidentität von Gott und Seele
D) Einzelne mythische Szenen
E) *commixtio* in der geschaffenen Welt
F) *corruptibilitas* bzw. *crudelitas* Gottes; Nebridiusargument
G) Lichtausläuterung bzw. -bindung; Tötungsverbot bzgl. Pflanzen und Tieren; Ernährungsvorschriften
H) Kosmologie; Sonnenanbetung
I) Ablehnung des *corpus* und der Fortpflanzung; Herkunft der *caro*
K) Sündenbegriff
L) Doketismus (Christus als Lügner; Leugnung der menschlichen Natur Christi etc.)
M) Ablehnung des Alten Testaments / von Teilen des Neuen Testaments; Verwendung von Apokryphen
N) Ämterstruktur
O) Parakletentitel; Mani
P) Vorwürfe bzgl. der Ethik (kein Erbarmen mit Bettlern; Verbot der Ehe; Fasten am Sonntag etc.)

c. adv. leg. 1,1	E, M	*en. Ps.* 25,2,3	H
c. adv. leg. 1,5	M	*en. Ps.* 31,2,18	D, K
c. adv. leg. 2,40–42	I, M	*en. Ps.* 67,39	L
agon. 4	D, F	*en. Ps.* 80,13	D, F
agon. 30	O	*en. Ps.* 80,14	F, H
b. coniug. 26.33	I	*en. Ps.* 123,14	M
civ. 1,20	G	*en. Ps.* 140,10f	A, C, D, E, F, K, N
civ. 11,13	A		
civ. 11,22	A, D, F	*en. Ps.* 140,12	E, G, P
civ. 14,5	I	*en. Ps.* 146,13	B, M
cont. 14	K	*ep.* 36,27	P
cont. 18	A, I	*ep.* 55,6.11f	H
cont. 22	I, M	*ep.* 64,3	M
cont. 23f	I, L, M	*ep.* 82,6	M
cont. 26	I, P	*ep.* 140,83	L

ep. 166,7	A	*s.* 37,17	L
ep. 236,2	C, D, E,	*s.* 92,3	L
	F, G, H,	*s.* 116,4	L
	L, M, N	*s.* 151,3	I, K
ep. 237,2	M, O	*s.* 152,4	I, K
exp. prop. Rm. 53	K	*s.* 152,6	M
Io. ev. tr. 1,14–16	G, I	*s.* 153,2–5.12	M
Io. ev. tr. 8,6–8	L	*s.* 155,11	A, I
Io. ev. tr. 34,2	H	*s.* 170,2	A, M
Io. ev. tr. 42,10.12	D, I	*s.* 182,2f	A, L
Io. ev. tr. 42,15	A	*s.* 182,4	C
Io. ev. tr. 43,15	M	*s.* 183,1	L
Io. ev. tr. 47,9	L	*s.* 183,13	L
Io. ev. tr. 96,3	L	*s.* 237,1	L
Io. ev. tr. 98,4	B	*s.* 238,2	L
Io. ev. tr. 98,7	I, L, M	*s.* 72A (= *s. Denis* 25,5)	L
Io. ev. tr. 100,3	L	*s.* 163A (= *s. Morin* 10,3)	I
op. mon. 12	M	*s.* 164A (= *s. Lambot* 28)	G, P
perf. iust. 14	I	*s.* 229J (= *s. Guelf. app.* 7,1f)	I, L
persev. 26f.30	A, K, M	*s.* 265D (= *s. Morin* 17,1f)	L
persev. 67	L	*s.* 375C (= *s. Mai* 95,2f)	L

3. Die Grundlegung der Ontologie und Privationstheorie

Die Rezeption des Neuplatonismus erwies sich für Augustin auch deswegen als besonders fruchtbar, weil er sich in die Lage versetzt sah, eine Ontologie zu entwickeln, mit der er die manichäische Annahme eines schlechten Prinzips als Lösung der Frage *»Unde malum?«* (»Woher stammt das Böse?«) wirksam bekämpfen konnte. Eine erste Entfaltung dieses Gedankens enthalten *mor.* 2,1–8 und die Schrift *De libero arbitrio*.

Dabei geht Augustin in *mor.* 2,1 von Gott als *summum bonum* (höchstem Gut) aus, zu dem es kein *contrarium*

(Entgegengesetztes) gibt. Das *summum bonum* hat zugleich das *summe ac primitus esse* (höchste und uranfängliche Sein), weil es sich immer auf dieselbe Art und Weise verhält. Von dieser Grundlegung aus kontert Augustin die manichäische Frage, *»unde sit malum«* (»woher das Böse stammt«), mit der Frage, *»quid sit malum«* (»was das Böse ist«). Es ist für jedes *genus* (jede Art) das, was *»contra eius naturam«* (»gegen ihre Natur«) ist. Genauer ist es *»deficere ab essentia et ad id tendere ut non sit«* (»abnehmen bzw. abfallen von der Wesenheit und dahin streben, nicht zu sein«; *mor.* 2,2). Das Sein schließt dabei einen *ordo* (eine Ordnung) ein, sodass sich die *perversio* (Verkehrung) als Mangel an Sein beschreiben lässt (*mor.* 2,8). *»Quare ordinatio esse cogit, inordinatio ergo non esse«* (»Deshalb nötigt die Ordnung zum Sein und die Unordnung also zum Nichtsein«; *mor.* 2,8). Die Unordnung kann auch als *corruptio* (Verderbnis) beschrieben werden: *»Quod corrumpitur, profecto pervertitur; quod autem pervertitur, privatur ordine«* (»Was verdorben wird, wird zweifellos verkehrt; was aber verkehrt wird, wird der Ordnung beraubt«; *mor.* 2,7).[62] Damit ist das Böse nicht nur als Privation (im Sinne eines reinen Nicht-Gegebenseins) überhaupt beschrieben, sondern genauer als Defizienz im Hinblick auf die eigentliche Bestimmung. Der Begriff des Seins ist dabei zugleich ein qualifizierter, der diesen Bezug zum *ordo* (zur Ordnung) umfasst.

Diesen Gedanken entwickelt Augustin als Grundlage seiner Theologie in *vera rel.* Wenn hierbei auch zunächst die platonische Philosophie als Vergleichspunkt ins Feld geführt wird, zu dem es viele Übereinstimmungen, dann

---

[62] Vgl. DE CAPITANI, *Corruptio* (1981) 142–144.

aber eben auch entscheidende Differenzen gibt, so erweist sich dann in der Argumentation, dass Romanianus überzeugt werden soll, indem bewusst Kernbegriffe manichäischer Theologie eingesetzt werden.[63] Gott wird daher als *summa vita* (das höchste Leben) beschrieben, von der alles Leben abstammt (*vera rel.* 21). Der Tod erweist sich demgegenüber als *nequitia* (Nichtsnutzigkeit bzw. Verdorbenheit), wobei es durchaus Grade von *nequitia* gibt, so insbesondere das *corpus* (den Körper) und die *vita voluntario defectu deficiens* (das Leben, das in einem freiwilligen Abfall abnimmt). In beiden Fällen handelt es sich um etwas, das zum Nichts neigt, aber nicht *nihil* (nichts) ist (*vera rel.* 21 f). Hierin greift Augustin gezielt die in *mor.* 2,1–8 entwickelte Ontologie auf und bezieht sie auf den Gegensatz zwischen *vita* (Leben) und *mors* (Tod), verbindet dies anschließend mit dem Gegensatz von *vita carnalis* (fleischlichem Leben; *vera rel.* 23) und *homo spiritalis* (dem geistlichen Menschen; *vera rel.* 24), ordnet die Sünde als *defectus* (Abnahme bzw. Abfall) ein (*vera rel.* 27) und betont deren willentlichen Charakter (*vera rel.* 27) und die Bedeutung des Gesetzes für die Gottesliebe (*vera rel.* 24).[64] Damit sind zentrale Themen der Auseinandersetzung mit der manichäischen Theologie genannt (allerdings im Hinblick auf den Adressaten Romanianus in positiv aufgreifender und unpolemischer Weise). Dass das Sein auch als Geformtsein bzw. Innehaben von *species* (Gestalt) beschrieben wird (*vera rel.* 35 f), zeigt dann, dass Sein auch hier ein qualifiziertes Sein ist, das einer bestimmten Gesamtordnung entspricht. Das *malum* (Böse) ist die verkehrte Ausrichtung sowie die

---

[63] Vgl. Drecoll, *Entstehung* 86 f; Lössl, *Einleitung* 9 f.

[64] Vgl. Drecoll, *Entstehung* 98–101.

daraus resultierende Reintegration in die Gesamtordnung, also die Bestrafung: *»Malum est inordinatus aspectus et ipsa quae consequitur perturbatio«* (»Das Übel besteht in dem unangemessenen Aufblick [scil. hinauf zur Sonne] und in der daraus resultierenden Störung [scil. der Augen, die das direkte Sonnenlicht blendet]«; *vera rel.* 39).[65] Das entspricht der in *lib. arb.* entwickelten Vorstellung vom *liberum arbitrium* (freien Willen) als derjenigen Instanz, die für das *malum* verantwortlich zu machen ist. Die erst in *Africa* vollendeten Bücher 2 und 3 von *lib. arb.* (vgl. *retr.* 1,9,1) entwickeln ganz ähnliche Gedankengänge. Die Sünde ist als *aversio voluntatis a domino deo* (Abkehr des Willens von Gott dem Herrn) zu beschreiben und ist insofern die Verkehrung des qualifizierten Seins, ein *defectivus motus* (eine abnehmende bzw. abfallende Bewegung); *»omnis autem defectus ex nihilo est«* (»Alle Abnahme bzw. aller Mangel ist aus dem Nichts«; *lib. arb.* 2,54). Es handelt sich um ein *vitium* (einen Fehler), das der Natur entgegensteht (*lib. arb.* 3,41), also ein willentliches Vergreifen an dem, worauf die *natura* (Natur) an sich ausgerichtet ist. Entsprechend ist die *»improba voluntas malorum omnium causa«* (der »böse Wille die Ursache aller Übel bzw. alles Bösen«; *lib. arb.* 3,48) – nicht eine Verhältnisbestimmung »gemäß der Natur, und das genügt zur Widerlegung all derer, die die Naturen beschuldigen wollen« (*»secundum naturam,*

---

[65] Vgl. DRECOLL, *Entstehung* 111–113. Antimanichäisch ist dabei übrigens auch Augustins Bemerkung, die Verehrung der irdischen Sonne sei ein ebensolcher *inordinatus aspectus* (unangemessener Aufblick, scil. zu einem Geschöpf statt zum Schöpfer). Wenn aber dereinst die *oculi recreati* (wiedergeborenen Augen) Gott als das geistige Licht schauen, so geschieht das *congruenter* (auf angemessene Weise).

quod sufficit adversus omnes, qui volunt accusare naturas«; lib. arb. 3,48). Damit ist die antimanichäische Ausrichtung von *lib. arb.* ausdrücklich gemacht (vgl. auch die Beschreibung des Werks in *retr.* 1,9,1).

In *lib. arb.* präzisiert Augustin diesen Gedankenzusammenhang noch in zweifacher Hinsicht: a) Zum einen kann ein Wille von außen nicht gezwungen werden. Denn selbst im Fall ärgster Strafandrohung ist es immer noch Sache des Willens, dem Druck der Bedrohung nachzugeben oder eventuell folgendes Leid in Kauf zu nehmen. Das bedeutet, dass für einen verkehrten Willen immer wieder nur ein verkehrter Wille Grund sein kann. Die *voluntas* (der Wille) ist daher die *prima causa peccandi* (die erste Ursache des Sündigens; *lib. arb.* 3,49).[66] In der Veränderlichkeit des Willens liegt die Möglichkeit der Sünde, aber kein Zwang. Insofern ist der Hinweis auf die Begrenztheit und Veränderlichkeit des menschlichen Seins nur die Angabe der Bedingungen für die Sünde, erklärt aber noch nicht die Faktizität von Sünde, für die kein weiterer Grund angeführt werden könnte. b) In der Sukzession der menschlichen Generationen würde es gegen die gerechte Ordnung sprechen, *»ut [scil. primus homo] meliores gigneret quam ipse esset«* (»wenn er [scil. der erste Mensch] Menschen gezeugt hätte, die besser wären, als er selbst war«; *lib. arb.* 3,55). *»Quapropter ipse primus homo qualis factus sit, magis quaerendum est, quam quo modo eius posteritas propagata sit«* (»Deshalb ist es wichtiger zu fragen, in welchem Zustand der erste Mensch geschaffen wurde, als [zu fragen], auf welche Weise seine Nachkommenschaft sich fortpflanzte«; *lib. arb.* 3,71). Dementsprechend gehört es zum Handeln des *rerum moderator deus*

---

[66] Vgl. BRACHTENDORF, *Einleitung* 24.

(Gottes, des Lenkers der Dinge; *lib. arb.* 3,55), dass die willentlich begangene Sünde von Adam und Eva sich auch auf die Nachfahren auswirkt, und zwar indem diese durch *ignorantia* (Unwissenheit [scil. um das rechte Handeln]) und *difficultas* (Unvermögen [scil. recht zu handeln]) sowie die *mortalitas* (Sterblichkeit) belastet sind (ebd.). Mit dem Verweis auf die *ignorantia* und *difficultas* benennt Augustin dabei zwei Dimensionen des Strafhandelns, aus denen nur Gott den Menschen befreien kann (*lib. arb.* 3,64f). »*Non habet arbitrium liberum voluntatis ad eligendum, quid recte faciat*« (»Er hat keine freie Willensentscheidung, zu wählen, womit er recht handelt«; *lib. arb.* 3,52). *Ignorantia* und *difficultas* werden somit für den Menschen gleichsam *naturalis* (naturhaft; ebd.; vgl. *Simpl.* 1,1,10: »*tamquam natura*« / »gleichsam Natur«; ebd. 1,1,11: »*quasi secunda natura*« / »gleichsam eine zweite Natur«), zugleich aber als etwas angesehen, das Gott nach und nach überwindet (*lib. arb.* 3,65).[67]

Die so entwickelte Ontologie greift Augustin besonders in *nat. b.* auf, um die manichäische Prinzipienlehre zu widerlegen. Wiederum geht Augustin von Gott als *summum bonum* (höchstem Gut) aus, dem alles, was ist, sein Sein verdankt, das als qualifiziertes, ausgerichtetes Sein zu verstehen ist: »*Omnis autem natura, in quantum natura est, bonum est*« (»Jede Natur ist aber, insofern sie Natur ist, ein Gut«; *nat. b.* 1). Dieses qualifizierte Sein beschreibt Augustin dann genauer als Gegebensein von *modus* (Maß), *species* (Gestalt) und *ordo* (Ordnung; *nat. b.* 3). Alles, was ist, hat darin seine Natur, dass es dem ihm vorgegebenen *modus*, seiner *species* und seinem *ordo* entspricht. Dieses Entsprechen kann dann graduell ver-

---

[67] Vgl. Drecoll, *Entstehung* 196.204f.

schieden gegeben sein (ebd.).[68] Insofern lässt sich das Böse nur als *natura corrupta* (verdorbene Natur) verstehen (*nat. b.* 4). Über *vera rel.* und *lib. arb.* hinausgehend begründet Augustin in *nat. b.* die Differenz zwischen dem unveränderlichen *summum bonum* und dem veränderlichen, und somit korrumpierbaren, Bereich der von Gott stammenden *naturae* (Naturen). Sie ist darin begründet, dass die *naturae* dann, wenn sie nicht veränderlich und korrumpierbar wären, mit Gott identisch sein müssten, also mit ihm zusammenfallen würden (*»quia hoc, quod ipse est, essent«* / »denn sie wären das, was er ist«; *nat. b.* 10).[69] Ihr ontologischer Charakter als etwas, was *de nihilo* (aus nichts) gemacht worden ist, schließt die Veränderlichkeit und Korrumpierbarkeit ein. Insofern ist auch die Privation weder etwas, das die Ordnung der *universitas naturae* (Gesamtheit der Natur) zerstört (*nat. b.* 16), noch kann die Materialität selbst als *malum* (Böses bzw. Übel) bezeichnet werden (wobei die Hyle »wegen der völligen Abwesenheit von Gestalt kaum gedacht werden kann« / *»per omnimodam speciei privationem cogitari vix potest«*; *nat. b.* 18). Von daher scheidet die Annahme, dass das Böse durch die Annahme von *duae naturae* (zweier Naturen; *nat. b.* 41; vgl. auch *nat. b.* 12: *alia natura* / eine andere Natur) erklärt werden könnte, aus. Damit hat Augustin in seiner Bekämpfung der manichäischen Prinzipienlehre eine von Plotins Begriff der στέρησις (Privation) abhängige, zugleich aber unterschiedene Fassung des Privationsbegriffs formuliert, der insbesondere die Einfügung in die Gesamtordnung betont.

---

[68] Vgl. HERMANNI, *Augustinus* 59f.

[69] Vgl. HERMANNI, *Augustinus* 64; MAYER, *Creatio* 67.

4. Die Suche nach einem neuen Genesisverständnis

War die manichäische Kritik am Alten Testament eines der wesentlichen Motive für die Hinwendung zum Manichäismus gewesen, so versuchte Augustin nach seiner Taufe, die Genesis in ihrer Bedeutung für die *catholica* wiederzugewinnen. Dies wurde ihm der Anlass, eine umfassende Bibelhermeneutik zu entwickeln, für die er in *doctr. chr.* die entsprechende Grundlagenreflexion gab. Zugleich ist unverkennbar, dass die Genesis Augustin vor immense Probleme stellte, die er durch immer wieder neue Auslegungen zu bearbeiten versuchte. Zunächst gab er in *Gn. c. Man.* eine deutlich gegen die Manichäer ausgerichtete und zugleich bewusst als *sermo usitatus et simplex* (gewöhnliche und einfache Redeweise; *Gn. c. Man.* 1,1) gehaltene Auslegung der Genesis. Die Haltung der Manichäer wird dabei als *vituperare* (bemängeln bzw. schelten) oder *reprehendere* (tadeln) bezeichnet, wobei die referierten Argumente häufig Frageform haben. Augustins Auslegung bezieht die einzelnen Aussagen des Bibeltextes auf die theologischen Grundwahrheiten: Mit *»in principio«* (»im Anfang«) sei Christus gemeint (*Gn. c. Man.* 1,3), mit *caelum et terra* (Himmel und Erde) die *informis materia* (ungeformte Materie; ebd. 1,11), mit dem *firmamentum* (Firmament) die Trennung zwischen Sichtbarem und Unsichtbarem (ebd. 1,17) etc. Weitere Dinge werden als *figura futurorum* (Bild für das Zukünftige) gedeutet, so die Entstehung der Pflanzen (ebd. 1,19). Damit ergibt sich, dass Augustin die Aussagen der Genesis einerseits *secundum historiam* (gemäß der Historie) als Erzählung von *facta* (Tatsachen) auffasst, andererseits *secundum prophetiam* (gemäß der Prophetie) als Ankündigung von Künftigem. Für beide Bereiche gilt dann, dass sie zunächst *secundum litteram* (gemäß dem Buchstaben bzw. im Literalsinn) aufzufassen seien, wobei jedoch die Vermeidung von Blasphemie und die Übereinstimmung mit der *fides catholica* (dem katholischen Glauben) zu beachten sind. »Sollte sich aber kein Ausweg finden, das Geschriebene auf fromme und Gott würdige Weise zu verstehen, es sei denn wir verstehen dies als im bildlichen Sinne und in Rätseln gesagt« *(»si autem nullus exitus datur, ut pie et digne deo quae scripta sunt intellegantur, nisi figurate atque in aenigmatibus proposita ista credamus«;* ebd. 2,3), sind die Worte als *figurae* (Bilder) auszulegen (ebd.). Damit hat Augustin zwar eine Bevorzugung der *ad litteram*-Exegese (Exegese gemäß dem Buchstaben bzw. im Literalsinn) formuliert, zugleich jedoch den Bedarf für eine figurative Auslegungstechnik angezeigt, die er dann besonders im zweiten Buch bei der Erklärung von Gen 2,4–3,24 auch einsetzt.[70]

Der damit gelegten Spur (Bevorzugung der Auslegung *secundum litteram*, soweit das die Übereinstimmung mit der *fides catholica* zulässt) geht Augustin in *Gn. litt. inp.* nach. Diesem unvollendet gebliebenen Werk[71] schickt Augustin eine antimanichäisch formulierte *fides catholica* (ein katholisches Glaubensbekenntnis) voraus (*Gn.*

---

[70] Vgl. Weber, *De Genesi adversus Manicheos* 135. Dazu, dass sich die manichäische Auslegung keineswegs durchgehend als *ad litteram*-Auslegung verstehen lässt, vgl. Torchia, *Creatio* 102 (und oben S. 44–53). Umgekehrt lässt sich Augustins Exegese in *Gn. c. Man.* eben nicht als hauptsächlich allegorisierend verstehen (so hingegen Ries, *La création* 95).

[71] Der Grund für den Abbruch der Arbeit ist nicht klar erkennbar, dürfte aber in der Auslegung von Gen 1,26 begründet liegen. Die in *Gn. litt. inp.* ausgeführte Auslegung auf den *totus homo* (ganzen Menschen) und den *filius* (Sohn) erschien ihm später problematisch, sodass er ein addendum hinzufügte (*retr.* 1,18).

litt. inp. 1). Dann referiert er eine Unterscheidung von vier *modi* (Arten), die *lex* (das Gesetz) auszulegen: *»secundum historiam, secundum allegoriam, secundum analogiam, secundum aetiologiam«* (»gemäß der Historie, gemäß der Allegorie, gemäß der Analogie, gemäß der Ätiologie«; *Gn. litt. inp.* 2; vgl. unten S. 129–133). Im Unterschied zu *Gn. c. Man.* scheint hier das Verständnis *secundum historiam* unmittelbar das wörtliche Verstehen zu meinen (weswegen Augustin im Zusammenhang der Wiederauffindung der Schrift auch den Titel *ad litteram* wählte; vgl. *retr.* 1,18). Dies wird dann in der großen Genesisauslegung erklärtes Ziel: *»Instituimus enim de scripturis nunc loqui secundum proprietatem rerum gestarum, non secundum aenigmata futurarum«* (»Wir haben uns nämlich vorgenommen, vorerst über die Schriften gemäß der Eigentlichkeit der Geschehnisse zu sprechen, nicht gemäß der Verschlüsselung von Zukünftigem«; *Gn. litt.* 1,17). Durch die Angabe *nunc* (nun) wird dabei zugleich deutlich, dass eine figurativ-allegorische Auslegung nicht grundsätzlich ausscheidet. Tatsächlich hat Augustin in *conf.* 11–13 eine solche allegorische Auslegung von Gen 1 vorgelegt. Darin ist das Bemühen zu erkennen, Gen 1 auf verschiedenen Ebenen gleichzeitig zu verstehen und dies jeweils so zu entwickeln, dass die manichäische Kritik keinen Bestand mehr hat. In *Gn. litt.* spielt die antimanichäische Ausrichtung immer wieder eine Rolle, so besonders prägnant, wenn betont wird, dass die Seele nicht *»de ipsa substantia dei, id est eiusdem naturae«* (»von der Natur Gottes selbst, also von derselben Natur«) sei (*Gn. litt.* 7,1; 7,11). Insbesondere wird die Auslegung *ad litteram* insgesamt als Fortsetzung des in *Gn. c. Man.* begonnenen Bemühens bezeichnet: Er, Augustin, selbst habe ja in *Gn. c. Man.* noch jeweils zwei Optionen verfolgt, habe nämlich eine Auslegung *ad litteram* versucht, sei aber, wenn dies nicht weitergeführt habe, zu einer Auslegung *secundum allegoricam locutionem* (gemäß der allegorischen Redeweise) übergegangen (so besonders im zweiten Buch zu Gen 2,4–3,24). Jetzt hingegen, in der Auslegung von Gen 2,4–3,24 in *Gn. litt.*, wolle er sich bemühen, gerade diesen Text *secundum propriam locutionem* (gemäß der eigentlichen Redeweise) auszulegen (*Gn. litt.* 8,2). Somit wird für *Gn. litt.* 8–11 die *ad litteram*-Auslegung zu der entscheidenden Auslegungsweise, durch die den Manichäern die Grundlage für ihre Kritik an der Genesis entzogen werden soll.[72]

5. *Die Suche nach einem neuen Paulusverständnis*

Im Vergleich mit der Genesis ist die Bemühung um Paulus insofern verschieden, als »doch gewiss auch die Manichäer selbst den Apostel Paulus lesen, ihn anerkennen und in Ehren halten und, indem sie seine Briefe falsch deuten, viele in die Irre führen« (*»certe et ipsi Manichaei legunt apostolum Paulum et laudant et honorant et eius epistolas male interpretando multos decipiunt«*; *Gn. c. Man.* 1,3). Es geht also nicht um die Verteidigung einer biblischen Schrift, sondern darum, den Manichäern den von ihnen geschätzten Paulus aus den Händen zu winden.[73] Das Bemühen um Paulus ist aber insofern mit der

---

[72] Zu Umfang und vielschichtiger Bedeutung der *ad litteram*-Exegese (die sich durchaus auf metaphysische oder ontologische Grundlagen beziehen kann, also nicht immer beim Wortsinn im modernen Sinne bleibt) vgl. TESKE, *De Genesi ad litteram* 115f.

[73] Vgl. FERRARI, *Discovery of Paul*; FELDMANN, *Der junge Augustinus und Paulus* 68; PLUMER, *Galatians* 61–68 (zu *exp. Gal.*); FREDRIKSEN, *Paul and Augustine* 22; dies., *Dichotomy* 90f. Zu der

Genesisauslegung vergleichbar, als Augustin versucht, gerade dem paulinischen Gedankengang detailliert nachzugehen und den Paulustext in seinem Wortlaut ernst zu nehmen.[74] Dies führt in *Simpl.* 1,2 bei der Auslegung von Röm 9 dazu, dass er seine Vorstellung vom *initium fidei* (Beginn des Glaubens) korrigiert und damit die Konsequenzen aus bereits zuvor angestellten Überlegungen zieht.

Dass der Zugriff auf Paulus eine antimanichäische Spitze hat, zeigt sich bereits an der frühen Vier-Stadien-Lehre in *exp. prop. Rm.* 13–18.[75] Dabei sind nicht nur die vier *gradus hominis* (Stadien des Menschen) aus dem Paulustext abgeleitet; besonders verbindet Augustin die Darstellung der vier Stadien mit zwei Intentionen: a) *»ut neque lex improbata ab apostolo videatur ...«* (»damit es weder so scheint, als sei das Gesetz vom Apostel missbilligt worden ...«); dies ist angesichts der in Röm 3,20 hergestellten Verbindung mit der *cognitio peccati* (dem Wissen um die Sünde) besonders hervorzuheben und wird auch in der Erläuterung von Röm 8,15f verfolgt: Die laut Röm 7,12 heilige *lex* (das heilige Gesetz) bringt ohne die *gratia* (Gnade) nur einen *spiritus servitutis* (Geist der Knechtschaft) hervor (*exp. prop. Rm.* 52); b) *»... neque homini arbitrium liberum sit ablatum«* (»... noch dem Menschen der freie Wille genommen ist«). Es besteht vielmehr ein *liberum arbitrium* (freier Wille), *perfecte* (auf eine vollkommene Weise) allerdings nur *in primo ho-*

---

umfangreichen (wenn auch nur teilweise erhaltenen) Paulusauslegung besonders auch in der griechischen Theologie vor Augustin vgl. MARA, *L'influsso* 14.17.

[74] Vgl. FREDRIKSEN, *Frühe Paulusexegese* 283.287.

[75] Vgl. zu den vier Stadien DRECOLL, *Entstehung* 147–154.180–185; MARA, *Polemica antimanichea* 123–127.

mine (im ersten Menschen), während »in uns vor der Gnade kein freier Wille ist in dem Sinne, dass wir nicht sündigen, sondern nur einer in dem Sinne, dass wir nicht sündigen wollen« *(»in nobis autem ante gratiam non est liberum arbitrium, ut non peccemus, sed tantum ut peccare nolimus«).* Die Betonung des *liberum arbitrium* wirkt sich dann auch auf die Auslegung von Röm 9 aus, wo Augustin die These entwickelt: *»Fidem elegit in praescientia«* (»Er [scil. Gott] hat den Glauben auserwählt in [seinem] Vorherwissen«), wobei sowohl das Befolgen der Berufung *»iam in libero arbitrio«* (»bereits im freien Willen«) liegt als auch das dann durch den Geist ermöglichte Vollbringen guter Werke (*exp. prop. Rm.* 60). Ausdrücklich wird zu Röm 9,16 bemerkt: *»Non tollit liberum voluntatis arbitrium«* (»Er [scil. Gott] hebt die freie Willensentscheidung nicht auf«; *exp. prop. Rm.* 62). Diese antimanichäiche Akzentsetzung greift Augustin auch in *q.* 66 und der Erklärung von Gal 5,14–17 in *exp. Gal.* 44–46 auf. In *div. qu.* 66 unterscheidet Augustin die *lex peccati* (das Gesetz der Sünde) von der *lex spiritus vitae* (dem Gesetz des Geistes des Lebens; *div. qu.* 66,1.6) und betont: *»Statuitur ergo lex per fidem«* (»Das Gesetz wird also durch den Glauben aufgerichtet«; *div. qu.* 66,1). Bei der Darstellung des zweiten Stadiums, hier als *secunda actio* (zweite Handlung) bezeichnet, wird der geistliche Charakter der *lex* (des Gesetzes) mit Röm 7,14 betont (*div. qu.* 66,5). Bei der Auslegung von Gal 5,17 nimmt Augustin bewusst auf die manichäische Auslegung des Verses Bezug, indem er auf die Meinung verweist: *»Putant hic homines liberum voluntatis arbitrium negare apostolum nos habere«* (»Hier glauben die Menschen, dass der Apostel leugnet, dass wir eine freie Willensentscheidung haben«; *exp. Gal.* 46). Entsprechend betont

Augustin auch in *Simpl.* 1,1 den geistlichen Charakter der *lex* (*Simpl.* 1,1,7; vgl. die Betonung der *lex bona* / des guten Gesetzes in *Simpl.* 1,1,17)[76] und beginnt seine Erläuterung von Röm 7,18 mit den Worten: »*His verbis videtur non recte intellegentibus velut auferre liberum arbitrium*« (»Es scheint denen, die es nicht richtig verstehen, dass er [scil. Paulus] mit diesen Worten den freien Willen gleichsam aufhebe«; *Simpl.* 1,1,11). Diese antimanichäische Ausrichtung der Paulusexegese wird schon in *exp. prop. Rm.* 13–18 mit der *concupiscentia* (Begierde) verbunden: Im Stadium *ante legem* (vor dem Gesetz) folgt man der *concupiscentia carnis* (Begierde des Fleisches); im Stadium *sub lege* (unter dem Gesetz) wird man von ihr überwunden; im Stadium *sub gratia* (unter der Gnade) folgt man der *concupiscentia carnis* nicht mehr, die es schließlich im Stadium *in pace* (im Frieden) nicht mehr geben wird. In *Simpl.* 1,1,11 wird deutlich von der Folge des *originale peccatum* (der Sünde, die mit dem Ursprung zusammenhängt) gesprochen, die sich besonders in dem Stadium *sub lege* auswirkt.[77] Von dieser Ausrichtung aus ist die Veränderung in *Simpl.* 1,2 nicht ein diametraler Bruch mit der in *Simpl.* 1,1 entwickelten Paulusauslegung, sondern eine Modifikation früherer Auslegungen an einer zentralen Stelle (vgl. *praed. sanct.* 7f). Hatte Augustin *exp. prp. Rm.* 60 noch die Erwählung auf die *praescientia* (das Vorherwissen) Gottes zurückgeführt und in *Simpl.* 1,1,14 festgestellt, dass der Mensch über das *liberum arbitrium* nur insofern verfüge, »als er sich in demütig bittender Frömmigkeit dem zuwende, durch dessen Gabe er sie [scil. die Gerechtigkeit] erfüllen

[76] Vgl. RING, *Simplicianus* 216.251f.

[77] Vgl. RING, *Simplicianus* 229f.

kann« *(»ut se supplici pietate convertat ad eum, cuius dono eam [scil. iustitiam] possit implere«)*, so wird jetzt in *Simpl.* 1,2 das *initium fidei* (der Beginn des Glaubens) nicht mehr als eigenständige Verhaltensweise des Menschen angesehen. Augustin spitzt dabei die Auslegung von Röm 9 immer weiter zu: Die guten Werke werden der *iustificatio* (Gerechtmachung bzw. Rechtfertigung) nachgeordnet (*Simpl.* 1,2,3). Diese ist wiederum nur aufgrund der *vocatio* (Berufung) möglich, die als *»effectrix bonae voluntatis«* (»Bewirkerin des guten Willens«; *Simpl.* 1,2,13) vorgestellt werden muss.[78] Der Blick auf die Zwillinge Jakob und Esau stellt die Frage, wieso der eine berufen wird, sodass er glaubt, der andere jedoch nicht. Und hier scheiden bei genauerer Betrachtung jegliche *merita* (Verdienste) aus, als welche nicht nur die Werke oder naturhaften Unterschiede gelten, sondern auch die *merita fidei* (Verdienste des Glaubens), auch die künftigen, um die Gott als *praescius* (vorherwissend) weiß (*Simpl.* 1,2,4 f).[79] Gott macht sein Handeln nicht von dem künftigen Verhalten des Menschen abhängig; die Menschen sind vielmehr allesamt in einem sündhaften Zustand, der strafwürdig ist. *»Est autem peccatum hominis inordinatio atque perversitas, id est a praestantiore conditore aversio et ad condita inferiora conversio«* (»Die Sünde des Menschen ist Unordnung und Verkehrung, das heißt Abkehr vom Schöpfer, der höher ist, und Hinwendung zum Geschaffenen, das niedriger ist«; *Simpl.* 1,2,18). Dies entspricht der in *vera rel.* entwickelten Ontologie und wird unmittelbar um die antimanichäische Aussage ergänzt, dass gleichwohl jede *creatura* (jedes Geschöpf), also auch

[78] Vgl. DRECOLL, *Entstehung* 222–230.
[79] Vgl. RING, *Simplicianus* 268–270.

der Mensch, gut sei (ebd.). Die Bestrafung der Sünde gehört wie die Sünde zur Gesamtordnung (*Simpl.* 1,2,18: »*per eorum ordinatas poenas*« / »durch ihre [scil. der Sünder] der Ordnung entsprechenden Strafen«), sodass es sich bei der Menschheit um die *una ex Adam massa peccatorum et impiorum* (eine Masse der Sünder und Frevler aus Adam) handelt (*Simpl.* 1,2,19).[80] Die Menschen kommen als diese eine Masse »*de traduce peccati et de poena mortalitatis*« (»aus dem Sündentrieb und der Strafe der Sterblichkeit«; ebd.).[81] Aus dieser einen Masse werden

[80] Vgl. DRECOLL, *Entstehung* 236–240.

[81] Die Weitergabe des *peccatum originale* (der Ursprungssünde) bringt Augustin durch die Metapher der *tradux peccati* (Trieb der Sünde bzw. Fortpflanzung der Sünde) zum Ausdruck. Der Begriff *tradux* ist im Zusammenhang von Garten- und Weinbau gebräuchlich: Zwischen im Weinberg gepflanzten Bäumen oder Stöcken werden die beiden Hauptäste (bzw. Fruchtruten) der Weinstöcke »gezogen«, in der Regel an einer Schnur entlang. Derselbe Vorgang des Herüberziehens betrifft den »Ableger« bzw. »Absenker« (die *tradux* oder *propago*) im Zusammenhang der vegetativen Vermehrung bestimmter Rankenpflanzen: Ein junger Trieb wird in der Erde fixiert. Erst wenn er anwurzelt, wird er von der Mutterpflanze getrennt. Da Augustin nirgendwo auf diese Pflanzenmetaphorik anspielt, dürfte er den Begriff *tradux* ebenso wie das Verb *traducere* (herüberziehen, daher auch: jemanden vereinnahmen für sich/etwas, eine Sache aus einer anderen ableiten) verwenden, ohne die konkrete Pflanzmetaphorik vor Augen zu haben oder vorauszusetzen, vergleichbar der Verwendung des deutschen Begriffs »Fortpflanzung«, der ebenfalls auch allgemein im Sinne einer »Weitergabe«, »Fortsetzung« etc. benutzt werden kann. Das Wort *tradux*, eigentlich ein Nomen patientis, scheint bei Augustin die Funktion eines Abstraktums einzunehmen und bringt die Übertragung bzw. Weitergabe des *peccatum originale* zum Ausdruck. In diesem Sinne verwendet Augustin gelegentlich auch das verwandte Verb (*ab* bzw. *ex Adam traducere* bzw. *trahere* / von Adam her bzw. aus Adam hinüberziehen). Die *tradux peccati* stellt zugleich eine *tradux concupiscentiae* bzw. *mortalitatis* (Fortpflanzung der Begierde bzw. der

dann *voluntates* (Willen) erwählt.[82] »*Voluntas ipsa, nisi aliquid occurrerit, quod delectet atque invitet animum, moveri nullo modo potest. Hoc autem ut occurrat, non est in hominis potestate*« (»Aber der Wille selbst kann, wenn [ihm] nicht etwas begegnet, was die Seele erfreut und anzieht, überhaupt nicht bewogen werden. Dass dies [ihm]

Sterblichkeit) dar (*Simpl.* 1,1,10; 1,2,20; *en. Ps.* 103,4,6; u.v.a.). Der Begriff begegnet auch, in anderem Zusammenhang, als *tradux animae* bzw. *animarum* (Fortpflanzung der Seele bzw. der Seelen). Angesichts von Bibelstellen wie Röm 5,12 gesteht Augustin dem – nicht eindeutig biblisch bezeugten und für ihn deshalb fraglichen (vgl. *pecc. mer.* 3,18; *ep.* 143,8; *Gn. litt.* 10,17,31) – Konzept des Traduzianismus, dem gemäß die Seele im Zeugungsvorgang vom Vater über den Samen an das Kind übermittelt wird, eine gewisse Plausibilität zu (*Gn. litt.* 10,16,29). Sollte die menschliche Seele nicht *de* bzw. *ex traduce* (aus der Fortpflanzung) sein, so stelle sich die Frage, inwiefern ihr ebenso wie der *caro* (dem Fleisch) die *tradux peccati* zugeschrieben und somit Strafe auferlegt werden könne (*pecc. mer.* 3,5; 3,18; *ep.* 190,22). Für die Übertragung bzw. Weitergabe des *peccatum originale* verwendet Augustin prinzipiell auch den Ausdruck *propago peccati* (Fortpflanzung der Sünde), der ebenfalls ohne die Pflanzenmetaphorik auskommt. Der engeren semantischen Verbindung zur geschlechtlichen Fortpflanzung gerade auch des Menschen (vgl. das Verb *propagare* / sich fortpflanzen) ist es wohl geschuldet, dass Augustin die Junktur *propago peccati* vor allem im Zusammenhang der *concupiscentia carnis* (Begierde des Fleisches), also bei der Frage nach einem Zusammenhang von Übertragung des *peccatum originale* und Geschlechtsakt, verwendet (vgl. s. 246,5). Julian von Aeclanum verwendet polemisch die Wendungen *tradux manichaea* (manichäische Fortpflanzung; *c. Iul. imp.* 2,129; 3,37; 6,22; 6,36) bzw. *peccatum Manicheae traducis* (Sünde der manichäische Fortpflanzung; *c. Iul. imp.* 2,110) und spricht von der »*tradux peccati, Manicheorum filia, vestra mater*« (»der Fortpflanzung der Sünde, der Manichäer Tochter und eure Mutter«; *c. Iul. imp.* 3,29); vgl. auch *c. Iul. imp.* 2,164; 2,207; 3,36; 4,5; 6,27.

[82] Zu den Einzelproblemen des *electio*-Begriffs (des Begriffs der »Wahl«) in *Simpl.* vgl. Ring, *Electio* 50–54; vgl. auch Ring, *Simplicianus* 266–268.

aber begegnet, liegt nicht in der Macht des Menschen«; *Simpl.* 1,2,22), sodass jegliches Rühmen ausgeschlossen ist (*Simpl.* 1,2,2.21). Durch diese Modifikation hat Augustin die Grundlage seiner Gnadenlehre gefunden, die aus der in *lib. arb.* und *vera rel.* entwickelten antimanichäischen Ontologie und Sündenlehre die Konsequenzen zieht.[83] Das Ergebnis ist dabei insbesondere für die Anthropologie relevant, und zwar deshalb, weil Augustin deutlich wird, dass der Mensch in seinem Wollen faktisch immer schon von dem abhängig ist, was auf ihn einströmt. Aus dem antimanichäischen Axiom, dass alles Gute, insofern es gut ist, von Gott stammt, wird gefolgert, dass in letzter Konsequenz auch das der Ordnung entsprechende, gute Wollen des Glaubens nur als ein Sich-Durchsetzen Gottes verstehbar ist.

6. Die Entwicklung der antimanichäischen Schrifthermeneutik

Augustins Werk *util. cred.*, entstanden als erste Schrift nach seiner Ordination zum Presbyter, hat die angemessene Methode der Schriftinterpretation einerseits und der Wahrheitsaneignung andererseits zum Inhalt.[84] Augustin will der Polemik des Adressaten, Honoratus, der *catholica* ermangele es an *ratio* (vernunftgemäßer Begründung), und sie fordere bloßen Glauben, den Boden entziehen. Augustins Ausführung zur Schriftinterpretation lässt sich in zwei Beweisgänge untergliedern, deren erster vier exegetische Methoden vorstellt (*util. cred.* 5–9), deren zweiter sich die Mittel der antiken Rhetorik zu-

[83] Vgl. Löhr, *Sündenlehre* 501 f.
[84] Vgl. Mara, *Storia* 100–102.

nutze macht (*util. cred.* 10–12). Zunächst definiert Augustin die vier Methoden der Bibelexegese: *secundum historiam* (gemäß der Historie), *secundum aetiologiam* (gemäß der Ätiologie), *secundum analogiam* (gemäß der Analogie) und *secundum allegoriam* (gemäß der Allegorie; *util. cred.* 5.9), um sie dann auf Christus selbst und die Apostel zurückzuführen (*util. cred.* 6–9). Diese Theorie dürfte Augustin aus heute unbekannten griechischsprachigen Quellen übernommen haben.[85] Mit der Auslegung *secundum historiam* versucht Augustin, der manichäischen Bestreitung des Alten Testaments eine verlässliche Deutung gegenüberzustellen. Wo er anmerkt, dass Einzelnes im Alten Testament »sich nicht ereignet hat, sondern nur so beschrieben ist, als hätte es sich ereignet« (*»non gestum, sed tantummodo scriptum, quasi gestum sit«*; *util. cred.* 5), wird ein antimanichäisches Element deutlich, da die manichäische Kritik am Alten Testament vom wörtlichen Sinn desselben ausgeht. Bei der Auslegung *secundum aetiologiam* ist u.a. das augustinische Argument der *temporum vices* (des Wandels der Zeiten) angedeutet, wonach einzelne alttestamentliche *mores et praecepta* (Sitten und Gebote; Secundinus, *Epistula* 3) zeitbedingt sind (*conf.* 3,13 f; *doctr. chr.* 3,15–32; *b. coniug.* 33). Die Auslegung *secundum analogiam* ist diejenige, *»qua utriusque testamenti congruentia perspicitur«* (»mit der die Übereinstimmung zwischen den beiden Testamenten erkannt wird«; *util. cred.* 7). Die allegorische Auslegung wiederum wird angewendet, *»cum docetur non ad litteram esse accipienda quaedam, quae*

---

[85] Vgl. HOFFMANN, *De utilitate credendi* 139–143; PÉPIN/HOHEISEL, *Hermeneutik* 767; SCHÄUBLIN, *De utilitate credendi* 54 f; WEBER, *De Genesi liber imperfectus* 128 f.

scripta sunt, sed figurate intellegenda« (»wenn gelehrt wird, dass etwas, das geschrieben ist, nicht im Literalsinn begriffen werden darf, sondern im übertragenen Sinn verstanden werden muss«; *util. cred.* 5). Sie muss gegenüber den Manichäern besonders einsichtig gemacht werden; Augustin beruft sich auf Mt 12,39f; 1. Kor 10,1–11 und Gal 4,22–26, wo sich die Stichworte *signum* (Zeichen), *figura* (Bild) und *allegoria* (Allegorie) finden. Am Ende des ersten Beweisgangs schafft Augustin einen Übergang zur Thematik der generellen Ablehnung des Alten Testaments. Entgegen der manichäischen Inanspruchnahme von Gal 4,22–26 und Gal 5,4 (vgl. *c. Faust.* 8,1) bezieht er die dortigen Aussagen auf die Juden, die *sub lege* (unter dem Gesetz) seien, nicht auf die *lex* (das Gesetz) insgesamt. Für Christen seien Gebote wie die Sabbat-, Beschneidungs- und Opfervorschriften nicht bindend, enthielten jedoch große *mysteria* (Geheimnisse) und *figurarum secreta* (geheimnissvolle Bildworte), deren geistiger Sinn aufgedeckt werden müsse (*spiritu revelari*; *util. cred.* 9). In diesem Sinne deutet Augustin 2. Kor 3,6 (vgl. *conf.* 6,6 zu Ambrosius' Gebrauch derselben Bibelstelle). Die *obscura* (die dunklen bzw. unverständlichen Stellen) des Alten Testaments würden *»per Christum«* (»durch Christus«) aufgedeckt und erwiesen sich dabei als *utilia* (nützlich; *util. cred.* 9).

Im zweiten Beweisgang (*util. cred.* 10–12) hinterfragt Augustin die katholische Exegese des Alten Testaments auf denkbare *errores* (Irrtümer) hin, und zwar in dreierlei Hinsicht: a) Ist die katholische Interpretation fehlerhaft? Das würde aber noch nichts für das Alte Testament selbst heißen. Zudem dürfen die Manichäer einen solchen Vorwurf, da sie selbst das Alte Testament nicht kennen und anerkennen, gar nicht erheben. b) Ist der Text in seinem einfachen Sinne schlichtweg fehlerhaft? Ein solcher Vorwurf träfe die Auslegung der Katholiken nicht, da sie die Aussagen immer auf den Glauben beziehen und sie anders verstehen, als die Manichäer es voraussetzen, womit Augustin insbesondere die allegorische Auslegungsmethode im Blick hat. c) Erkennen die Katholiken am intendierten Sinn des Alten Testaments vorbei das Richtige? Dies zu behaupten hieße, lebende Gegner freizusprechen und Verstorbene (d.h. die Autoren des Alten Testaments) anzuklagen. Außerdem ist der Text dann immerhin *utilis* (nützlich), also keineswegs verwerflich (*util. cred.* 12). Neben den genannten Entkräftungen möglicher Vorwürfe kritisiert Augustin auch die Voraussetzungen manichäischer Polemik: Diese beziehe sich auf Vorstellungen der katholischen *imperiti* (Laien bzw. Ungebildeten), vor denen doch die im Alten Testament enthaltenen *mysteria* (Geheimnisse) kaum verteidigt werden könnten (*util. cred.* 2.4). Außerdem müsse man sich einer Schrift in *benevolentia* (Wohlwollen) nähern und sie sich von ihrem Anhänger, nicht ihrem Gegner erklären lassen; die Manichäer aber zögen in ihrer *temeritas* (ihrem unüberlegten Urteilen) und ihrer *tarditas* (Trägheit) keine dem Alten Testament wohlgesonnenen Lehrer zurate, was ihnen den Zugang zu den Texten versperre (*util. cred.* 13.17).[86]

Mit dem zweiten von dem Adressaten erhobenen Vorwurf, katholische Lehraussagen müssten geglaubt wer-

---

[86] Mit dem Hinweis, eine für die *imperiti* abstoßende Textstelle könne aus didaktischen Gründen eingebracht worden sein, sodass der Leser zur Erkundung der *secreta significatio* (verborgenen Bedeutung) angespornt wird (*util. cred.* 17), schließt Augustin sich an eine geläufige Theorie der antiken Philologie an; vgl. HOFFMANN, *De utilitate credendi* 232–235.

den, noch bevor sie rational nachvollzogen werden können, setzt Augustin sich in *util. cred.* 14–35 auseinander. Ein Zusammenhang mit der Schrifthermeneutik liegt darin vor, dass die Manichäer *»sine ratione cuiquam credere«* (»ohne Vernunftbeweis jemandem zu glauben«; *util. cred.* 31) insbesondere dort ablehnen, wo sie die Authentizität bzw. Integrität der neutestamentlichen Schriften in Frage stellen (vgl. S. 49–52).[87] In *util. cred.* stellt Augustin – mit rationalen Argumenten – den Glaubensakt als Methode der Wahrheitsaneignung dar. Neben der zeitlichen Priorität des Für-wahr-haltens einer Lehraussage vor deren rationaler Durchdringung (*util. cred.* 22–32; vgl. *mor.* 1,3) ist eine weitere Feststellung dezidiert antimanichäisch: In der Wahrheitssuche müsse man sich an eine Autorität anschließen, die neben Christus selbst auch durch die *successio* (Gefolgschaft) der Apostel und die *catholica ecclesia* (katholische Kirche) verkörpert werde. Diese leiteten den Erkenntnisprozess der *imperiti* (Laien bzw. Ungebildeten) an und legitimierten ihre eigene *auctoritas* (Autorität) durch Wundertaten einerseits und die Menge ihrer Anhänger andererseits; auch den »Altersbeweis« macht Augustin geltend (*util. cred.* 33–35). Demgegenüber seien die Manichäer *»tam pauci et tam turbulenti et tam novi«* (»so wenige und [scil. bezüglich ihrer Ansichten] so verworren und [scil. als religiöse Erscheinung] so neuartig«; *util. cred.* 31), könnten also nicht in gleicher Weise Autorität beanspruchen.

---

[87] Vgl. HOFFMANN, *Erst einsehen* 92–98.

7. Die Disputationen

Im literarischen Werk Augustins sind zwei Disputationen[88] mit Manichäern bezeugt, deren Charakter sich grundlegend unterscheidet. Bei der Debatte mit Fortunatus handelt es sich um eine im Ergebnis offene, öffentliche Disputation zwischen zwei gleichberechtigten Partnern. Die Disputation mit Felix dient hingegen nur dazu, den häretischen Charakter des Manichäismus öffentlich zu demonstrieren, und so endet sie denn auch mit der erzwungenen Abschwörung durch den manichäischen Angeklagten.

a) Die Debatte gegen Fortunatus

Am 28. und 29. August 392[89] lässt sich Augustin, selbst Presbyter (*retr.* 1,16,1), auf eine öffentliche *disputatio* (Debatte) mit dem ortsansässigen manichäischen Presbyter Fortunatus ein. Gemäß der – hier eigenständigen, aber nur bedingt verlässlichen – Darstellung des Biographen Augustins, Possidius, hat sich zuvor Folgendes zugetragen: *»Hipponenses cives vel peregrini Christiani, tam catholici quam etiam Donatistae«* (»Christen, sowohl Bürger aus Hippo als auch Fremde, Katholiken ebenso wie auch Donatisten«) bitten Augustin darum,

---

[88] Vgl. zum Begriff vgl. FUHRER, *Disputatio* 507.

[89] Vgl. *c. Fort. praefatio*: *»Quinto Kalendas Septembris Arcadio Augusto bis et Rufino ... consulibus«* (»Vier Tage vor den Kalenden des September [= am 28.8.], unter dem zweiten Konsulat des Arcadius Augustus und dem des Rufinus«; ebenso *retr.* 1,16,2). Zycha ergänzte in CSEL 25/1, 83,3 (vgl. auch ders., *Praefatio* XVIII) mit Blick auf *c. Fort.* 19 (*»postera die«* / »am folgenden Tag«) das – handschriftlich nicht belegte – Datum eines zweiten Debattentages, irrtümlicherweise aber dasjenige des Vortages (*»sexto et«* = 27. August).

mit Fortunatus *»de lege«* (»über das Gesetz«)[90] zu disputieren (Possidius, *Vita Augustini* 6,2). Auf Augustins Zustimmung hin tragen sie ihr Anliegen auch dem Kontrahenten vor, der auf Drängen seiner Glaubensgenossen, aber offensichtlich ohne äußeren Zwang einwilligt.[91] Die Debatte ist ein wirkliches *certamen* (ein Sich-Messen; Possidius, *Vita Augustini* 6,5): Sie findet an einem neutralen Ort, nämlich in öffentlichen Thermen (*»in balneis Sossii«* / »in den Bädern des Sossius«; *c. Fort.* 1) vor Interessierten statt (*c. Fort.* 1; Possidius, *Vita Augustini* 6,6), die Fortunatus durchaus für *doctus* (gelehrt bzw. klug) halten (Possidius, *Vita Augustini* 6,2.7).[92] Lediglich beim Abbruch der Debatte am ersten Tag lässt sich eine gegen

---

[90] Damit braucht nicht zwingendermaßen das alttestamentliche Gesetz im Blick zu sein. Vielleicht bezieht sich der Begriff hier (vergleichbar der Verwendung des Begriffs *disciplina* / Unterweisung) auf den Manichäismus einerseits, die *catholica fides* (den katholischen Glauben) andererseits – modern gesprochen: auf die Religion im umfassenden Sinne, bestehend aus Doktrin, Ethik und Ritus (vgl. ebendiese Verwendung der Begriffs durch Felix in *c. Fel.* 1,1.6.13.20; 2,1).

[91] Dass Fortunatus Augustin aus der gemeinsamen Zeit in Karthago kennt und ihn fürchtet (vgl. *Vita Augustini* 6,4), schließt Possidius möglicherweise schlichtweg aus Fortunatus' Aussage in *c. Fort.* 1 f.

[92] Vgl. Augustins Aussage in *c. Fort.* 37: *»... omnibus audientibus et recognoscentibus, quoniam fideles sunt, catholicam fidem, si permittunt et volunt, exponam«* (»... werde ich die katholische Glaubenslehre allen erläutern, wenn sie es zulassen und es wollen – allen Zuhörern [und allen?], die sich ihrer, weil sie gläubig sind, erinnern«). Unterscheidet man den Inhalt der beiden Partizipien, so könnten sich hinter den *audientes* (Hörenden) auch Manichäer verbergen. Wahrscheinlicher ist es aber, dass die *audientes* und die *recognoscentes* (Wiedererkennenden) miteinander identifiziert werden können, sodass Augustin die Zuhörer insgesamt als *fideles* (Gläubige) bezeichnet.

Fortunatus gerichtete Stimmung ausmachen: Die *gesta ecclesiastica* (Kirchenakten) berichten von *strepitus* (Lärm) seitens der *consedentes* (Beisitzenden),[93] einer allenthalben aufkommenden *sermocinatio* (einem Gerede) und der Entrüstung der Anwesenden (vgl. *»cum exhorruissent«* / »weil sie sich entsetzten«), was zur Vertagung der Debatte führte (*c. Fort.* 19).[94] Beide Kontrahenten können aber die Debatte dazu nutzen, für ihre eigene *fides* (Glaubensüberzeugung) zu werben, wobei freilich Augustins Redeanteil deutlich höher ist.

Fortunatus legt zunächst einiges Selbstbewusstsein an den Tag, wenn er beispielsweise über die manichäische *conversatio* (den Umgang), d.h. über den Lebenswandel der Manichäer und dessen Diffamierung, zu disputieren vorschlägt. Er setzt sich jedoch nicht durch, da Augustin auf dem anfangs von ihm genannten Diskussionsthema der *fides* (des Glaubens) beharrt. Bei dieser anfänglichen Aueinandersetzung kommt Augustin regelrecht in Bedrängnis; denn Fortunatus weist darauf hin, dass sein Gegenüber als ehemaliger Manichäer die falschen Gerüchte doch zerstreuen könne, sodass die Zuhörer *»ex tua doctrina et ex tua expositione et ostensione«* (»aus deiner Belehrung und aus deiner Darlegung und Schilderung«; *c. Fort.* 1) aufgeklärt würden. Augustin muss sich in die Entgegnung flüchten, er könne, da er lediglich *auditor* gewesen sei, jene Gerüchte nicht beurteilen (*c. Fort.* 3). Im Folgenden kreist die Debatte um die manichäische

---

[93] Vgl. Remme zu *consedeo*: *»inprimis de iis, qui iudicantes, regnantes sim. sedent«* (»vor allem von denen, die in einer richterlichen, herrschenden o.ä. Rolle sitzen«).

[94] Über die Schwierigkeiten, den Anlass des Tumults und eine darin liegende mögliche Absicht zu rekonstruieren, vgl. Rutzenhöfer, *Contra Fortunatum* 44.

gegenüber der katholischen *fides*: um die (un)verderbliche Substanz Gottes, den doketischen Jesus respektive den inkarnierten Sohn, das Verhältnis von Gott und *anima* (Seele), um Gott als den Schöpfer der *universa* (der gesamten Welt) respektive als den Schöpfer nur des Guten, das manichäisch-dualistische Verständnis des Gleichnisses von den zwei Bäumen, dazu um Sünde, Strafe und den freien Willen der *animae* (Seelen), die kontroverse Auslegung einzelner Bibelverse (Eph 2,1–18; Röm 1,1–4 versus Joh 3,6 und 1. Kor 15,50; Mt 16,2), schließlich um die *cupiditas* (Begierde) als Wurzel des Bösen, die Sünde Adams und die böse *consuetudo* (Gewohnheit).[95] Auf das Nebridiusargument, das die Debatte rahmt (*c. Fort.* 1.23–37) und auch zwischenzeitlich anklingt, weiß Fortunatus nicht zu antworten und kündigt an, seine *maiores* (Ältesten) befragen zu wollen und im Falle ihres Versagens auf Augustins Angebot einer *huius rei inquisitio* (Untersuchung dieser Sache) zurückzukommen (*c. Fort.* 37).[96]

Augustin betrachtet das Ergebnis der Debatte in der Rückschau als Teilerfolg, da Fortunatus nichts *»adversus nos«* (»gegen uns«) vorzubringen gewusst habe, und da er zwar nicht Katholik geworden sei, wohl aber die Stadt verlassen habe (*retr.* 1,16,1).[97] Nach dem Urteil des Possidius

---

[95] Van Oort, *Heeding and hiding* 116–119, befürwortet, dass Augustin bereits 392 auf die *Epistula fundamenti* zurückgegriffen hat.

[96] Vgl. Rutzenhöfer, *Contra Fortunatum* 66–70; Wurst, *Antimanichäische Werke* 312.

[97] Vgl. Erler, *Gesprächsstrategie* 298f. Die Interpretation von BeDuhn, *Debate with Fortunatus* 465, dass eigentlich Fortunatus überlegen und die Debatte mit Fortunatus der Auslöser für die Revision in der augustinischen Gnadenlehre gewesen sei (ebd. 475f), geht zu weit und verkennt die Unterschiede zwischen Augustins und Fortunatus' Paulusexegese.

kann Fortunatus weder die katholische *assertio* (Position) entkräften noch die der Manichäer beweisen, verliert aber, da er die *responsio ultima* (Antwort auf die letzte Frage) schuldig bleibt, an Popularität und verlässt in *confusio* (Verlegenheit oder Aufregung) die Stadt Hippo (Possidius, *Vita Augustini* 6,7). Entgegen diesen Deutungen ist allerdings vielmehr anzunehmen, dass Fortunatus den Gesetzen vom 17. Juni 389 und vom 19. Mai 391 entsprechend (*Cod. Theod.* 16,5,18.20) aus Hippo ausgewiesen wurde oder einer solchen Ausweisung zuvorkam.[98]

b) Die Debatte gegen Felix

Gegen Felix debattiert Augustin am 7. und 12. Dezember 404[99] in der katholischen Bischofskirche Hippos, der *ecclesia Pacis* (Friedenskirche; *c. Fel.* 2,1),[100] vor dem versammelten *populus* ([Kirchen?]volk).[101] Die Protokolle beider Debattentage wurden als *gesta ecclesiastica* (Kirchenakten; *retr.* 2,8)[102] aufbewahrt, auf welche Possidius

[98] Dass die Gesetze auch zum Zeitpunkt der Debatte bereits in Kraft waren, widerspricht dieser Annahme nicht; vielmehr ist zu vermuten, dass sie zunächst nicht flächendeckend oder nicht konsequent angewendet worden waren.

[99] Vgl. *c. Fel.* 1,1: *»Honorio Augusto sexies consule septimo idus Decembris«* / »Unter dem sechsten Konsulat des Honorius Augustus, sechs Tage vor den Iden des Dezember [= 7.12.]«; 2,1: *»Cum ventum esset ad diem praestitutum, id est ad pridie iduum Decembrium«* (»Als der zuvor bestimmte Tag gekommen war, nämlich der Tag vor den Iden des Dezember [= 12.12.]«); *retr.* 2,8: *»biduo«* (»an zwei Tagen«).

[100] Possidius, *Vita Augustini* 16,4: *»in Hipponensi ecclesia«* (»in der Kirche Hippos«); vgl. *c. Fel.* 1,20; 2,22; *retr.* 2,8.

[101] Vgl. *c. Fel.* 1,20; 2,22; *retr.* 2,8; Possidius, *Vita Augustini* 16,4 auch: *»publice«* (»öffentlich«).

[102] Vgl. LANCEL, *Gesta* 153f.

zurückgegriffen haben dürfte. Dem Umstand, dass dem ersten Debattentag ein Ereignis am Vortag vorausgegangen sein muss, trägt Possidius mit der unpräzisen Angabe *»post secundam vel tertiam collationem«* (»nach der zweiten oder dritten Verhandlung«) Rechnung (*Vita Augustini* 16,4). Einige Details gibt Augustin in *c. Fel.* – die Schrift ist größtenteils mit der *gesta ecclesiastica* identisch – preis: Felix habe tags zuvor dem zuständigen *curator* (Verwalter) ein *libellum* (eine Bittschrift) übergeben und ausgerufen, er sei bereit, sich mit seinen Büchern verbrennen zu lassen, falls in ihnen *aliquid mali* (etwas Schlimmes) gefunden werden sollte (*c. Fel.* 1,12). Felix hat also gegen die vorausgegangene Beschlagnahmung der manichäischen *codices* und gegen ihre drohende Verbrennung schriftlich und mündlich protestiert.[103] Felix habe, so Augustin zu Beginn der Debatte, am Vortag gesagt, die Wahrheit der Schriften Manis verteidigen zu können, was Felix dahingehend korrigiert, er habe gesagt, *»legem meam«* (»mein Gesetz«) zu verteidigen, *»si*

---

[103] Das Edikt Diokletians aus dem Jahr 302 (vgl. oben S. 9) verfügte, dass die manichäischen Anführer mit ihren Büchern vebrannt werden sollten. Dazu passt Augustins Entgegnung auf die Erwähnung der *leges imperatoris* durch Felix (*c. Fel.* 1,12): *»... si imperatores timuisses, ante tacuisses. Nunc vero, cum hesterno die libellum curatori dederis et publice clamitaveris cum codicibus tuis te paratum esse incendi, si quid mali in ipsis fuerit inventum, unde heri leges flagitabas quasi fortis, hodie veritatem fugis ut timidus?«* (»... wenn du dich vor den Imperatoren gefürchtet hättest, hättest du vorher geschwiegen. Nun aber, wo du gestern dem Verwalter eine Bittschrift [bzw. einen Beschwerdebrief] übergeben und in aller Öffentlichkeit laut gerufen hast, du seiest bereit, gemeinsam mit deinen Büchern angezündet zu werden, falls etwas Schlimmes in ihnen gefunden würde: Warum hast du gestern selbstbewusst die [Anwendung der] Gesetze gefordert und fliehst heute kleinlaut vor der Wahrheit?«).

proferantur auctores legis meae in medio« (»falls man die Zeugen [d.h. die autoritativen Schriftstücke] meines Gesetzes an die Öffentlichkeit bringt«; *c. Fel.* 1,1). Für den – anzunehmenden – Fall, dass in *ep.* 79 Felix angesprochen ist,[104] lassen sich die Geschehnisse vor der Debatte noch präziser beschreiben: In seinem Brief erwähnt Augustin sowohl eine Unterredung katholischer *fratres* (Brüder) mit Felix, deren Inhalt diese ihm angezeigt hätten,[105] als auch ein Schriftstück des Felix (vgl. *»scripsisti«* / »du hast geschrieben«), vermutlich das in *c. Fel.* 1,12 erwähnte *libellum.*[106] Felix habe in diesem Schriftstück behauptet, dass den Manichäern die Aufmerksamkeit, die sie durch die Repressionen auf sich zögen, zugute komme.[107] Er habe außerdem bekundet, den Tod[108] oder einen

---

[104] Vgl. ausführlich DECRET, *Aspects* 74f; SFAMENI GASPARRO, *Felix* 520–522.

[105] *»Quid tecum locuti fuerint fratres, indicaverunt mihi bene«* (»Was die Brüder mit dir geredet haben, haben sie mir genau berichtet«; *ep.* 79). Ob Augustin selbst dem Manichäer vor der Debatte begegnet ist, ist an Augustins Formulierungen in *c. Fel.* 1,1.12 nicht erkennbar.

[106] Bei dieser Annahme ergäbe sich eine Chronologie sehr gedrängter Ereignisse: Augustin reagiert unverzüglich auf das Gesuch des Felix und verfasst einen Brief, der Felix zu einer öffentlichen Debatte auffordert (*ep.* 79); diese findet einen Tag nach der Übergabe des *libellum* statt. Die Annahme, das in *ep.* 79 erwähnte Schriftstück des Felix und der Bericht der *fratres* einerseits und das *libellum* und der Ausruf des Felix (*c. Fel.* 1,12) andererseits bezögen sich auf dieselben Geschehnisse, ist nicht zwingend, aber durchaus gut möglich.

[107] Vgl. *ep.* 79: *»Noli autem extolli animo, sicut scripsisti, quia vos magnos facimus eo, quod impedire volumus venena vestra, ne …«* (»Werde nicht überheblich, weil wir, wie du geschrieben hast, euch groß machen dadurch, dass wir eurem Gift wehren wollen, damit nicht …«).

[108] Dass Augustin diese Information dem Bericht der *fratres* ent-

Menschen nicht zu fürchten. Nach einer förmlichen Drohung: »*Denuntio tibi in nomine Christi* ...« (»Im Namen Christi fordere ich dich auf ...«) fordert Augustin am Ende seines Briefes den manichäischen Adressaten auf, die Frage zu beantworten, an der sein *praecessor* (Vorgänger) Fortunatus[109] gescheitert sei – gemeint ist die Nebridiusfrage – oder aber die Stadt zu verlassen.[110] Gemäß dem Wortlaut des Briefes steht Felix wohlgemerkt nicht vor der Wahl, sich einer Debatte zu stellen oder aber Hippo zu verlassen, sondern vor der »Wahl«, die Stadt zu verlassen oder aber die Nebridiusfrage auf eine befriedigende Weise parieren zu können.

Die Nebridiusfrage, auf der Augustin in *ep.* 79 ja bereits bestanden hat, nimmt denn auch weite Strecken der Disputation mit Felix ein; fernerhin werden die Autorität der Schriften Manis, das Apostolat desselben, die für den Parakleten verheißene Offenbarung, die beiden Naturen und die Frage von Sünde, Gericht und freiem Willen thematisiert. Felix' Beiträge zeichnen sich nach Empfinden Augustins durch zahlreiche Winkelzüge (*tergiversatio*; *c. Fel.* 1,17; 2,1; *ep.* 79) und eine gewisse Wendigkeit aus (*retr.* 2,8: »*versutior Fortunato*« / »gewandter als Fortu-

---

nommen hat, ist zwar nicht eindeutig feststellbar, aber angesichts der Plazierung seiner Aussage innerhalb von *ep.* 79 (auch angesichts des in *c. Fel.* 1,12 erwähnten Ausrufs des Felix, wonach dieser den Flammentod nicht fürchtet) wahrscheinlich.

[109] Aus dieser Erwähnung des Fortunatus und aus Augustins Hinweis in *retr.* 2,8 (»*Hipponem quippe venerat*« / »Er war nämlich nach Hippo gekommen«) lässt sich möglicherweise folgern, dass Felix seit nicht allzu langer Zeit in Hippo wirkt.

[110] *Ep.* 79: »*Si paratus es, solve quaestionem ... si autem ad hoc non es paratus, discede hinc* ...« (»Wenn du dazu bereit bist, dann finde eine Antwort auf die Frage ... wenn du dazu aber nicht bereit bist, dann verschwinde von hier ...«).

natus«). Während der Debatte weist er selbst auf den *gradus episcopalis* (bischöflichen Rang) seines Gegenübers und die *leges imperatoris* (kaiserlichen Gesetze) hin, gegen die er nichts ausrichten könne (*c. Fel.* 1,12). Dass die Debatte nicht ergebnisoffen war, lässt sich an vielen Details erkennen: Die manichäischen Schriften aus dem Besitz des Felix sind konfisziert worden (*c. Fel.* 2,1: *»sub sigillo publico custodiuntur«* / »sie werden unter dem Amtssiegel bewacht«). Trotz mehrfacher Bitte wird Felix nur einer der *quinque auctores* (fünf Zeugen, d.h. autoritativen Schriftstücke),[111] die *Epistula fundamenti*, vorgelegt (*c. Fel.* 1,14; 2,1). Die Debatte findet in der Bischofskirche statt, und unter den Zuhörern befinden sich keine Manichäer, die Felix als *arbitri* (Zeugen bzw. Schiedsmänner) dienen könnten (*c. Fel.* 1,15). Felix muss sich eine Vertagung der Debatte mühsam ausbedingen, und er wird für die Zwischenzeit einem der *fratres* (Brüder) zur Bewachung anvertraut (*c. Fel.* 1,20). Augustin wiederum kann ihm umstandslos mit dem Anathem drohen (*c. Fel.* 2,21).

Besonders deutlich wird Felix' ausweglose Situation im Zusammenhang der Abschwörung (*c. Fel.* 2,22). Im Debattenprotokoll folgt auf eine unmissverständliche Drohung Augustins folgender Satz: *»Post haec cum multis verbis inter se agerent, Felix dixit: ...«* (»Danach, als sie wortreich miteinander verhandelten, sagte Felix ...«). Felix wird mit den Worten zitiert: *»Dic iam, quid vis faciam«* (»So sag schon: Was willst du, soll ich machen?«). Da der Manichäer noch unmittelbar vor der Androhung des Anathems seine Überzeugung unbeirrt kundgetan hat und da die *multa verba* (vielen Worte) möglicherwei-

[111] Vgl. Sfameni Gasparro, *Felix* 528f.

se in verschärften Drohungen bestanden haben, ist deutlich, dass Felix nur einlenkte, weil der äußere Druck der Situation sehr stark war. Er unterzeichnete die ihm vorgelegte Abschwörungsformel nur unter ganz bestimmten Bedingungen und äußerte zudem einen inneren Vorbehalt (allein Gott könne sehen, *»si ex animo facio«* / »ob ich aus Überzeugung handle«). Insofern kann von einer freiwilligen und überzeugten Handlung und mithin von einer argumentativen Niederlage des Felix nicht die Rede sein.[112] Auch auf eine *conversio* (Bekehrung bzw. Konversion) des Felix zur *catholica* kann aus den *gesta ecclesiastica* (Kirchenakten) nicht geschlossen werden,[113] zumal Augustin selbst im Rückblick (*retr.* 2,8) eine solche nicht erwähnt.

In den zwischen beiden Debatten (gegen Fortunatus respektive Felix) liegenden Jahren hat sich die rechtliche Situation für die Manichäer signifikant verschlechtert. Die Disputation mit Felix steht vor dem Hintergrund verschärfter Repressionen, wie sie die antimanichäische Gesetzgebung am 17. Mai 399 (*Cod. Theod.* 16,5,35) fordert: *»Adducantur in publicum ac detestati criminosi congrua et severissima emendatione resecentur«* (»Sie sollen

---

[112] SFAMENI GASPARRO, *Felix* 543f, versucht, den Schluss als Beendigung der ergebnislosen Debatte zu deuten, doch ohne Bezug auf den rechtlichen Charakter des Gesprächs.

[113] Da Possidius wohl keine anderen Informationsquellen als die *gesta ecclesiastica* zur Verfügung standen, ist seine Auskunft: *»Ad nostram conversus est fidem atque ecclesiam«* (»Er bekehrte sich zu unserem Glauben und zur Kirche«; ders., *Vita Augustini* 16,4) zu vernachlässigen. Erst im Jahr 407 sichert ein Gesetz reuigen Häretikern eine vollständige Amnestie zu, sobald sie »den katholischen Glauben und Ritus ... in einem einfachen Bekenntnis angenommen haben« (*»catholicam fidem et ritum ... simplici confessione susceperint«*; *Codex Theodosianus* 16,5,41).

zu einem öffentlichen Prozess abgeführt und als verwünschenswerte Verbrecher mittels entsprechender strengster Strafe zurechtgewiesen werden«).[114]

Augustin selbst dürfte neben den beiden bekannten keine weiteren Debatten gegen einen einzelnen Manichäer geführt haben, was auch die Gegenüberstellung von Fortunatus und Felix in *retr.* 2,8 (vgl. *ep.* 79) suggeriert. *Gesta episcopalia* (bischöfliche Akten), die sich mit Manichäern beschäftigen, sind allerdings auch in *haer.* 46,9 erwähnt (vgl. dazu unten S. 171).[115]

8. *Augustins Vorwürfe gegen den Manichäismus in den literarischen Werken*

a) *Der Vorwurf der Zwei-Götter-Lehre*

Augustin hält den Manichäern vor, sie lehrten die Existenz zweier Götter, eines guten und eines bösen (*mor.* 1,16; *c. Faust.* 21,16; vgl. *civ.* 5,21). Den *deus bonus* (guten Gott) solle man nach Ansicht der Manichäer lieben und verehren, einen zweiten Gott, den *»auctorem et fabricatorem deum«* (»den Urheber und Erbauer«), identifiziert mit dem Schöpfergott des Alten Testaments, hingegen nicht (*mor.* 1,16). Auch ein *capitulum* (Hauptpunkt) des Faustus (*c. Faust.* 21,1) geht auf den Vorwurf einer Zwei-

[114] Für die die *religio* (Gottesverehrung) betreffende Jurisdiktion sind die (scil. katholischen) Bischöfe zuständig; vgl. das Gesetz vom 20. August 399 (*Cod. Theod.* 16,11,1); ebenso wie das oben genannte Gesetz ist es speziell mit Blick auf Nordafrika verfasst worden. Vgl. auch etwa Hydatius, *Chronik* 130.138.

[115] Dass es sich bei jenen Manichäern um *electi* (Auserwählte) handelte und dass Augustin sich unter den sie verhörenden Bischöfen befand, scheint Possidius irrtümlicherweise aus *haer.* 46,9 zu schließen (vgl. ders., *Vita Augustini* 16,1 f).

Götter-Lehre ein – Faustus weist ihn zurück (vgl. oben S. 33) –, was zeigt, dass der Vorwurf nicht erst bzw. nicht nur von Augustin erhoben wurde. Gemäß Augustin sind die Manichäer *alienati ab arbitrio et iudicio dei veri* (dem Willen und Urteil des wahren Gottes entfremdet) und haben einen zweiten Gott zur Hand, den sie für ihre ungerechten Taten, aber auch für die ihnen zufallende Strafe verantwortlich machen. Es gehe nicht um die bloße Bezeichnung »Gott« *(deus)*, sondern um das Werk *(opus)*; neben dem *iudicium* (Gericht) werde im Manichäismus noch ein weiteres Werk des *deus verus* (wahren Gottes) der *hyle* (Materie) zugeschrieben: die Schöpfung nämlich. Wenn das Gegenprinzip ein *opifex corporum* (Bildner der Körper; *c. Faust.* 21,4) sei, handle es sich eben um einen zweiten Gott (*c. Faust.* 21,3), *»quolibet eum nomine vocitetis«* (»egal, bei welchem Namen ihr ihn nennt«; *c. Faust.* 21,4; vgl. *nat. b.* 18). Auch die Tatsache, dass es im Finsternisreich viele *bona* (Güter) gibt, lasse die Menschen erwarten, dass der *princeps tenebrarum* (Fürst der Finsternis) als zweiter Gott bezeichnet werde, *»quem vident plane aperteque describi«* (»den sie deutlich und klar beschrieben sehen«; *c. Faust.* 21,14; vgl. *nat. b.* 18). Augustin ergänzt diesen Vorwurf in *nat. b.* dahingehend, dass die Manichäer in ihrer mythologischen Erzählstruktur nicht nur der schlechten Natur gute Dinge wie *vita* (Leben), *potentia* (Macht) und *salus* (Wohlbefinden), sondern auch der guten Natur schlechte Dinge wie *mors* (Tod), *aegritudo* (Leiden) und *oblivio* (Vergessen) zuschreiben; nicht einmal der Prinzipiengegensatz werde konsequent umgesetzt (*nat. b.* 41). Augustins Argumentation insgesamt lässt deutlich erkennen, dass er die Manichäer nicht auf ihre eigene Begrifflichkeit festlegen kann, sondern den Vorwurf einer Zwei-Götter-Lehre als sachliche Konsequenz ihrer Prinzipienlehre ansieht. Dass Augustin sehr wohl um den manichäischen Gebrauch des Wortes *deus* weiß, zeigt eine Stelle wie *nat. b.* 41: *»duas naturas, unam bonam, quam dicunt deum, alteram malam, quam non fecerit deus«* (»zwei Naturen, eine gute, die sie Gott nennen, und eine böse, die Gott nicht gemacht habe«).[116]

b) Der Vorwurf des Materialismus

Nach Ansicht Augustins vermögen die Manichäer es nicht, eine *natura incorporea et spiritalis* (unkörperliche und geistige Natur) zu denken; ja nicht einmal ihre *cogitatio* (ihr Denken) stelle für sie ein geistiges Geschehen dar (*c. ep. Man.* 20,22). Ihre *carnalis cogitatio* (ihr fleischliches Denken) beruhe auf der sinnlichen Wahrnehmung beispielsweise der Augen, der Nase und des Gaumens bezüglich der in den Dingen eingeschlossenen Lichtsubstanz (*mor.* 2,43f). Sie schließe auf deren Anwesenheit etwa aufgrund der Helligkeit, aber auch der Hitze der Sonne, und orientiere sich an körperhaften Formen, selbst wenn ihr Gegenstand das *spiritale atque intelligibile bonum* (geistige und intelligible Gut) ist (vgl. z.B. *c. Faust.* 5,11; 20,7f). Die Manichäer könnten die *veritas* (Wahrheit) nicht *»mente«* (»mit dem Geist«) schauen, denn sie seien von ihren *sensus corporei* (körperlichen Sinnen) abhängig (*vera rel.* 30). Anstelle der *lux sapientiae* (des Lichts der Weisheit), *»quae ad mentem pertinet«*

---

[116] Eine Zwei-Götter-Lehre schreibt Augustin auch Kerdon, Markion und Apelles zu (vgl. *c. adv. leg.* 2,40; *haer.* 21.23), dazu – in polemischer Zuspitzung – auch den *Arriani* (vgl. *c. serm. Arrian.* 1,1: *»unum verum, alterum non verum«* / »einen wahren und einen nicht wahren«).

(»das sich auf den Geist bezieht«), anstelle des *lumen verum* (wahren Lichts; Joh 1,9), verehrten sie die *»lux, quae ad oculos pertinet«* (das »Licht, das sich auf die Augen bezieht«; *vera rel.* 39.73) als eine *portio* (einen Teil) Gottes (*c. Sec.* 16).[117] Die *divina substantia* (göttliche Substanz) selbst stelle man sich *velut informis moles* (als eine gleichsam ungeformte Masse) vor (*c. ep. Man.* 43,49; vgl. *conf.* 3,12). Augustin betont, dass eine Seele, die sich hauptsächlich an ihren *carnales sensus* (fleischlichen Sinneseindrücken) geweidet habe, diese *vana phantasmata* (leeren Trugbilder) nur unter großen Mühen zu überwinden vermöge (*c. ep. Man.* 36,41; *vera rel.* 16); denn auch nach seiner Abkehr vom Manichäismus habe er selbst *aliquid substantiae* (etwas, das Substanz ist) zunächst nicht anders denn als *corporeum aliquid* (etwas Körperliches) denken können (*conf.* 7,1; *beata v.* 4). Auffälligerweise wirft Augustin seinen Gegnern in den Disputationen jene *carnalis cogitatio* nicht vor. Es scheint sich um eine überspitzende Polemik zu handeln. Eine Differenzierung wie die von Faustus vorgenommene Unterscheidung zwischen der *lux inaccessibilis* (dem unzugänglichen Licht) und der *lux secunda ac visibilis* (dem nachgeordneten und sichtbaren Licht; *c. Faust.* 20,2) wird von Augustin bewusst ignoriert. Eine Ausnahme bildet die Bemerkung in *c. ep. Man.* 21,22, wo Augustin den Manichäern plötzlich die Aussage zuschreibt, allein die *terra tenebrarum* (das Land der Finsternis) sei *corporea* (körperlich), die *terra luminis* (das Land des Lichts) aber *incorporea et spiritalis* (unkörperlich und geistig).

---

[117] Stellenangaben bei DECRET, *Afrique* I, 308–311. Das sichtbare Licht, so Augustin polemisch in *c. Faust.* 19,22, liebten die Manichäer *»cum muscis«* (»gemeinsam mit den Mücken«).

c) Der Vorwurf der Zwei-Seelen-Lehre

Noch in *haer.* führt Augustin aus, die Manichäer lehrten die Existenz zweier *animae* bzw. *mentes* (Seelen) im Menschen, deren *conflictus* (Kampf) sich innerhalb eines Menschen abspiele (*haer.* 46,19). Entwickelt hat Augustin diesen Vorwurf erstmals in *vera rel.* 16, ausführlich dargelegt in seinem Werk *duab. an.* Die geradezu stereotype Rede von *duo genera animarum* (zwei Arten von Seelen), deren eines *inferius* (unterlegen bzw. nachgeordnet) ist (*duab. an.* 20), später ersetzt durch die Rede von *duae contrariae mentes* (zwei entgegengesetzten bzw. verfeindeten Seelen; *conf.* 8,22–24), bringt eine kategoriale Unterscheidung zum Ausdruck. In Augustins polemischer Verzeichnung identifizieren die Manichäer die *bona anima* (gute Seele) mit einer *pars dei* (einem Teil Gottes), die ihrerseits Teil der einst ausgesandten *pars dei* sei, und assoziieren die *mala anima* (böse Seele) mit der *caro* (dem Fleisch) bzw. der *gens tenebrarum* (dem Finsternisvolk), sodass die eine Seele für alle *bona* (alles Gute) des jeweiligen Menschen, die andere für alle *mala* (alles Böse) desselben verantwortlich sei (*retr.* 1,15,1).[118] Allerdings fällt auf, dass Augustin den Vorwurf der *duae animae* (zwei Seelen) ausschließlich in seinen Schriften, nicht während der Disputationen, einbringt, obwohl auch dort oft genug die Willensfreiheit thematisiert wird. Es ist davon auszugehen, dass die Manichäer selbst die Vorstellung zweier Seelen im Menschen nicht in der von Augustin vorgeführten Weise vertreten haben.[119] Diese Polemik hat nur insofern einen Anhalt an manichäischen

[118] Vgl. GIUFFRÈ SCIBONA, *Doctrine of the soul* 383–391.

[119] Formulierungen wie *»ut eorum verbis loquar«* (»um in ihren eigenen Worten zu sprechen«; *duab. an.* 22) oder *»quod solent dice-*

Vorstellungen, als die Manichäer die Sünde dergestalt beschreiben, dass die *natura mali* (Natur des Bösen) im Menschen die Oberhand gewinne (*cont.* 14: *praevalere*). Auch die Eigendynamik der *caro* bzw. die *concupiscentia* (Begierde) können als sehr aktiv beschrieben werden (vgl. oben S. 65). Aber der *anima bona*, die gemäß Fortunatus im (menschlichen) Körper leidet (*c. Fort.* 1.21), ist wohl nicht eine zweite Seele, sondern das sie umfangende und bedrängende *corpus* (der Körper) respektive die *caro* (das Fleisch) entgegenzusetzen.[120] Aus der Eigendynamik der *caro*, aus der Vorstellung, dass diese Eigendynamik auf den *princeps tenebrarum* (Finsternisfürsten) zurückgeht, und aus der Tatsache, dass dieser auch als *mens* (Seele bzw. Geist; *Epistula fundamenti* fr. 2,9) und *spiritus* (Geist; *Epistula fundamenti* fr. 8,1; Secundinus, *Epistula* 2) bezeichnet wird, ergibt sich der augustinische Vorwurf, die Eigendynamik im Menschen sei Ausdruck einer eigenen *mens*, weswegen sich von *duae mentes* (zwei Seelen) reden lasse.[121] Für die Manichäer selbst kann dies als anthropologische Grundannahme nicht wahrscheinlich gemacht werden.[122]

---

re« (»was sie für gewöhnlich sagen«; *conf.* 8,23) lassen sich nicht unmittelbar auf eine solche wörtliche Aussage beziehen.

[120] Vgl. Baur, *Religionssystem* 164f. Als Beleg dafür, dass die Manichäer die Zwei-Seelen-Lehren durchaus vertreten, wertet Decret, *De duabus animabus* 671, *c. Fort.* 21; doch ist auffällig, dass der Gegensatz der *anima mala* (der bösen Seele) fehlt.

[121] Vgl. Giuffrè Scibona, *Doctrine of the soul* 397f; Decret, *Afrique* I, 324–336; van Oort, *Manichaean Christians* 525.

[122] Vgl. Drecoll, *Entstehung* 190f Anm. 115. Deutlich stellt Secundinus, *Epistula* 2, die Seele zwischen den *spiritus virtutum* (Geist der Tugenden) und den *spiritus vitiorum* (Geist der Laster). Doch scheint er damit die Orientierung des Menschen entweder am Guten oder am Bösen, nicht eine Zweiteilung des menschlichen

d) Der Vorwurf, sich selbst von Sünden zu entlasten

Neben den von Augustin oft genannten menschlichen Ausflüchten, das *fatum* (Schicksal) – nämlich die Gestirne wie Venus, Mars, Saturn, Merkur und Jupiter –, die *fortuna* bzw. die *casus* (Zufälle), der Teufel (*diabolus* bzw. *Satan*) oder Gott selbst (vgl. die Formel: *»Deus hoc voluit«* / »Gott hat dies gewollt«) sei für die Sünden zu verantworten,[123] führt Augustin gelegentlich auch den Verweis auf eine *alia natura* (andere Natur) oder auf die *gens tenebrarum* (das Finsternisvolk) als eine solche Ausflucht an (*cont.* 13–17; *en. Ps.* 7,19; 31,2,18; 140,10f). Gerade im Zusammenhang der Psalmverse Ps 140,3f (LXX), die Augustin auf die Thematik der geleugneten Sünde hin deutet, lässt ihn das dort auftauchende Stichwort *electi* (Auserwählte) die Manichäer assoziieren. Unabhängig von solch einer Reihung unterschiedlicher Ausflüchte begegnet der Vorwurf, sich von Sünden entlasten zu wollen, in unterschiedlichsten Zusammenhängen antimanichäischer Polemik. Bisweilen (*en. Ps.* 31,2,18; *c. Faust.* 22,22; *nat. b.* 42) gibt Augustin dabei die manichäische Auffassung wieder, dass die *gens tenebrarum* den Menschen zur Sünde überrede oder zwinge, sodass er gegen seinen Willen sündige.[124] Oftmals gelangt Augustin angesichts dieser Fremdbestimmung des menschlichen Willens zu dem

Geistes selbst anzeigen zu wollen, was auch daran ersichtlich wird, dass er die *anima* (Seele) zwischen den beiden Geistern (*»horum in medio«*) platziert.

[123] Vgl. *conf.* 4,4; *cont.* 13–17; *en. Ps.* 7,19; 31,2,16.18; 40,6; 58,1,14; 61,23; 91,3; 128,9; 140,9f; *pecc. mer.* 2,7; *s.* 20,2; 29,3; *s.* 29B (= *s. Dolbeau* 8,6f); *s.* 16B (= *s. Mai* 17,1–3); *civ.* 5,1; *Io. ev. tr.* 8,11.

[124] Vgl. Fortunatus in *c. Fort.* 20: *»Inviti peccamus«* (»Wir sündigen gegen unseren Willen«) und Secundinus in *Epistula* 2: *»si … consentiat malo«* (»wenn sie [= die Seele] dem Bösen zustimmt«).

Schluss, dass die Seele im Manichäismus kein *peccatum proprium* (keine eigene Sünde) habe (*c. Faust.* 20,17). Die Manichäer hörten gerne, dass nicht sie selbst, sondern das Finsternisvolk sündige (*Gn. c. Man.* 2,40; *conf.* 5,18; 9,10), weil sie dann eine Begierde nicht zügeln müssten (*mor.* 2,73), und das sei ihre Antwort, wenn sie der Sünde bezichtigt würden (*en. Ps.* 140,10; Evodius, *De fide* 42).

Augustins Kritik an dieser Ausflucht berührt bisweilen das sog. Nebridiusargument: Mit der eigenen *excusatio* (Entschuldigung) gehe die *accusatio dei* (Beschuldigung Gottes) einher, da der für die Selbstrechtfertigung in Anspruch genommene Mythos dem manichäischen Gott *corruptibilitas* (Verderblichkeit), *ignorantia* (Unwissenheit), *timor* (Angst) oder *crudelitas* (Grausamkeit) unterstelle (*en. Ps.* 140,10; *cont.* 14). Andernorts widerspricht Augustin der *excusatio*, indem er auf die im Manichäismus zentrale Rolle der Buße hinweist (*duab. an.* 22). Die von der sündigen Seele geforderte Reue und die der reuigen Seele gewährte Vergebung setzten die Versündigung der Seele und damit ihren freien Willen voraus. Die volle Schuldfähigkeit der Seele aber widerspreche einer Fremdbestimmung durch die *gens tenebrarum* (*c. Fort.* 17.21; *c. Fel.* 2,8). Ebenso wie Evodius konstatiert Augustin einen Widerspruch zwischen der *necessitas gentis tenebrarum* (dem Zwang durch das Finsternisvolk) als Grundaussage der manichäischen Anthropologie einerseits und den einschlägigen Textstellen, die von der Verantwortlichkeit der sündigen Einzelseele sprechen, andererseits.[125] Ein weiteres Argument für die Un-

[125] In *nat. b.* 42 dient Augustin die Stelle *Epistula fundamenti* fr. 8,1 als Beleg dafür, dass Mani den freien Willen der sündigen Seelen voraussetze. Ebenso »entlarvt« er in *c. Fel.* 2,5 die Aussage des *Thesaurus* (fr. 2), einige Seelen würden bestraft, da sie »das Gesetz ...

stimmigkeit jenes Sündenbegriffs lautet, dass von Sünde im Manichäismus überhaupt nicht die Rede sein dürfte, weil die *gens tenebrarum* lediglich tue, was in ihrer Natur liege. Sie verfüge also genauso wenig wie die *natura lucis* (Natur des Lichts) über einen freien Willen (*c. Fel.* 2,8). Mit den genannten Argumenten reiht Augustin sich in die große Zahl derer ein, die sich derselben antimanichäischen Polemik bedienen.[126]

e) *Die manichäischen* phantasmata

Augustin erwähnt die manichäische Vorstellung, derzufolge Mani die in den Büchern der *antiqui* (Alten) dargelegten *divina mysteria* (göttlichen Geheimnisse) aufgeschlossen und seine eigene Lehre im Gegensatz zu jenen nicht *figurate* (in einer übertragenen Redeweise), nicht *»per figuras et allegorias«* (»mittels Bildern und Allegorien«), sondern *»enodate manifesteque«* (»klar und deutlich«) verkündet habe (*c. ep. Man.* 23,25; vgl. *c. Faust.* 15,6). Da den entschiedenen Gegnern der Figuralexegese keinerlei abstrahierende *interpretatio* (Deutung) zur Verfügung steht,[127] sind die Manichäer mit Aussagen wie

nicht halten wollten«, anhand des Verbs *nolle* (nicht wollen), dort verwendet statt etwa *non posse* (nicht vermögen). In *c. Sec.* 12–14.18 f wiederum kommt ihm eine Aussage des Secundinus (ders., *Epistula* 2) gelegen: *»At si cum se ipsam cognoverit, consentiat malo et non se armet contra inimicum, voluntate sua peccavit«* (»Wenn sie [= die Seele] jedoch, obwohl sie sich selbst erkannt hat, dem Bösen zustimmt und sich nicht wappnet gegen den Feind, hat sie willentlich gesündigt«). Evodius schließt sich ihm in dieser Argumentation an und listet alle fraglichen Wendungen aus dem *Thesaurus*, aus *Epistula fundamenti* fr. 8 und fr. 9 einzeln auf (vgl. ders., *De fide* 5–7).

[126] Vgl. Puech, *Manichéisme* 171 f.

[127] Vgl. dazu die ausweichenden Antworten des Felix in *c. Fel.* 1,19: *»Hanc tibi ego non possum interpretari scripturam et expo-*

derjenigen zur Lage von Licht- und Finsternisreich (*Epistula fundamenti* fr. 2,8) in der *»phantasmatum suorum miseria«* (»dem Elend ihrer Trugbilder«) eingeengt (*c. ep. Man.* 23,25). Es überascht nicht, dass sich Augustin auf die Sondermeinung des Secundinus, der jene mythologischen Aussagen als eine uneigentliche Redeweise charakterisiert (ders., *Epistula* 6), in seiner Replik nicht einlässt (vgl. *c. Sec.* 20). In seinen Augen ergeben sich die manichäischen *phantasmata* (Trugbilder)[128] nicht allein aus einem Verständnis der manichäischen Schriften *ad litteram* (gemäß dem Buchstaben bzw. im Literalsinn), sondern wurzeln in der *carnalis cogitatio* (dem fleischlichen Denken) sowohl des Mani als auch seiner Anhänger (*c. ep. Man.* 25,28; vgl. 43,49). Diese bringt *phantasmata*, *fallaciae* (Trugbilder), *fabulae* (Märchen),[129] *nugae* (Flausen), *fictiones* (Erdichtetes), *deliramenta* (Albernheiten) hervorwie etwa die acht Erden und zehn Himmel (*c. Faust.* 32,19) oder die *»quinque antra gentis tenebrarum cum habitatoribus suis«* (»fünf Grotten des Finstervolkes mit ihren Bewohnern«; *c. ep. Man.* 18,20; vgl. 32,35). Augustins Kritik lautet hierbei: Reale Körper, wie etwa die der Tiere, sind zuverlässiger *(certiora)* als Vorstellungen von denselben, also *corporalia phantasmata* (körperhafte Vorstellungen). Aber eine solche *imaginatio* (Vorstellung) realer Körper ist immer noch zu-

---

nere, quod ibi non est; ipsa sibi interpres est. Ego non possum dicere, ne forte incurram in peccatum« (»Diese Schriftstelle kann ich dir nicht deuten, und ich kann nicht ausführen, was dort nicht steht. Sie ist sich selbst der Ausleger. Ich kann es dir nicht sagen; sonst gerate ich womöglich in Sünde«) und *c. Fel.* 1,17: *»Ipsa se scriptura interpretatur«* (»Die Schrift legt sich selbst aus«).

[128] Vgl. O'Donnell, *Confessions* II, 180f.

[129] Vgl. Roessli, *Fabula*.

verlässiger, »als wenn wir, von ihnen ausgehend, auf die Existenz von anderem, von Größerem und Unendlichem schließen, das überhaupt nicht existiert« (*»quam ex eis suspicamur alia grandiora et infinita, quae omnino nulla sunt«*; *conf.* 3,10; vgl. *c. Faust.* 20,7). Selbst die Lügen der klassischen Dichtung (etwa über die fliegende Medea; *conf.* 3,11) hält Augustin für *»graviora et honestiora«* (»wertvoller und anständiger«), da die Dichter die *falsitas* (Unwahrheit) des Erzählten anzeigen und darum niemanden betrügen. Die *fallaciae* (Trugbilder) der Manichäer hingegen geben sich als Wahrheit aus (*c. Faust.* 15,5) »und töten denjenigen, der ihnen Glauben schenkt« (*»et occidunt credentem«*; *conf.* 3,11). Gemäß Augustin sitzen die Manichäer, *»falsi atque fallentes«* (»betrogen und selbst betrügend«; *conf.* 4,1), ihren *carnalia phantasmata* (fleischlichen Trugbildern) auch darin auf, dass sie die Himmelskörper als Lichtgötter verehren.

Mit dem Begriff des *phantasma* beschreibt und wertet Augustin auch die Enthistorisierung des biblischen Jesus: Der *salvator* (Retter) wird *»tamquam de massa lucidissimae molis tuae porrectum«* (»gleichsam aus der Masse deines [= Gottes] sehr hellen Lichtkörpers ausgereckt bzw. dargereicht«) ausgesandt. Er bleibt aber zunächst ohne Berührung mit der menschlichen *caro* (dem Fleisch; *conf.* 5,20; *c. Faust.* 23,10; *c. Sec.* 23), hängt *»in cruce phantasmatis«* (»am Kreuz des Trugbildes«; *conf.* 5,16) und stirbt *sine carne* (ohne Fleisch) eine *falsa mors* (einen unechten Tod) – was gemäß Augustin nicht möglich ist, da man nur bei einem Körper aus Fleisch und Blut von einer Kreuzigung reden könne (*c. Faust.* 20,11).

f) Kritik an der manichäischen Ethik

In den *mores* (dem Lebenswandel bzw. den ethischen Vorschriften) der Manichäer, namentlich in den »Drei Siegeln« der *electi*, findet Augustin »*nihil constans, nihil rationabile, ... omnia repugnantia, omnia absurda*« (»nichts in sich stimmig, nichts einsichtig, ... alles widersprüchlich, alles widersinnig«) vor. Außerdem verzeichnet er schwerwiegende Sünden (*mor.* 2,67). Im Einzelnen wirft Augustin den *electi* vor:

Die *electi* betrieben Effekthascherei: Zwar äßen die *electi* kein Fleisch und tränken keinen Wein, doch ihre Enthaltsamkeit diene nicht dem – legitimen – Zweck der *parsimonia* (Sparsamkeit), der *coercenda libido* (Zügelung der Begierde) oder dem Bestreben, dem schwachen Bruder keinen Anstoß zu bieten (*mor.* 2,28.31–35). Die manichäische Askese zeuge vielmehr von *temeritas* (Unüberlegtheit), da sie es zulasse, dass ihre eigentliche Intention verfehlt wird, auch wenn man die Maßgaben formal befolgt. Zur Illustration vergleicht Augustin einen maßhaltenden, geradezu asketischen Menschen, der auf Fleisch und Wein aber nicht völlig verzichtet, mit einem schlemmenden *electus*, der sich alles Erlaubte im Übermaß und in erlesenster Auswahl und Zubereitung angedeihen lässt (*mor.* 2,29f.51).[130]

Die einzelnen Vorschriften der Manichäer seien in sich unstimmig. Zahlreiche logische Mängel und Inkonsequenzen meint Augustin auszumachen, unter ihnen die folgenden: Farbe, Geruch, Geschmack, Wohlgestalt, Dauer der Lagerung und Bearbeitung eines Nahrungsmittels bzw. einer Sache könnten nicht als Indikatoren

---

[130] Umgekehrt hebt er in *mor.* 1,65–80 die vorbildliche Askese in der *catholica* hervor; vgl. dazu GROTE, *Optimi viri.*

für die Menge des enthaltenen Lichts dienen (*mor.* 2,38–48).[131] Ebenso wendet Augustin sich gegen die Lehre, dass die Seelen der Lebewesen durch die Nahrung ihrer Eltern bestimmt werden (*mor.* 2,50). Gemäß ihren eigenen Prämissen müssten die Manichäer einen Baum ausreißen, um seine *anima* (Seele) zu erlösen (*mor.* 2,55), und müsste auch die Tötung von Tieren und deren Verzehr durch die *electi* der Lichtbefreiung dienen (*mor.* 2,59; *c. Faust.* 6,6; *c. Sec.* 22).

Moralisch seien die *electi* minderwertig und unaufrichtig: Augustin weiß zu berichten, dass es als *sacrilegium* bzw. *nefas* (Frevel) gilt, die für die *electi* geernteten Früchte und zubereiteten Speisen dann, wenn etwa diese sie nicht vollständig verzehren können, wegzuwerfen oder sie einem Nichtmanichäer zu geben (*mor.* 2,52). Darum[132] verbieten es die Manichäer, einem Bettler Brot, Früchte oder auch nur Wasser zu reichen, was Augustin als *falsa misericordia* (falsches Erbarmen) der eingeschlossenen Lichtsubstanz gegenüber und als *vera crudelitas* (wahre Grausamkeit) dem Bettler gegenüber bezeichnet.[133] Hinzu kommen Vergehen im Bereich der Sexualmoral: Neben der Herabsetzung der Ehe durch das Verbot, Kinder zu zeugen (z.B. *mor.* 2,65), wirft Augustin den Manichäern eine *turpitudo* (Schändlichkeit) vor: Die *electi* sollen,

[131] Vgl. RUTZENHÖFER, *De moribus* 26–28.

[132] Vgl. *mor.* 2,53: »*quae cum ita sint*« (»da es sich so verhält«). In den übrigen Zusammenhängen, in denen Augustin den Manichäern die Verweigerung von Almosen vorwirft, findet sich keine explizite Bezugnahme auf die nach einem Mahlritus übriggebliebenen Speisen. In den Zusammenhang des Mahlritus gehört auch der in *mor.* 2,52 geäußerte Vorwurf, der sicherlich eine Verunglimpfung darstellt.

[133] Vgl. *conf.* 3,18; *mor.* 2,36.53; *en. Ps.* 140,12; *c. Adim.* 17; *c. Faust.* 6,5; 12,47; 15,7; 20,16; *s.* 164A (= *s. Lambot* 28).

ebenso wie sie Lichtsubstanz aus Früchtesamen ausläutern und in Analogie zum Handeln der Lichtmächte bei der Verführung der Archonten, menschliches Sperma verschlucken, um es durch ihren Verdauungsvorgang zu reinigen (*nat. b.* 44–47; *mor.* 2,66; *haer.* 46,9f; *c. Fort.* 1). Allerdings gesteht Augustin ein, als *auditor* nicht Zeuge einer solchen Handlung gewesen zu sein (*mor.* 2,66; *nat. b.* 47; *c. Fort.* 3). Gleichwohl hätten einige Manichäer diese Praxis eingeräumt (*haer.* 46,9; *nat. b.* 47; s.u. S. 170f); Augustin nennt insbesondere die Sekte der *Catharistae* (*haer.* 46,10). In *mor.* 2 entwickelt er eine regelrechte Skandalgeschichte, um den besonderen moralischen Anspruch der Manichäer zu diskreditieren: Er berichtet von *electi*, die *»in vino et carnibus«* (»bei Wein und Fleischgerichten«), in öffentlichen Bädern, bei Frivolitäten, Ehebrüchen und Unzucht ertappt worden seien (*mor.* 2,68–72).[134] Augustin hebt die Unaufrichtigkeit einzelner *electi* hervor, die zwar *»sermone … et susurris«* (»mit ihrem Gerede und Gezischel«) den Ruf anderer schädigten oder sie offen anzeigten, die jedoch selbst den Verdacht erweckten, die *temperatio* (das rechte Maß) nicht einzuhalten, was sich nur zu oft bestätige (*mor.* 2,71.74).

g) Herabsetzung des manichäischen Bildungsanspruchs

Augustin beschreibt mehrfach Manichäer als an dem antiken Bildungsgut, namentlich den *artes liberales* (Freien Künsten, d.h. für Freigeborene schicklichen Künsten) interessiert bzw. gebildet (*mor.* 2,71.74; *conf.* 5,13; *Gn. c. Man.* 1,1). Im Falle des Manichäerbischofs Faustus ist problematisch, dass Augustin sich als diesem in Fragen der Bildung überlegen wahrnimmt (*conf.* 5,11–13). Auch

---

[134] Vgl. Rutzenhöfer, *De moribus* 29.

der *doctor* (Lehrer bzw. Gelehrter) Felix erweist sich als *»ineruditus liberalibus litteris«* (»ungebildet in den Freien Wissenschaften«; *retr.* 2,8). Augustin stellt diese Bildungslücken in einen Zusammenhang mit seiner Verhältnisbestimmung von *ratio* (Vernunft) und *auctoritas* (Autorität): So wenig die intensive intellektuelle Beschäftigung mit den Inhalten des katholischen Glaubens von dem ungebildeten Kirchenvolk gefordert zu werden braucht und so wenig Kenntnisse in den *artes liberales* nötig sind, um in den Besitz der *veritas pietatis* (Wahrheit der Frömmigkeit) zu kommen, so sehr wären dieselben vonnöten gewesen, um den manichäischen Anspruch auf *ratio* zu verteidigen (*conf.* 5,8.12). Mani selbst hat, so argumentiert Augustin, unter Inanspruchnahme des Parakletentitels über die *mundana* (weltlichen Dinge), die eigentlich nicht zur *doctrina religionis* (religiösen Lehre) gehören, Falsches gelehrt und ist dabei von der *saecularis sapientia* (weltlichen Weisheit) ertappt worden. Auch der Anspruch auf *auctoritas* ist damit verwirkt und Manis Lehre bezüglich der *abditiora* (verborgeneren Dinge) abzulehnen (*conf.* 5,6.8f).

In einer weiteren Hinsicht mangelt es aus der Sicht Augustins den Manichäern an Bildung, da sie die alttestamentlichen Texte nicht kennen noch verstehen (z.B. *Gn. c. Man.* 1,2; *c. Fel.* 2,3) und bei ihrer Polemik große *temeritas* (Unbesonnenheit) an den Tag legen. Man müsse sich an *expositores* (Ausleger) wenden, die die Kenntnis jener Schriften für sich in Anspruch nehmen *(tenere eos libros)*. Die Manichäer aber schenkten stattdessen den erklärten Feinden der alttestamentlichen Verfasser Glauben, ohne die Vorwürfe an dem biblischen Text zu überprüfen und anders gesinnte Lehrer zu konsultieren (*util. cred.* 13.17).

9. Das Nebridiusargument

Die erstmals von Augustins Freund Nebridius aufgebrachte (*conf.* 7,3) Frage, weshalb Gott sich überhaupt auf den folgenschweren Kampf gegen das Reich der Finsternis eingelassen hat, spielt in der antimanichäischen Argumentation Augustins eine zentrale Rolle. Augustin hebt immer wieder hervor, dass die Manichäer auf diese Frage keine überzeugende Antwort hätten. Dem manichäischen Gott lasse sich entweder eine ungerechtfertigte Angst vorwerfen oder eine vorausgesetzte *corruptibilitas* (Verderblichkeit), die sein Handeln zwingend erforderlich machte, oder Willkür und Grausamkeit, da er ohne zwingenden Grund einen Teil seiner selbst preisgegeben habe, oder schließlich Unkenntnis darüber, was seine *membra* (Gliedmaßen) erwarten werde. Der Vorwurf der *corruptibilitas* gelte in jedem Fall, bestätigt durch die tatsächliche *corruptio* (das Verdorbenwerden bzw. -sein) des manichäischen Gottes.[135] Hierbei hat Augustin so-

---

[135] Die Nebridiusfrage begegnet in *conf.* 7,3; *c. Fort.* 4–6.9.17.23–27.30–36; *c. Fel.* 1,19; 2,1.3.7–9.11; *c. Faust.* 13,6; 21,14; *en. Ps.* 140,10f; *nat. b.* 42f; *c. Sec.* 20; *mor.* 2,25f; Evodius, *De fide* 18. Selbst in einer Polemik gegen die manichäische Buchproduktion klingt das Nebridiusargument an: »*Imputet ergo sibi encausti munditia, quae corio inhaesit agnino. Sed et hoc vos fecistis, qui tamquam primo bello vestro, id quod mundum erat in calamo, immunditiae membranarum scribendo adfixistis, nisi quod colores contrario testimonio vos arguunt. Vos enim potius ad lucem candidarum paginarum cum tenebris atramenti venistis*« (»Also soll die Reinheit der roten Tinte, die auf das Lammfell aufgetragen wurde, sich selbst die Schuld [scil. für ihre Vermengung mit dem unreinen Pergament] geben! Doch ihr seid es, die ihr auch dies getan habt, da ihr, gleichsam in eurem ersten Krieg, dasjenige, was im Schreibrohr [noch] rein war, auf der Unreinheit der Pergamentblätter angebracht habt, indem ihr [es] geschrieben habt – es sei denn, dass die Farben mit

wohl das gegenwärtige Leiden der Lichtsubstanz in der Vermischung als auch insbesondere die endzeitliche Verdammung der unerlösten Einzelseelen vor Augen, wofür er die Wendung prägt: *»Non potest [natura dei] tota purgari«* (»[Die Natur Gottes] kann nicht vollständig ausgeläutert werden«).[136] Bisweilen (*nat. b.* 43; *c. Sec.* 20) verkürzt Augustin die Zahl der Alternativen innerhalb der Frage auf diejenigen von *necessitas* (Notwendigkeit) und *voluntas* (freier Willensentscheidung) Gottes.[137] Die Nebridiusfrage beherrscht weite Strecken der Debatten gegen Fortunatus und Felix. Der erste scheitert nach dem Ermessen Augustins an ihr (*ep.* 79), der zweite erbittet sich eine Vertagung der Debatte, um über sie nachdenken zu können (*c. Fel.* 1,19f). Gemäß Augustin genügt das Nebridiusargument, den Manichäismus zu widerlegen (*conf.* 7,3), da es ein unlösbares Dilemma (*complexio; c. Sec.* 20) anzeigt. Mani führt gegen sich selbst einen Krieg, der schlimmer ist als der des Mythos; er ist in seinem eigenen *globus* (Klumpen) eingeschlossen und findet keinen Ausweg (*nat. b.* 42; *en. Ps.* 140,11).

Dass die Nebridiusfrage nicht nur Bestandteil der antimanichäischen Polemik ist, sondern auch der Diskussion mit Manichäern entspringt, zeigt sich daran, dass das Argument in der Disputation mit Fortunatus wie in derjeni-

---

dem gegenteiligen Zeugnis euch bezichtigen: Ihr seid nämlich vielmehr mit der Finsternis schwarzer Tinte zum Licht der weißen Blätter gekommen« (*c. Faust.* 13,18).

[136] So in *c. Sec.* 20 (dreimal); *c. Faust.* 2,6; 21,14; *agon.* 4; *c. Fel.* 2,7; *ep.* 236,2.

[137] Diese Antagonie kann ihrerseits auch auf die ausgesandte Lichtseele bezogen werden: Ist es der *necessitas* ihrer Vermengung mit dem Bösen oder ihrer eigenen *voluntas*, die sie sündigen ließ, zuzuschreiben, dass die Seele von Gott gestraft wird (z.B. *nat. b.* 42)?

gen mit Felix eine prominente Rolle spielt (im Gegensatz etwa zum Vorwurf zweier Seelen oder des Materialismus). Bereits bei der Eröffnung der Debatte gegen Fortunatus bringt Augustin die Problematik der Nebridiusfrage ein (*c. Fort.* 1.4–6). Fortunatus stellt dem die Frage entgegen, *quemadmodum* (wie) und *ob quam causam* (warum) die Einzelseelen in die Welt gekommen seien, *»ut merito nunc eas … de hoc mundo liberaret«* (»dass er sie nun aus gutem Grunde … aus dieser Welt erlöst«), wenn nichts *praeter deum* (neben Gott) existiere (*c. Fort.* 6). An anderer Stelle variiert Fortunatus diese Fragestellung: Augustin solle ihm sagen, warum *(cur)* die Seele in die Welt gekommen bzw. aus welchem Vernunftgrund *(qua ratione)* die Seele sich hier befinde, die Gott erlösen wolle (*c. Fort.* 24f).[138] Auch Christus sei schließlich *voluntate dei* (gemäß dem Willen Gottes) gesandt worden (*c. Fort.* 31).[139] Augustin sieht dies als unzulässigen Themenwechsel an (*c. Fort.* 7.31) und hält seine eigene *ratio* (Argumentation) – das Nebridiusargument – für *»brevis … et, quantum aestimo, cuivis planissima«* (»kurz … und,

[138] BeDuhn, *Debate with Fortunatus* 471f, betont, dass für Fortunatus die »pacific nature« des Reichs des Lichts und der heroische Charakter des Leidens der Seelen ausreiche, um zu erklären, wieso sich die Lichtelemente gefangennehmen lassen, allerdings entfernt sich diese Interpretation erheblich von dem Text der Disputation.

[139] Für die Darlegung des *quemadmodum* beruft sich Fortunatus nicht auf manichäische Texte, sondern auf den Philipperhymnus (Phil 2,5–8), wo Jesu Preisgabe bzw. Unterworfenwerden (Fortunatus liest in Phil 2,8: *»factus est subditus«* / »er wurde preisgegeben bzw. unterworfen«) bis zum Tod und seine Auferstehung auf die *similitudo animarum nostrarum* (Ähnlichkeit mit unseren Seelen) hinweise (*c. Fort.* 7). Fortunatus stellt damit dieselbe Analogie zwischen Sendung der *animae* (Seelen) und der Sendung Christi her (*c. Fort.* 7f.17f.30), wie sie auch der Umkehrung der Nebridiusfrage durch Felix zugrundeliegt (s. S. 162).

soweit ich sehe, einem jeden völlig einleuchtend«; *c. Fort.* 7). Fortunatus' Antwort schließlich lautet: *»Non patitur, sed malum praevenit deus ... Praevenire voluit, non temere, sed virtute et praescientia«* (»Gott erleidet das Böse nicht, sondern er vereitelt es ... Vereiteln wollte er [es], nicht unbesonnen, sondern beherzt und vorausschauend«; *c. Fort.* 15f). Gott habe zwar nichts befürchten müssen, doch befinde sich die Seele *»in contraria natura«* (»in der gegnerischen Natur«), um dieser ein Maß zu setzen *(modum imponere)*. Gott nehme die Seele gemäß Joh 10,18 wieder zu sich, »wenn der gegnerischen Natur Einhalt geboten ist« (*»modo imposito contrariae naturae«; c. Fort.* 33). Ohne Antwort bleibt schließlich Augustins Frage, was für einen Zweck es unter diesen Umständen habe *(»quid opus erat«)*, dass die Seele *»tanta mala ... per tantum tempus«* (»so großes Leid ... eine solch lange Zeit über«) erdulde, wo doch Gott nicht geschadet werden könne (*c. Fort.* 36).

Auch in der Disputation mit Felix ist die Nebridiusfrage präsent. Felix antwortet dezidiert christlich: Die Existenz eines *alterum regnum* (zweiten Reiches) werde durch den *laqueus mortis* (die Schlinge des Todes; Röm. 7,24) bestätigt, und nur sie erkläre die Notwendigkeit der Sendung und des Kreuzestodes Jesu und der *christianitas* (des Christentums) einschließlich Taufe und *eucharistia* (Abendmahl) (*c. Fel.* 1,19; 2,10). Die Frage, ob Gott *incorruptibilis* (unverderblich) sei, wendet Felix geschickt gegen Augustin: *»Si deo nihil nocere poterat, quare huc misit filium suum?«* (»Wenn nichts Gott hätte schaden können, warum sandte er dann seinen Sohn hierher?«; *c. Fel.* 2,8f).[140] Dem Vorwurf der *crudelis damnatio* (grausamen

---

[140] Vgl. DECRET, *Contra Felicem Manicheum* 1260.

Verurteilung) begegnet Felix, indem er die von den *catholici* (Katholiken) unterstellte *crudelitas* (Grausamkeit) Manis mit derjenigen Christi in Mt 25 vergleicht (*c. Fel.* 2,2.8). Augustin hält entgegen, dass sich die Vorstellung, Gott habe eine *pars* (einen Teil) von sich preisgegeben, *»in nulla divina scriptura canonica«* (»in keiner göttlichen kanonischen Schrift«) finde. Vielmehr müsse man betonen, dass Gott *incorruptibilis* sei und keiner sich ihm gegen seinen Willen nahen könne (*c. Fel.* 2,7). Hinsichtlich des Endgerichts und der Notwendigkeit eines *liberator* (Befreiers) verweist Augustin auf die Schuldfähigkeit des Menschen, der nicht *»de substantia dei«* (»von der Substanz Gottes«) sei und der darum *mutabilis* (veränderlich) sei (*c. Fel.* 1,19; 2,8). Bei der Sendung Jesu verhalte es sich anders als bei derjenigen der manichäischen Lichtseele: *»In hac natura, quia deus erat verbum, pati nihil ille poterat. Ut autem pati pro nobis posset, verbum caro factum est«* (»In dieser Natur konnte jener, da das Wort Gott war, nichts erleiden. Um aber um unseretwillen leiden zu können, wurde das Wort Fleisch«; *c. Fel.* 2,9).

Zu diesen beiden Disputationen treten weitere Informationen, die sich über die – offenkundig vielfältigen – manichäischen Argumentationen angesichts der Nebridiusfrage gewinnen lassen. So setzt sich Secundinus, wohl aufgrund der Lektüre von *conf.* 7,3, mit der Nebridiusfrage auseinander.[141] Er beharrt auf Gottes Unverletzlichkeit und begründet dessen Manöver damit, dass Gott der Ungerechtigkeit des Finsternisvolkes nicht habe zustimmen und seine *iustitia* (Gerechtigkeit) habe bewahren wollen (Secundinus, *Epistula* 6).[142] Überliefert

---

[141] Vgl. Kudella, *Contra Secundinum* 205.

[142] Vgl. Hoffmann, *Erst einsehen* 98–101.

sind durch Augustin außerdem Antworten, die zwei in Karthago befragte Manichäer[143] gegeben hätten: Einer habe auf Gottes *naturalis bonitas* (angestammte Güte) verwiesen, die die *inquieta et perversa natura* (unruhige und verkehrte Natur) habe ordnen wollen (*mor.* 2,25; vgl. 2,16), der andere habe zwischen unverletzlichem Gott und angreifbarem Lichtreich unterschieden (*mor.* 2,26). Augustin entgegnet, dass die Argumente etwa der Weitsicht, Güte und Gerechtigkeit Gottes die eingebrachten Vorwürfe nicht entkräfteten, weil die göttliche Substanz keineswegs unbeschadet, unbescholten und vollständig zurückkehren könne (*mor.* 2,25; *c. Sec.* 20), und weil für die göttliche *massa* (Gesamtmasse) gelte, was für eine *»portiuncula naturae ipsius«* (»winzige Teilmenge seiner Natur«) gilt (*en. Ps.* 140,10; vgl. *mor.* 2,21 f).[144] Dass Gott aber unverderblich sein muss, lehrten sowohl der gesunde Menschenverstand (*mor.* 2,20; *en. Ps.* 80,14) als auch Paulus in 1. Tim 1,17 (*c. Fel.* 2,1.7; *c. Faust.* 11,3; 21,14). Die theoretische Zustimmung der Manichäer zu dieser Prämisse werde durch ihre *fabulae* (Märchen) Lügen gestraft (*mor.* 2,20 f; *c. Fort.* 1.7). Und dass Gott sich habe in Acht nehmen müssen (*»cavisse«;* vgl. *Epistula fundamenti* fr. 3), sagten die *libri Manichaei* (manichäischen Bücher bzw. Bücher Manis) selbst aus (*mor.* 2,25). Dem Zeugnis Augustins hinzuzufügen sind die Ausführungen des

[143] Es ist unklar, ob sich unter ihnen Faustus und bzw. oder Fortunatus befanden.

[144] Der *Thesaurus* (überliefert in *nat. b.* 44; fr. 3,4 in Stein, *Habilitationsschrift* II.1) dürfte Augustins Gleichsetzung bestätigen: *»Sciatis autem hunc eundem nostrum beatum patrem hoc idem esse, quod etiam suae virtutes«* (»Wisset, dass eben dieser unser seliger Vater dasselbe ist, was auch seine Kräfte sind«), ebenso Felix in *c. Fel.* 1,18.

Evodius.[145] Er nennt als eine manichäische Begründung für den mythischen Kampf das Vorhaben Gottes, seine *praescientia* (sein Vorherwissen) über die Pläne der Finsternisfürsten und seine Furchtlosigkeit angesichts derselben unter Beweis zu stellen (Evodius, *De fide* 19). Ein anderes Argument besteht gemäß Evodius darin, dass Gott nichts Böses *»circa fines suos«* (»an seinen Grenzen«, d.h. an den Grenzen seines Lichtreiches) habe dulden wollen (Evodius, *De fide* 20). Schließlich erwähnt Evodius noch eine dritte Argumentationsstrategie, die das Nebridiusargument christologisch zu entkräften sucht: Auch das Leiden Christi sei doch ohne sein Einverständnis nicht denkbar (Evodius, *De fide* 21: *»Quid facturi erant Iudaei Christo, si nollet ab eis pati?«* / »Was hätten die Juden Christus antun können, wenn er nicht unter ihnen hätte leiden wollen?«). Evodius begegnet diesen Argumentationen, ähnlich wie Augustin, mit dem Verweis auf die gegenwärtige *infelicitas* (das Unglück) und die künftige *damnatio* (Verdammung) eines Teils der Lichtsubstanz, auf die *inscientia* (Unwissenheit) und *infirmitas* (Schwachheit) des manichäischen Gottes und seine *crudelitas* (Grausamkeit) sowohl seiner eigenen als auch der fremden Natur gegenüber. Die Sendung Christi unterscheide sich von der Aussendung der Lichtpartikel darin, dass sie nicht aufgrund eines äußeren Zwangs, sondern aus *misericordia* (Erbarmen) geschehen sei, dass Christus ein *exemplum patientiae* (Vorbild des geduldigen Ertragens) für die Menschen darstelle und dass er als unwandelbares *verbum dei* (Wort Gottes) eine *natura passibilis* (leidensfähige Natur), nämlich den *homo mortalis* (sterblichen Menschen), angenommen habe (Evodi-

---

[145] Vgl. HÜBNER, *Evodius* 1159.

us, *De fide* 19–21). Sowohl die referierten manichäischen Argumente als auch Evodius' Entgegnungen weisen eine große Ähnlichkeit zu den durch Augustin und seine Gegner bekannten Argumentationslinien auf.

10. Die Referate in haer. *46 und* ep. *236*

In seinem Spätwerk *De haeresibus* stellt Augustin den Manichäismus zusammenfassend vor. Das Referat über die Manichäer ragt insofern innerhalb der Schrift heraus, als Augustin hier eigene Kenntnisse einbringt.[146] Außerdem hat *haer.* 46, verglichen mit den Ausführungen zu manichäischer Lehre und Ethik in anderen Werken Augustins, darin einen hohen Eigenwert, dass einzelne Informationen nur hier belegt sind.

Am Beginn assoziiert Augustin in traditioneller Weise den Namen des Religionsstifters, *Mani*, mit dem griechischen Wort für Wahnsinn, μανία. Um diesen Zusammenhang zu verschleiern, hätten Manis Anhänger (in der *Graecia* / in Griechenland) ihn eher *Manichaeus* genannt. Mit der zusätzlichen Doppelung des -n- zu *Mannich(a)eus* beabsichtigen einige Manichäer, die Assoziation eines Mannaspenders *(manna fundens)* zu wecken (*haer.* 46,1).[147] Mani sei darin älteren Häresien (gemeint sind wohl Markion und Gnostiker) gefolgt, dass er *»duo prin-*

---

[146] Zur Kenntnis von Epiphanius und Filastrius vgl. oben S. 99f. Was die Darstellung angeht, so hat sich Augustin nach eigener Auskunft (*haer.* 57) für die Häresien 1 bis 57 an der Reihenfolge von Epiphanius orientiert; und das trifft auch für den unmittelbaren Kontext des Manichäerreferats zu. Der Abschnitt über die Manichäer ist demgegenüber aber erheblich ausführlicher und selbständig; vgl. Scopello, *De haeresibus* 287.

[147] Vgl. die ausführlichere und in Details abweichende Begründung des Namens in *c. Faust.* 19,22. Vgl. auch van Oort, *De haere-*

cipia inter se diversa et adversa« (»zwei Prinzipien, unterschiedlich und einander entgegengesetzt«; *haer.* 46,2) angenommen habe. Es folgt eine Charakterisierung des mythologischen Dramas, bestehend aus den Vorwürfen der *pugna et commixtio* (des Kampfes und der Vermengung) von guter und böser Substanz, der *purgatio* (Ausläuterung) der guten aus der bösen, und zuletzt der *damnatio* (Verdammung) desjenigen guten Teils, der nicht gereinigt werden kann. Auffällig ist hier die abstrakte Darstellung, die ohne die Nennung zweier *regna* (Reiche), ohne die Begriffe *deus* (Gott) und *gens tenebrarum* (Finsternisvolk) und ohne die Antagonie von Licht und Finsternis überhaupt auskommt (erst an späterer Stelle [*haer.* 46,4] wird Augustin die *natura boni* [Natur des Guten] mit Gott identifizieren). Im Anschluss erwähnt er die Vermengung der – mit Gott wesensgleichen – *animae bonae* (guten Seelen) mit der *animarum malarum natura*[148] (Natur der bösen Seelen; *haer.* 46,3), die Erschaffung der Welt aus dem zuvor gemischtem Material durch die *natura dei* (Natur Gottes; *haer.* 46,4) und die Ausläuterung der Lichtelemente. Letztere bewirkten zum einen die *virtutes dei* (Kräfte Gottes) überall auf der Welt und aus allen *elementa* (Elementen) derselben – ein außermenschliches Ausläuterungswerk ist also im Blick[149] –, zum an-

---

sibus 456–461; ders., *Mani(chaeus)* 1122; Tubach/Zakeri, *Mani's Name* 272–275.

[148] Auf den hier anklingenden Vorwurf, die Manichäer verträten eine Zwei-Seelen-Lehre, wird Augustin später zurückkommen (*haer.* 46,19).

[149] Mit den *virtutes dei* sind wohl nicht Sonne und Mond im Blick, da die aus der ganzen Welt (*haer.* 46,6; *mor.* 2,36; *ep.* 55,6) erfolgende Ausläuterung dem Transport durch die Lichtschiffe vorausgeht. In *nat. b.* 44 sind *virtutes lucis* (Kräfte des Lichts) von den Himmelskörpern sprachlich abgesetzt: *»[Naturam dei] libera-*

deren die manichäischen *electi*. Diese seien aufgrund ihres *genus vitae* (ihrer Art der Lebensführung), das dasjenige der *auditores* an Heiligkeit übertreffe, in der Lage, die in der Nahrung gebunden vorhandene *dei substantia* (Substanz Gottes) auszuläutern (Augustin schiebt hier eine kurze Bemerkung über die beiden *professiones* [Stände] als Bestandteile der manichäischen *ecclesia* [Kirche] ein; *haer.* 46,5). Hingegen bleibe dieselbe in *auditores* und Nichtmanichäern gebunden und werde bei der Zeugung von Nachkommen *»artius et inquinatius«* (»unter noch größerer Einengung und Beschmutzung«; *haer.* 46,6) auch weiterhin gebunden. Der befreite Anteil des Göttlichen (hier erstmals als Lichtsubstanz beschrieben) gelange über Sonne und Mond als den *naves* (Schiffen) in das *regnum dei* (Reich Gottes). Dass die Schiffe aus reiner göttlicher Substanz gebaut *(fabricatae)* sind (*haer.* 46,6f), teilt Augustin nur hier mit; es fügt sich zu der Information, dass diese nur vollständig gereinigte *animae* (Seelen) transportieren (so das in *nat. b.* 44 zitierte Fragment 3 aus dem *Thesaurus*). Die Erwähnung der in den sonstigen Dingen vermischt vorhandenen *dei natura* (Natur Gottes), identifiziert mit der *lux corporea* (dem körperlichen Licht), führt Augustin zu einer Erläuterung der *quinque elementa* (fünf Elemente) des Finsternisvolkes mit ihrem jeweiligen Fürsten und der jeweils zugeordneten Klasse von Lebewesen und zu deren *pugna*

---

ri purgarique dicunt, non solum per discursum solis et lunae et virtutes lucis, verum etiam per electos suos« (»Sie sagen, dass [die Natur Gottes] befreit und gereinigt bzw. ausgeläutert werde, nicht nur durch den Umlauf von Sonne und Mond und durch die Kräfte des Licht, sondern auch durch ihre Auserwählten«). Dabei könnten aber auch die in den *naves* (Schiffen) sich befindlichen Kräfte gemeint sein (vgl. den *Thesaurus*, fr. 3).

(Kampf) und *commixtio* (Vermengung) mit den ausgesandten fünf Lichtelementen.[150] Den Bogen zu den Lichtschiffen zurückschlagend, präzisiert er die Beschreibung ihrer Beschaffenheit, indem er ihnen zwei der soeben eingeführten Lichtelemente zuweist (*haer.* 46,7: Der Mond bestehe aus *bona aqua* / gutem Wasser, die Sonne aus *bonus ignis* / gutem Feuer; auch diese Präzisierung ist ohne Parallele bei Augustin) und die in ihnen befindlichen *virtutes* (Kräfte) dazu erwähnt, die sog. Verführung der Archonten zusammenfassend darzustellen. Der Lichtvater als Akteur (vgl. den *Thesaurus* Manis, zitiert in *nat. b.* 44) bleibt dabei ungenannt; anstelle der freigesetzten *viva anima* (lebendigen Seele; vgl. ebd.) verwendet Augustin den abstrakteren Begriff *lumen* (Licht), und der Vermischung der freigesetzten Lichtsubstanz mit reinster Lichtluft, die zu einer vollständigen Reinigung führt (vgl. ebd.), entspricht die Reinigung durch *angeli lucis* (Engel des Lichts; *haer.* 46,8).[151]

Die beiden Vorgänge einer durch sexuelle Erregung bewirkten Freisetzung und einer anschließenden Reinigung göttlicher Substanz nutzt Augustin dazu, den Manichäern zu unterstellen, dass ihre *electi* *»velut eucharistiam conspersam cum semine humano«* (»gleichsam eine Eucharistie, vermengt mit menschlichem Samen«; *haer.*

---

[150] Damit ignoriert Augustin seinen vormaligen Plan, mythologische Details auszulassen (*haer.* 46,2). Immerhin erfährt die Gestalt des *primus homo* (ersten Menschen bzw. Urmenschen), um dessen Rüstung es sich handelt, keine Erwähnung.

[151] Das Schicksal anderer freigesetzter Lichtpartikel, die noch die *maculae* (Makel) des Finsternisgeschlechts tragen, darum nach unten sinken und sich den *genera* (Arten [scil. von Lebewesen]) der Erde beimengen (vgl. den *Thesaurus*, fr. 3), lässt Augustin unerwähnt.

46,9) zu sich nähmen, um Licht auszuläutern.[152] Mehl *(farina)* werde dabei mit männlichem Sperma vermengt und dann zu Ausläuterungszwecken verspeist. Wie es die Assoziation eines eucharistischen Mahls nahelegt,[153] setzt die Polemik wohl voraus, dass der Teig zu Brot verarbeitet wurde.[154] Allerdings räumt Augustin unmittelbar ein, dass die Manichäer den ihnen nachgesagten Ritus abstritten und auf andere verwiesen, die solches *»sub nomine Manichaeorum«* (»unter dem Namen der Manichäer«) täten. Zugleich beruft sich Augustin auf Geständnisse in Verhören von Manichäern in Karthago (im Blick ist

---

[152] Diesen Vorwurf erwähnt Augustin auch in *nat. b.* 44–47; *mor.* 2,66; angedeutet ist er in *c. Fort.* 1.3. Den Bericht in *haer.* 46,9f rezipiert neben Possidius, *Vita Augustini* 16,2f, auch Arnobius der Jüngere (?), *Praedestinatus* 1,46 (nach dem Urteil von Dolbeau, *Témoignage inconnu* 225, Anm. 8, verfügt Arnobius vielleicht über eine zweite, womöglich mündliche Quelle für seinen Bericht, da er etwa die *basilica Restituta* Hippos erwähnt). Dolbeau stellt eine weitere Rezeption der Episode vor, eine in zwei Handschriften überlieferte »anecdote antimanichéenne« (Text in Dolbeau, *Témoignage inconnu*, 228f).

[153] Vgl. auch *haer.* 46,9: *»non sacramentum, sed exsecramentum«* (»nicht: heiliger Ritus, sondern: fluchwürdiger Ritus«) und den Begriff *eucharistia* in *c. Fort.* 3.

[154] In der mittelalterlichen Rezeption von *haer.* wurde die Textstelle in diesem Sinne verstanden, etwa von Eckbert von Schönau, *Excerptum de Manichaeis* 7 (PL 195, 100D): *»... ut et sperma humanum farinae panis sui admistum gustare non abhorreant«* (»... dass sie nicht davor zurückschrecken, auch menschliches Sperma, dem Mehl ihres Brotes beigemengt, zu sich zu nehmen«). Auch Guibert von Nogent, *De vita sua* 3,17 (PL 156, 951D), scheint eine solche Deutung vorauszusetzen, denn unmittelbar vor seinem Verweis auf Augustins Schrift *haer.* unterstellt er den im Jahr 1114 bei Soisson gefassten Häretikern, ein Kind zu verbrennen, aus der Asche Brot zu backen und dieses *»pro eucharistia«* (»als eucharistisches Mahl«) zu verspeisen.

das Jahr 421[155]), wo auf Betreiben des Tribuns Ursus ein Verhör mehrerer Manichäer stattgefunden habe.[156] Zwei Frauen hätten unabhängig voneinander zugegeben, um des beschriebenen *scelestum mysterium* (fluchwürdigen Geheimritus) willen geschändet worden zu sein *(vitiatam esse)*. Ein männlicher Manichäer aus einer Gruppe von Geständigen, Viator, habe die Praxis speziell den sog. *Catharistae* angelastet.[157] Allerdings habe er zugeben müssen, dass es sich dabei *generaliter* (»im allgemeinen Sinne«) auch um Manichäer handele (ebenso wie die *Mattarii*, sodass Augustin dem die Information von drei ansonsten unbekannten Subformen des Manichäismus entnimmt: *Catharistae, Mattarii* und *»specialiter Manichaei«* / »Manichäer im engeren Sinne«) (*haer.* 46,10). Augustin lässt diese Binnendifferenzierung nicht gelten; für ihn handelt es sich schlicht um drei Gruppen von Manichäern, für die dieselben Schriften autoritativ sind. Aus

---

155 Vgl. Mandouze, *Quodvultdeus.*

156 Den *gesta episcopalia* (bischöflichen Akten), die der Adressat von *haer.* ihm hat zukommen lassen, hat Augustin entnommen, dass auch *»recenti tempore«* (»in jüngster Zeit«, d.h. vor 427/30; vgl. Mandouze, *Quodvultdeus*) Manichäer aufgespürt und in der Kirche verhört worden waren. Vermutlich bezieht er sich auch bei seinen Angaben zu jenem früheren Verhör auf die *gesta episcopalia* der karthagischen Kirche. In der Wiedergabe durch Possidius (*Vita Augustini* 16,1f) wird Augustin fälschlicherweise selbst zu einem derjenigen Bischöfe, die das von Ursus in die Wege geleitete Verhör in der Kirche Karthagos führen; dieses sei unter die *gesta ecclesiastica* (kirchlichen Akten) aufgenommen worden.

157 In *nat. b.* 47 verweist Augustin auf Geständnisse, die *quidam* (einige bzw. etliche) bei Prozessen in Paphlagonien und Gallien unter Verweis auf den *Thesaurus* (i.e. auf die Archontenverführung) abgelegt hätten. Jedoch räumt er zugleich ein, dass die der Schandtat bezichtigten Manichäer von sich weg auf Schismatiker aus ihren Reihen verwiesen hätten.

den manichäischen Phantastereien *(portenta)* – im Blick ist die Erzählung der Archontenverführung – könne die Schandtat abgeleitet werden, da die Manichäer die *divinae virtutes* (göttlichen Kräfte) nachzuahmen bemüht seien. Die gefangenen göttlichen Partikel müssten aus dem menschlichen Samen ebenso ausgeläutert werden wie etwa aus Pflanzensamen. Augustin stellt schließlich fest, dass der Name *Catharistae* (vgl. griechisch: καθαρός / rein) von dem Bemühen um eine penible und vollständige *purgatio* (Reinigung) abgeleitet werde.[158]

Die einzelnen Gesichtspunkte der Kritik Augustins an der manichäischen Ethik (*haer.* 46,11–13) lassen sich in der Reihenfolge ihrer Nennung in drei thematische Blöcke gliedern, die inhaltlich je einem der drei Siegel zugeordnet werden können, wobei Augustin meistenteils verschweigt, dass diese nur für die *electi* verbindlich sind. Nach der *horrenda cibi turpido* (Schändlichkeit der widerwärtigen Speise; *haer.* 46,10), die gemäß der Polemik Augustins die konsequenteste Umsetzung des Lichtausläuterungsauftrags darstellt, sind zunächst diejenigen Details der manichäischen Ernährungspraxis im Blick, die angesichts jenes Auftrags in Augustins Augen inkonsequent oder in sich unstimmig sind, namentlich der Verzicht auf Fleisch, Eier, Milch, Wein und Most. Der Fleischverzicht begründe sich darin, dass aus geschlachteten Tieren die *divina substantia* (göttliche Substanz) ohnehin entweiche und das Zurückbleibende für eine

[158] Unabhängig vom rekonstruierten Wortlaut (ob Relativsatz: *»qui … purgant«* oder, mit der Mehrheit der Handschriften, Partizipialkonstruktion: *»purgantes«* ohne *qui*) wird im unmittelbaren Kontext suggeriert, dass die manichäischen *electi* überhaupt, nicht nur eine Spielart des Manichäismus, aufgrund dieser Praxis *Catharistae* genannt würden.

Ausläuterung durch die *electi* in deren Magen aufgrund seiner Menge und Beschaffenheit nicht in Frage komme.[159] Dass die *electi* auch auf Eier verzichten, ist eine Information, die außerhalb von *haer.* nicht begegnet (in *mor.* 2,39 aber angedeutet wird); Augustin begründet dies ebenfalls mit dem Verbot, tote *corpora* (Körper) zu essen.[160] Auch Milchprodukte fallen ihm gemäß unter das Speiseverbot (vgl. auch *mor.* 2,39), obwohl unstimmigerweise weder ein Lebewesen bei der Gewinnung der Milch zu Tode komme noch eine Reinigung im Magen der *electi* überflüssig wäre. Hinsichtlich der Trinkgewohnheiten stellt Augustin die Inkonsequenz fest, dass die Manichäer Trauben äßen, Wein[161] und Most[162] aber nicht tränken.

---

[159] Vgl. *c. Sec.* 22. Versteht man das *tantum* als Angabe einer besonders kleinen Menge (»so wenig«), dann gilt, dass auch nach dem Entweichen der Lichtseele etwas von der Lichtsubstanz zurückbleibt. Das *tantum* könnte allerdings ebenso eine sehr große Menge (»so viel«), nämlich die der *caro* (des Fleisches) bezeichnen, die allein und ohne jeglichen Lichtanteil in einem Leichnam zurückbleibt.

[160] Allerdings dürfte es sich bei der Vorstellung eines »sterbenden« Eies um eine polemische Verfremdung handeln (vgl. *»quasi«* / »als ob etwa ...«).

[161] Vgl. *mor.* 2,44; Augustin nennt als Begründung für den Verzicht auf Wein, dass dieser als Galle *(fel)* der Finsternisfürsten angesehen werde – eine Deutung, die er ausdrücklich als manichäisch ausweist (ebenso in *mor.* 2,44.46; *c. Faust.* 16,31). Die bildliche Ausdrucksweise ist in ihrer Struktur mit einer anderen vergleichbar, dergemäß *lapides* (Steine bzw. Felsen) die Knochen der Finsternisfürsten seien (*c. Faust.* 15,4), und bringt wohl den besonderen Frevel des Weintrinkens zum Ausdruck.

[162] Sogar *mustum recentissimum* (frisch gekelterten bzw. gepressten Most) verböten sie sich. Hingegen haben die Manichäer *caroenum* (süßen eingekochten Wein) gemäß Augustin durchaus getrunken (*mor.* 2,47), möglicherweise auch *mulsum* (Honigwein; vgl. *mor.* 2,29f).

Dabei ignoriert er bewusst die (ihm durchaus bekannte; vgl. etwa *c. Faust.* 20,13; *mor.* 2,47) manichäische Annahme, dass die Vorgänge des Pressens, Kelterns und Gärens eine Qual für die eingeschlossene Lichtsubstanz bedeuten und ihre allmähliche Verflüchtigung bewirken. Augustin erwähnt die Vorstellung einer *revolutio* (Rückkehr, d.h. Wiedergeburt) der Seele eines verstorbenen Menschen (*auditor* oder Nichtmanichäer) in den Körper eines *electus* (scil. als dessen Seele) oder in dessen Nahrung, in *pecora* (größere Tiere) oder aber in die – darum beseelten – Pflanzen.[163] Er umschreibt die manichäische Auffassung, dass Pflanzen ein sinnliches Wahrnehmungsvermögen haben wie Menschen und Tiere, und dass sie beim Abtrennen ihrer »Gliedmaßen« Schmerz empfinden, ist dabei jedoch in seiner Polemik sehr zurückhaltend.[164] Die Manichäer hielten sogar die Landwirtschaft, die doch die *innocentissima ars* (das allerunschuldigste Gewerbe) sei, für an zahlreichen Morden (scil. an Dornen und Nutzpflanzen) schuldig. Während die *electi* sich kein Quälen der Lichtsubstanz zuschulden kommen ließen und von den *homicidia aliena* (den Morden, die andere begehen) lebten, werde den in der Landwirtschaft tätigen *auditores* vergeben, weil sie aus dem Geernteten Speisen für die *electi* gewinnen (dass auch die

---

[163] Siehe S.29.102. Dass die Seele eines verstorbenen *electus* direkt den Weg ins Lichtreich antritt, sagt Augustin hier nicht, weil er es als Hintergrundinformation für die Erläuterung des *signaculum manuum* (Siegels der Hände) nicht benötigt.

[164] Andernorts (in *mor.* 2,58f; *c. Faust.* 6,4 und *conf.* 3,18) tut er sich an der – tatsächlich manichäischen – Vorstellung eines weinenden Baumes gütlich (vgl. das Wehklagen und Bluten von Gemüse und die Rede von der Qual der Pflanzen, wenn sie geerntet werden, gemäß dem Kölner Mani-Kodex, p.7.10 [HENRICHS/KOENEN/RÖMER 4–7]).

Zubereitung der Mahlzeit für die noch enthaltene Lichtsubstanz eine Qual darstellt, erwähnt Augustin hier nicht eigens). Auffällig ist hier die Erläuterung, dass die in den Mägen der *electi* gereinigte *divina substantia* (göttliche Substanz) sich für die Hilfe der *auditores* bei ihrer Rettung erkenntlich zeige und diesen Gnade erwirke (*»impetret eis veniam«; haer.* 46,12), womit wohl an eine Art Beistand im Gericht zu denken ist. Die *auditores* dürfen gemäß Augustin sogar Fleisch essen, allerdings keine Tiere töten, um den an die Himmel *(»in caelestibus«)* gefesselten Finsternisfürsten, von denen alle *caro* (alles Fleisch) stammt, keinen Anstoß zu bieten (ähnlich *mor.* 2,61; anders *c. Faust.* 20,20; *c. Adim.* 12). Augustin referiert zum wiederholten Male (vgl. *haer.* 46,6) die Vorstellung, dass die mit der Nahrung aufgenommene *divina substantia* (göttliche Substanz), identifiziert mit den *animae* (Seelen) der Lebewesen, bei der Zeugung von Nachkommen in deren *caro* (Fleisch) umso mehr gebunden wird. Er ergänzt sie nun, im Zusammenhang des *signaculum sinus* (Siegels des Schoßes), dahingegehend, dass die Manichäer[165] aus diesem Grunde zur Empfängnisverhütung aufgefordert seien. Dass sie mit dem Verbot der Fortpflanzung zugleich die Ehe ablehnten, ist deutlich als Augustins eigene Schlussfolgerung gekennzeichnet, die sich aus seinem Eheverständnis ergibt (*haer.* 46,13).[166]

---

[165] Der Konjunktiv *»devitent«* (»dass sie … vermeiden«; *haer.* 46,13) hängt noch von *»monent«* (»sie ermahnen«; *haer.* 46,12; Z. 135) ab, sodass weiterhin die *auditores* im Blick sind. Für die *electi* galt ohnehin die sexuelle Enthaltsamkeit.

[166] *»Unde nuptias sine dubitatione condemnant et … prohibent, quando generare prohibent«* (»Zweifellos verdammen sie deshalb die Ehe und … verbieten sie, wenn sie die Fortpflanzung verbieten«).

In den Zusammenhang des Fortpflanzungsverbots gehört auch Augustins Verweis auf die einstige Hervorbringung von Adam und Eva: Deren *parentes* (Eltern bzw. Erzeuger), die *principes fumi* (Fürsten des Rauches), Saclas und seine Gattin, hätten (scil. als die ersten) göttliche Substanz *»in carne prolis«* (»im bzw. ins Fleisch der Nachkommenschaft«; *haer.* 46,14) gebunden.

Den Übergang zu einer neuen Thematik bildet die Paradieserzählung: Adam und Eva seien durch die mit Christus identifizierte Paradiesesschlange »erleuchtet« (*»illuminati«; haer.* 46,15) worden, sodass sie zwischen Gut und Böse hätten unterscheiden können. Derselbe Christus sei *»novissimis temporibus«* (»in jüngster Zeit«) gekommen; seine *species* (äußere Gestalt), sein Tod und seine Auferstehung werden dabei als doketisch beschrieben, sein Auftrag als allein auf die Seelen bezogen (*»ad animas, non ad corpora liberanda«* / »die Seelen, nicht die Körper zu befreien«). In dem alttestamentlichen Gott, der die *lex* (das Gesetz) gab und durch die Propheten sprach, sähen die Manichäer einen der Finsternisfürsten, die neutestamentlichen Schriften hielten sie für verfälscht *(infalsatae)* und zögen ihnen einige apokryphe Schriften vor. In Mani, dem *haeresiarches* (Oberhaupt [ihrer] Häresie; *haer.* 46,16), sähen die Manichäer Jesu Verheißung eines Parakleten erfüllt. Augustin verweist auf die Selbstbezeichnung Manis als »Apostel Jesu Christi« und die »apostolische« Zwölfzahl seiner *discipuli* (Schüler bzw. Jünger). Die Anordnung der genannten, auf die Ethik folgenden Themenfelder weist eine subtile trinitarische Struktur auf, da Augustin nach der Christologie den (alttestamentlichen) Gott Vater und, nach einer Randbemerkung zum manichäischen Umgang mit neutestamentlichen Schriften, die in Mani erfüllte Verheißung *»de*

Paracleto spiritu sancto« (»über den Parakleten, den Heiligen Geist«) angesprochen hat.[167]

Die Zwölfzahl der Jünger Manis finde sich auch noch in der gegenwärtigen manichäischen Kirche, nämlich in Gestalt von zwölf, einem *princeps* (Oberhaupt) untergeordneten *magistri* (Lehrern). Es folgen weitere Ausführungen zur Ämterstruktur (*haer.* 46,16) (siehe S. 14 f), die nirgends in Augustins Schriften ausführlicher vorliegen. Mit dem thematischen Wechsel hin zur Ekklesiologie endet die bislang zu konstatierende enge Verknüpfung der Einzelaussagen; in loser Anordnung reiht Augustin die folgenden Notizen an: Die Manichäer erachteten den *baptismus in aqua* (die Taufe mit Wasser; *haer.* 46,17) als für die *salus* (das Heil) nicht notwendig.[168] Augustin erwähnt das Gebet zu Sonne und Mond. Ohne Parallele ist seine Auskunft, dass sich die Manichäer in mondlosen

[167] Unter den Gesichtspunkten, die zu berücksichtigen der Adressat Augustin gebeten hatte, ist die *trinitas* (Trinität) genannt (*haer., praefatio* 3). Der Anschluss von *haer.* 46,16, wo es um den Anspruch Manis geht, dass sich in ihm der verheißene Paraklet gezeigt habe, an *haer.* 46,15, wo Augustin auf die manichäische Bibelkritik eingeht, könnte (auch) durch die – nicht eigens erwähnte – manichäische Ablehnung der Apostelgeschichte (und insbesondere des Pfingstereignisses als Erfüllung der Parakletenverheißung) bedingt sein.

[168] Nichtsdestotrotz ist die (metaphorische) Rede von der Taufe belegt. So akzeptiert Faustus Gal 3,27: *»Apostolus dicit: Quotquot in Christo baptizati sunt, Christum induerunt«* (»Der Apostel sagt: Alle, die auf Christus getauft sind, haben Christus angezogen«; *c. Faust.* 24,1). Felix argumentiert in *c. Fel.* 1,19: *»Si adversarius nullus contra deum est, ut quid baptizati sumus? Ut quid eucharistia, ut quid christianitas, si contra deum nihil est?«* (»Wenn es keinen Gegner Gottes gibt, wozu sind wir dann getauft? Wozu dann die Eucharistie, wozu das Christentum, wenn es nichts Gott Entgegengesetztes gibt?«).

Nächten gen Norden wenden (*haer.* 46,18) und dass sie stehend beten (vgl. dazu S. 42f Anm. 71). Danach stellt Augustin, mit einem Ausblick auf die Eschatologie, das manichäische Sündenverständnis vor; diese Thematik behandelt er vergleichsweise ausführlich: Nacheinander werden die manichäische und die katholische Deutung der *peccatorum origo* (des Ursprungs der Sünden), der *caro* (des Fleisches) und der *carnalis concupiscentia* (fleischlichen Begierde; Bezug auf Eph 5,17) einander gegenübergestellt, wobei Augustin den Manichäern auch explizit eine Zwei-Seelen-Lehre zuschreibt. Mit Verweis auf die katholische Vorstellung, dass das *vitium* (die Schadhaftigkeit) der *caro* (des Fleisches) beseitigt werden wird, gibt Augustin die entsprechende manichäische Position wieder: Der Mensch werde einst (d. h. nach seinem Tod) aus der *natura mali* (Natur des Bösen) befreit, diese selbst bleibe aber gleichwohl *»immortaliter«* (»unsterblich«; *haer.* 46,19) bestehen und werde am Ende des *saeculum* (Äons) in einem *globus* (Klumpen) gefangengesetzt. Zu beachten sind an dieser Stelle Augustins konkrete Angaben zu eschatologischen Details, namentlich die Erwähnung der *conflagratio mundi* (des Weltenbrandes) und die Ausführung, dass die unreinen und darum unerlösten Einzelseelen als *coopertorium atque tectorium* (Bedeckung und Umhüllung) des Klumpens eingesetzt werden.

Zusammenfassend lässt sich sagen, dass Augustin in seinem Manichäerreferat den Wünschen des Adressaten nachzukommen sich bemüht,[169] indem er hinsichtlich

[169] Vgl. die Bitte des Quodvultdeus, zitiert bei Augustin, *haer., praefatio* 3: Augustin solle schreiben, »*... quae haereses fuerint, sint; quos errores intulerint, inferant; quid adversus catholicam ecclesiam senserint, sentiant de fide, de trinitate, de baptismo, de pae-*

einzelner Theologumena die Abweichungen der manichäischen Lehre gegenüber der katholischen aufführt. Eine Gegenüberstellung manichäischer und katholischer Positionen, wie Quodvultdeus sie erbat *»quantum instructioni satis est«* (»soviel zur Unterweisung ausreicht«; Augustin, *haer.*, *praefatio* 4), liegt nur vereinzelt vor (*haer.* 46,15; Z. 154–156.158–160 und *haer.* 46,19; Z. 187f. 190–192.197–199). Missverständnisse, die sich aus der knappen Darstellungsweise ergeben, nimmt Augustin in Kauf; so differenziert er beispielsweise im Zusammenhang der Ernährungsvorschriften und des Verbots der Fortpflanzung (*haer.* 46,11.13) nicht zwischen *electi* und *auditores.* Augustin ist über weite Strecken um große Zurückhaltung in der Polemik bemüht und verfolgt das Ziel, nicht ein konkretes Fehlverhalten der Manichäer – etwa einen unkeuschen und wenig asketischen Lebenswandel (*mor.* 2,68) oder das Verweigern von Almosen (*en. Ps.* 140,12 u.v.a.) –, sondern lediglich ihre ethischen Maßgaben vorzustellen und nach Möglichkeit deren Mangel an *ratio* (vernunftgemäßer Begründung) zum Ausdruck zu bringen (vgl. *haer.* 46,11: *»sibi error ipse non constat«* / »die Irrlehre ist in sich unstimmig«). Dem Bereich reiner Polemik zuzuweisen ist allerdings der Vorwurf des *exsecramentum* (fluchwürdigen Ritus). Es fällt auf, dass Augustin ihn einerseits relativiert, indem er Gegenargumente anführt, ihn andererseits durch Zeugen-

---

nitentia, de homine Christo, de deo Christo, de resurrectione, de novo et veteri testamento …« (»… welche Häresien es gab und gibt, welche Irrlehren sie eingeführt haben und noch einführen, was sie gegen die katholische Kirche für wahr hielten und halten hinsichtlich des Glaubens, der Trinität, der Taufe, der Buße, hinsichtlich Christus als Mensch und Christus als Gott, hinsichtlich der Auferstehung, des Neuen und des Alten Testaments«).

aussagen zu untermauern und mit dem Verweis auf die Unanständigkeit der Archontenverführung selbst als glaubwürdig zu erweisen versucht (*haer.* 46,9f). Dem Charakter der gesamten Schrift als eines *commonitorium* (einer kurzen Belehrung;[170] *haer.* 46, *praefatio* 4) ist es wohl geschuldet, dass jegliche Argumentation, wie beispielsweise die Nebridiusfrage, fehlt. Schließlich ist anzumerken, dass Augustin die Einteilung des mythischen Geschehens in »drei Zeiten« (Anfang, Mitte und Ende) in seinem Referat offensichtlich für verzichtbar hält.

Dem Manichäerkapitel in *haer.* 46 kann ein kurzer Exkurs in *ep.* 236,2 zur Seite gestellt werden, den Augustin dort an die Auskunft anschließt, der Subdiakon Victorinus sei als manichäischer *auditor* entlarvt worden (*ep.* 236,1). Zunächst weist Augustin auf Gemeinsamkeiten und Unterschiede zwischen *auditores* und *electi* hinsichtlich Ethik und Ritus hin; wertvoll sind insbesondere die Angaben, dass *electi* den *auditores* die Hand auflegen und dass beide Gruppen am *dies dominicus* (Sonntag) fasten. Als Hörern und Auserwählten gemeinsame Lehrinhalte werden die doketische Christologie, die Lästerung *(blasphemare)* der Patriarchen und Propheten, die Zuschreibung der alttestamentlichen *lex* (des Gesetzes) an den *princeps tenebrarum* (Finsternisfürsten) und die Beschreibung der *animae* (Seelen) in Mensch und Tier als *partes dei* (Teile Gottes) genannt. Schließlich (vgl. *»denique«*) erwähnt Augustin den mythischen Kampf und die *commixtio* (Vermengung) der *pars dei* (des Teils Gottes) mit den *principes tenebrarum* (Finsternisfürsten), die gegenwärtige *inquinatio* (Verunreinigung) derselben in

---

170 Zur Bedeutung des Begriffs *commonitorium* bei Augustin vgl. Divjak, *Commonitorium.*

der ganzen Welt nebst ihrer Ausläuterung durch Sonne, Mond und *»per cibos electorum«* (»durch die Speisen der Auserwählten«) – was dem unbedarften Leser unverständlich geblieben sein dürfte – und die endzeitliche Bindung des nicht gereinigten Teils der göttlichen Substanz *»aeterno ac poenali vinculo«* (»mit einer ewigen und strafenden Fessel«). Auffällig ist hier, dass Augustin das gesamte mythische Geschehen mit Blick auf den *deus bonus* (guten Gott) formuliert (sodass er etwa das Schicksal der unerlösten göttlichen Substanz nennt, nicht aber den Einschluss der bösen Substanz in einem Finsternisklumpen[171]), um danach auf die frevlerischen Implikationen zu verweisen, nämlich auf die *corruptibilitas* (Verderblichkeit) des manichäischen Gottes und die Tatsache, dass seine *pars* (sein Teil) nicht vollständig ausgeläutert werden könne. Es geht Augustin in *ep.* 236,2 nicht um eine vollständige Beschreibung manichäischer Ethik oder Lehre, sondern um eine Charakterisierung und Bewertung der Zugehörigkeit des erwähnten Victorinus zum Manichäismus.

Exkurs: Ausblick – Die antimanichäische Kirchenpolitik bei Leo dem Großen

In der Person Leos des Großen setzt sich Augustins kirchenpolitischer Kampf gegen den Manichäismus besonders wirkmächtig fort. Darum soll von den Autoren der ersten Generation nach Augustin, bei denen sich einzelne antimanichäische Aussagen finden (wie etwa Prosper von

---

171 Dass es sich bei dem Finsternisvolk um eine mit Gott gleichewige Substanz handelt, hat Augustin zuvor auch gar nicht erwähnt.

Aquitanien und Orosius von Braga[172]), allein der römische Bischof hier berücksichtigt werden. Besonders in den Jahren 443 und 444 polemisiert und agiert Leo gegen die Manichäer,[173] *»quos aliarum regionum perturbatio nobis intulit crebriores«* (»die die Wirren in anderen Regionen in recht großer Zahl zu uns gebracht haben«; Leo, *Sermo* 16,5), d.h. die aufgrund der germanischen Eroberungen vermehrt ins scheinbar sichere Rom flüchteten. Wie groß der Zulauf etwa aus Nordafrika tatsächlich und wie groß die stadtrömische Gemeinde überhaupt war – bereits Augustin spricht in *conf.* 5,19 von *»plures«* (»in größerer Zahl«) –, lässt sich nicht ermitteln. Leo glaubt jedenfalls eine zunehmende Gefahr für die *catholica* zu erkennen. Die Identität mutmaßlicher Manichäer und alle verfügbaren Informationen – *»ubi habitent, ubi doceant, quos frequentent et in quorum societate requiescant«* (»wo sie wohnen, wo sie lehren, mit wem sie Umgang haben und in Gemeinschaft mit wem sie ruhen, d.h. sich sicher fühlen«; Leo, *Sermo* 16,5) – solle man daher umgehend den *presbyteri* (Priestern; Leo, *Sermo* 9,4) bzw. *»nostrae sollicitudini«* (»unserer besorgten Um-

[172] Vgl. zu ihnen Schipper / van Oort, *Introduction* 16–18.

[173] Vgl. insbesondere Leo, *Sermo* 9,4 (aus dem Jahr 443, wohl vor *Sermo* 16); *Sermo* 16,4f (Advent 443); *Sermo* 24,4 (Weihnachten 443); *Sermo* 34,4f (Epiphanias 444); *Epistula* 7 (30. Januar 444: Leo an die italischen Bischöfe); *Sermo* 42,5 (Fastenzeit 444); *Sermo* 72,7 (Karfreitag 444); *Sermo* 76,6f (Pfingsten 444) und *Epistula* 15 (Leo an Turibius von Astorga vom 21. Juli 447). Weitere antimanichäische Passagen werden bei Schipper / van Oort 113–118 vorgestellt, ebenso die konkreten Inhalte der Polemik (dies., *Introduction* 7–9). Dass Leo, *Sermo* 7,4 nicht auf Manichäer Bezug nimmt (die sich auf dem Platz vor dem Petersdom vor der Sonne verbeugen), begründet van der Lof.

sicht«; Leo, *Sermo* 16,5) melden,[174] damit sie aus der *sanctorum societas* (Gemeinschaft der Heiligen) ausgestoßen würden (Leo, *Sermo* 42,5). Leo droht seinem Kirchenvolk mit dem jüngsten Tag, an dem die Zuhörer andernfalls als *»rei de silentio«* (»schuldig aufgrund ihres Schweigens«) erfunden würden (Leo, *Sermo* 16,5; ähnlich *Sermo* 9,4). Er weist sie darauf hin, dass die in den christlichen Gemeinden verborgenen Manichäer daran erkennbar seien, dass sie beim Abendmahl zwar das Brot äßen, aus dem Kelch aber nicht tränken (Leo, *Sermo* 42,5).

Im Dezember 443 ist Leos warnende Polemik insofern delikat, als er seinen Zuhörern von *sacra obscena* (obszönen Riten) berichtet, die man den Manichäern nachgewiesen habe (Leo, *Sermo* 16,4). Mit ihm, Leo, selbst hätten *episcopi* (Bischöfe) und *presbyteri* (Priester) zu Gericht gesessen *(residere)*, und *christiani viri et nobiles* (christliche Männer und solche von vornehmer Herkunft) hätten dem *consessus* (der Gerichtssitzung) beigewohnt.[175] Männliche und weibliche (!) Auserwählte seien vorgeführt worden und hätten das ihnen zur Last gelegte Verbrechen bekannt, dass nämlich auf Anordnung ihres *episcopus* (Bischofs) ein Mädchen von einem jungen Mann geschändet worden sei. Genaueres, das in den *gestorum documenta* (Prozessakten) enthalten sei, will Leo seinen Zuhörern ersparen. Unklar bleibt die Rolle zweier Frau-

---

[174] Diese Forderung entspricht der theodosianischen Gesetzgebung vom Juli 383, dergemäß alle *catholici* (Katholiken) berechtigt sind, Häretiker anzuklagen (vgl. *Cod. Theod.* 16,5,11; KADEN, *Edikte* 59f mit Anm. 31).

[175] In einem Brief, der von derselben oder einer vergleichbaren Episode handelt, erwähnt Leo, dass neben einer großen Menge an *sacerdotes* (Priestern) auch *viri illustres* (vornehme Männer) und ein beträchtlicher Teil des Senats und des Volkes die Gerichtsverhandlung *(iudicium)* mitverfolgt hätten (Leo, *Epistula* 15,16).

en, die das Mädchen aufgezogen und es »auf [bzw. für] dieses Verbrechen« (*»huic sceleri«;* Leo, *Sermo* 16,4) vorbereitet hätten. Auch in mehreren Predigten, die Leo kurze Zeit später gehalten hat, scheint der in *Sermo* 16 genannte oder ein ähnlicher Prozess seinen Niederschlag gefunden zu haben, da Leos Andeutungen zur geglückten Überführung von Manichäern eine sexuelle Konnotation aufweisen.[176] Nicht ausgeschlossen ist fernerhin, dass die Angaben zu dem Jahr 443 in der Chronik des Prosper Tiro von dem in *Sermo* 16 geschilderten Fall sprechen: Gemäß Leos Kanzleischreiber nötigte der Bischof die aufgespürten Manichäer dazu, vor dem versammelten Kirchenvolk alle *turpidines* (Schändlichkeiten) ihrer Lehre zu offenbaren und zu verdammen; von Prosper erfahren wir außerdem, dass Leo manichäische *codices* (Büchern) verbrennen ließ.[177] Dies geschah, auch wenn

---

[176] Vgl. Leo, *Sermo* 24,4: *»Sicut proxima eorum confessione patefactum est, ut animi ita et corporis pollutione laetantur ... ut et in dogmatibus suis impii et in sacris inveniantur obsceni«* (»Wie durch ihr neulich abgelegtes Geständnis ans Licht kam, freuen sie sich an der Beschmutzung der Seele ebenso wie an der des Körpers ... sodass sie in ihren Lehren als frevlerisch und in ihren Riten als obszön erfunden werden«); *Sermo* 34,5: *»Prosit universae ecclesiae, quod multi ipsorum ... detecti sunt, et in quibus sacrilegiis viverent, eorundem confessione patefactum est«* (»Möge es der gesamten Kirche zugute kommen, dass viele von ihnen ... ausfindig gemacht wurden und dass durch ihr Geständnis ans Licht kam, in welchen Freveln sie leben«); *Sermo* 76,7: *»Ad illa non sacra, sed exsecramenta perveniunt, quae propter communem verecundiam non sunt nostro sermone promenda, cum iam abundantissime ipsorum sint confessione patefacta«* (»Sie gelangen zu diesen nicht heiligen, sondern fluchwürdigen Riten, die mit Rücksicht auf das allgemeine Schamgefühl nicht in unserer Predigt genannt werden sollen, wo sie doch bereits in aller Ausführlichkeit durch ihr Geständnis ans Licht gekommen sind«).

[177] Vgl. Prosper, *Chronik* 1350: *»Hoc tempore plurimos Mani-*

Prosper es nicht expliziert, vermutlich im Anschluss an die »Geständnisse«, zumal wir von einer Beschlagnahmung manichäischer *codices* wissen, die etwa der Debatte gegen Felix vorausgegangen ist). Der Prozess in Rom ist demjenigen ähnlich, der gemäß Augustin Jahre zuvor in Karthago stattgefunden hat (siehe S. 171 Anm. 156). Möglicherweise ist Leos Erzählung gar von *haer.* 46 abhängig, indem nämlich Leo das augustinische Referat über die Manichäer gelesen und den römischen Prozess unter dem Eindruck dieser Lektüre geführt (oder zumindest gedeutet) hat.[178] Im Unterschied zum karthagischen Falle, wo dem Tribun Ursus eine wichtige Rolle zugewiesen wird, ist ein einzelner politischer Vertreter für den römischen Prozess nicht hervorgehoben.

Im Januar 444[179] macht Leo die Bischöfe der Provinzen Italiens auf die manichäische Gefahr aufmerksam, insbe-

chaeos intra urbem latere diligentiae papae Leonis innotuit, qui eos de secretis suis erutos et oculis totius ecclesiae publicatos omnes dogmatis turpidines et damnare fecit et prodere incensis eorum codicibus, quorum magnae moles fuerant interceptae« (»Zu dieser Zeit wurde der Umsicht des Papstes Leo bekannt, dass sehr viele Manichäer sich innerhalb der Stadt [Rom] verborgen hielten, und er ließ sie, aus ihren Verstecken hervorgeholt und den Augen der gesamten Kirche öffentlich vorgeführt, alle Schändlichkeiten ihrer Lehre verdammen und enthüllen und veranlasste, dass ihre Bücher angezündet wurden, von denen große Mengen beschlagnahmt worden waren«). Im Anschluss schildert Prosper Leos Vorgehen gegen manichäische *doctores* (Lehrer bzw. Gelehrte), *presbyteri* (Priester) und *episcopi* (Bischöfe) auch außerhalb Roms.

[178] In diesem Falle wären etwa die Redewendung der *Manichaeorum insania* (des Irrsinns der Manichäer; vgl. Leo, *Sermones* 16,4 und 24,4 mit Augustin, *haer.* 46,1) und die auffällige Bezeichnung *exsecramentum* (fluchwürdiger Ritus; vgl. Leo, *Sermones* 16,4 und 76,7 mit Augustin, *haer.* 46,9) Reminiszenzen an den augustinischen Text.

[179] Vgl. SCHIPPER/VAN OORT, *Introduction* 6. Der Brief wird

sondere da sich aus Rom geflüchtete Manichäer – dort sei der Manichäismus ausgerottet – in den Zuständigkeitsgebieten der Adressaten aufhalten könnten (Leo, *Epistula* 7,1). Ebenso wie andernorts sein Kirchenvolk (Leo, *Sermones* 9,4; 16,5) warnt Leo auch die italischen Bischöfe vor dem jüngsten Gericht, an dem diese nicht der *negligentia* (Nachlässigkeit) für schuldig befunden werden dürften (Leo, *Epistula* 7,2). Er habe in Rom viele Manichäer entlarvt, habe sie, soweit möglich, zurechtgewiesen und zu einer öffentlichen, durch Unterschrift bekräftigten Abschwörung genötigt.[180] Die Unverbesserlichen unter ihnen seien hingegen *»per publicos iudices«* (»durch staatliche Richter«) entsprechend den kaiserlichen Gesetzen[181] zu einer dauerhaften *relegatio* (Verbannung) verurteilt worden. Alle *»profana vel turpia«* (alles »Gottlose und Schändliche«) ihrer Schriften und ihrer geheimen *traditiones* (Bräuche) seien an den Tag gekommen; auch ihr Bischof habe *flagitiosa* (Schändliches) gestanden, womit der in *Sermo* 16,4 geschilderte Prozess gemeint sein könnte.[182] Leo verweist auf die dem Schreiben beigefügte

---

von KRANNICH, *Von Leporius bis zu Leo dem Großen* 169 Anm. 22, versehentlich ins Jahr 445 datiert (richtig aber 171 Anm. 28).

180 Leo, *Epistula* 7,1: *»... ut damnarent Manichaeum cum praedicationibus et disciplinis suis publica in ecclesia professione et manus suae subscriptione, compulimus ...«* (»Wir haben sie dazu gebracht, Mani mit seinen Verkündigungen und seinen Lehren mit einem öffentlichen, in der Kirche gesprochenen Bekenntnis und mit ihrer eigenhändigen Unterschrift zu verdammen«).

181 Leo, *Epistula* 7,1: *»... subditi legibus, secundum Christianorum principum constituta ...«* (»unterworfen den Gesetzen, gemäß den Verordnungen der christlichen Kaiser«).

182 Vgl. Leo, *Epistula* 7,1: *»... adeo ut ipse, qui eorum dicebatur episcopus ... proderet flagitiosa in suis mysticis quae teneret«* (»... soweit, dass ihr sogenannter Bischof höchstpersönlich die Schändlichkeiten gestand, die er in seinen Geheimkulten befolgte«) mit

series gestorum (Aktenreihe), ohne dass seine Ausdrucksweise eindeutig erkennen ließe, ob eine Mehrzahl von Prozessen oder ein einziger Prozess, etwa der letztgenannte gegen einen manichäischen *episcopus* (Bischof), im Blick ist. Das Schreiben führt, sicherlich nicht zuletzt aufgrund der beigefügten Prozessakten, die die obszönen Frevel enthüllen sollen, zum gewünschten Resultat. Dies gilt beispielsweise für die iberische Halbinsel, wie der Chronik des Hydatius entnommen werden kann (Hydatius, *Chronik* 130.133). Auch ist ein im Juni 445 erlassenes kaiserliches Gesetz als Reaktion auf Leos Politik zu verstehen.[183] Im Juli 447 unternimmt Leo es, auf die Anfrage des Turibius von Astorga hin (ders., *Epistula*), die Bischöfe der iberischen Halbinsel gegen die Priszillianisten zu mobilisieren (Leo, *Epistula* 15; dazu Hydatius, *Chronik* 135). In einem Kontext, in dem er mehrfach auf Gemeinsamkeiten manichäischer und priszillianistischer Lehre hinweist, bezichtigt er mit dem Argument *»Qui per omnia sunt in impietate sensuum pares, non possunt in sacris suis esse dissimiles«* (»Sie, die einander in der Gottlosigkeit ihrer Sinne in jeder Hinsicht entsprechen, können einander in ihren Riten nicht unähnlich sein«; Leo, *Epistula* 15,16) auch die Priszillianisten der den Manichäern unterstellten *exsecrabilia mysteria* (fluchenswerten

---

Leo, *Sermo* 16,4: *»episcopus ipsorum detestandi criminis ordinator«* (»ihr Bischof, der das schändliche Verbrechen angeordnet hatte »).

[183] *Constitutio Valentiniani III de Manichaeis* (Gesetz Valentinians III bezüglich der Manichäer vom 19. Juni 445 = Leo, *Epistula* 8). Dem Text ist zu entnehmen, dass Valentinians Kenntnisse über den Manichäismus vornehmlich auf den Untersuchungen Leos basieren. Zum Inhalt des Gesetzes vgl. KRANNICH, *Von Leporius bis zu Leo dem Großen* 172. Zu der gegen die Manichäer gerichteten kaiserlichen Gesetzgebung vgl. S. 9–13.

Geheimriten).[184] Leo verweist auch hier auf dem Brief beigefügte *gesta* (Prozessakten), die die Enthüllung des manichäischen (!) *facinus* (Verbrechens) bezeugen sollen und die wohl mit den oben genannten *gesta* zu identifizieren sind.

III. Manichäismusvorwürfe gegen Augustin

1. Vorwürfe im Zusammenhang der Bischofsweihe

Augustin wuchs bereits als *presbyter* (Priester) in die Rolle eines Koadjutors des Bischofs von Hippo, Valerius, hinein. Insofern kam die Bischofsweihe[185] nicht überraschend. Gleichwohl hat es Widerstand gegen die Wahl Augustins zum Bischof gegeben. Cresconius hatte Augustin gegenüber auf einen Brief des *princeps* (Vorgesetzten) verwiesen, in dem dieser es abgelehnt hatte, dass Augustin zum Bischof geweiht würde (*Cresc.* 3,92). Mit diesem *princeps* ist wohl der *»iratus ordinator futurus episcopatus mei«* (»der erzürnte Mann, der mich später zum Bischof weihen sollte«; *c. litt. Pet.* 3,19) gemeint, also Megalius als der zuständige *»primas ecclesiae Numi-*

---

[184] Zur Gleichbehandlung von Manichäern und Priszillianisten in der kaiserlichen Gesetzgebung und zum Einfluss des von Ithacius verfassten Apologetikums auf die Zusammenschau von Manichäismus und Priszillianismus bei etlichen Vertretern der *catholica* vgl. GROTE, *Anachorese und Zönobium* 168 und 176.178–181; außerdem SCHIPPER/VAN OORT, *Introduction* 4f.

[185] Die Datierung ergibt sich aus der Datierung von *ep.* 29 einerseits (d.h. auf das Leontiusfest am 4. Mai 395) und andererseits der Tatsache, dass Augustin bereits als Bischof am Konzil von Karthago 397 teilgenommen hat (vgl. *Breviarium Hipponense sessio diei* 28. August 397; CChrSL 149, 49, nr. 29).

diae catholicae« (»Primas der katholischen Kirche Numidiens«), den Augustin selbst später als seinen *ordinator* nennt (*Conlatio Carthaginiensis* III,247). Ob der besagte Brief auch Vorwürfe im Hinblick auf Augustins frühere Zugehörigkeit zum Manichäismus enthielt, ist nicht sicher; doch ist auffällig, dass sowohl in *c. litt. Pet.* 3 als auch in *Cresc.* 3 in unmittelbarem Kontext der Notizen zu diesem Brief die Frage des Manichäismus auftaucht. In *c. litt. Pet.* 3 wird dabei ausgesagt, dass ein *concilium* (Konzil) die Vorwürfe des Megalius ausgeräumt hat (*c. litt. Pet.* 3,19). Zugleich wird deutlich, dass Petilian weitere Vorwürfe erhoben hat, die den Manichäismus Augustins betrafen. Mit einem dieser Vorwürfe bezog er sich gemäß Augustin auf die Aussage einer Frau, die sich als *catechumena Manichaeorum* (manichäische Katechumenin) bezeichnet hatte.[186] Hieraus hatte Petilian (Augustin lässt offen, ob aus gespielter oder echter Unwissenheit) auf die Existenz einer manichäischen Taufe geschlossen und behauptet, Augustin selbst sei (nicht nur getauft, sondern) sogar *presbyter* (Priester) bei den Manichäern gewesen (*c. litt. Pet.* 3,20).[187] Vermutlich bezog

[186] Vgl. *c. litt. Pet.* 3,20: »... *ex confessione cuiusdam feminae, quod catechumenam se dixerit Manichaeorum, quae sanctimonialis in catholica fuerit«* (»aufgrund des Geständnisses einer Frau, wonach diese sich als eine manichäische Katechumenin bezeichnete, die innerhalb der katholischen Kirche dem Stand der Jungfrauen angehörte«). Unklar ist, ob die Frau auch für die manichäische Kirche als eine *sanctimonialis* (heilige Jungfrau bzw. dem Stand der Jungfrauen angehörig) galt, wie Augustin es beispielsweise bezüglich einer Eusebia wissen will (vgl. *haer.* 46,19 und S. 15 Anm. 16).

[187] Vgl. FREND, *Struggle* 862. Ob Petilian damit insinuieren wollte, dass Augustin auch als *presbyter* in Hippo heimlich noch Manichäer war (wie es etwa für den Subdiakon Victorinus belegt ist; *ep.* 236,1), ist unsicher.

sich Petilian auch auf die Aussagen in *conf.* 4,1, aus denen hervorgeht, dass auch Augustin als *auditor* den *electi* die abendlichen Mahlzeiten zubereitet bzw. dargebracht hat, indem er sie dahingehend verstand, dass die *electi* von dem *presbyter* Augustin die Eucharistie erhalten hätten.[188]

Petilian hatte seine Vorwürfe dadurch zu untermauern versucht, dass er Gerichtsakten *(gesta)* anführte, denen zufolge ein ehemaliger Freund Augustins *»ad defensionem suam«* (»zu seiner eigenen Verteidigung«; *c. litt. Pet.* 3,19) auch auf Augustin verwiesen hatte (offensichtlich auf Augustin als Manichäer). Des Weiteren hatte er an eine Verurteilung der Manichäer durch den Prokonsul Messianus erinnert, die Augustin stark bewegt habe (*percutere*; *c. litt. Pet.* 3,30). Diese Verurteilung durch Messianus kann jedoch kaum der Grund für Augustins Weggang aus Nordafrika gewesen sein, weil sie *»post consulatum Bautonis«* (»nach dem Konsulat des Bauto«, also nach dem 1. Januar 386) erfolgte, Augustin jedoch bereits im Januar 385 zum Beginn von dessen Konsulat eine öffentliche Rede in Mailand hielt, also nicht mehr in Nordafrika war (*c. litt. Pet.* 3,30). Allerdings ist die genaue Datierung des genannten Urteils des Messianus unklar. Augustin flicht in seine Widerlegung den Hinweis auf seine Rückkehr nach *Africa* ein und datiert diese *»post Maximi tyranni mortem«* (»nach dem Tod des Tyrannen Maximus«), also nach dem 28. August 388.[189] Doch ist nicht ganz erkennbar, ob das Urteil des Messianus nicht schon vorher erfolgt ist (also zwischen dem 1.

---

[188] So die überzeugende Rekonstruktion von COURCELLE, *Recherches* 242.

[189] Vgl. SEECK, *Regesten* 274.

Janar 386 und dem Sommer 388); das Urteil des Messianus könnte also sehr wohl auch in das unmittelbare zeitliche Umfeld des Rückzugs nach Cassiciacum und der Taufe in Mailand datiert werden (beispielsweise in die Zeit zwischen Sommer 386 und Ostern 387). Immerhin erhebt auch Secundinus in seinem Brief den Vorwurf, dass Augustin sich *per timorem* (aus Angst) vom Manichäismus abgewandt habe, und mahnt ihn, die *hominum gloria* (den Ruhm bei den Menschen) fahren zu lassen (Secundinus, *Epistula* 2.5). Augustin greift dies in seiner Erwiderung dahingehend auf, dass er versichert, weder aus Angst vor irgendeiner *incommoditas* (Unannehmlichkeit) noch aus Hoffnung auf eine Ehrenstellung in der *catholica* die Manichäer verlassen zu haben (*c. Sec.* 1 f). Doch ist der Hinweis des Secundinus zu vage, um als Indiz dafür gelten zu können, dass das Urteil des Messianus zeitlich in die Nähe der Abwendung Augustins vom Manichäismus gehört hätte (zumal fraglich ist, inwiefern der römische Manichäer Secundinus von einem nordafrikanischen Gerichtsverfahren gewusst haben könnte). Ein zeitlicher Zusammenhang zwischen dem Urteil des Messianus und Augustins Entschluss zur Taufe in Mailand kann also zwar nicht ausgeschlossen, aber auch nicht belegt werden.

Aus den genannten Texten ergibt sich in chronologischer Hinsicht das recht klare Bild, dass Augustin von der Zeit kurz vor seiner Bischofswahl (also etwa 395/396) bis nach 405[190] wegen seiner manichäischen Vergangen-

---

[190] Zur Datierung von *Cresc.* vgl. *retr.* 2,26, wo die Gesetze des Honorius vom 12. Februar 405 genannt sind (*Codex Theodosianus* 16,5,37 f; 16,6,4 f); vgl. auch Moreau, *Ad Cresconium* 131. Eventuell stehen Vorwürfe auch gegen Augustin schon im Hintergrund von *util. cred.* 18.

heit angegriffen wurde. Die durchaus unterschiedlichen Vorwürfe wurden sowohl innerhalb der *catholica* als auch von Seiten der Donatisten und aus manichäischen Kreisen erhoben.

2. *Die Bedeutung des Manichäismus für die* conf.

In der älteren Forschung hatte insbesondere Adam versucht, die Charakteristik der *conf.* aus dem Fortwirken manichäischer Frömmigkeit zu erklären. Adam verwies dabei auf die Generalbeichte des Bemafestes, auf die besondere Bedeutung des Psalmensingens im Manichäismus und die Einbeziehung räumlicher Vorstellungen[191] und sah in *conf.* 1–8 den Weg der Seele durch »die Dunkelheiten der Welt«, was er zu den »acht Erden« und »acht Sphären der Finsternis« in Beziehung setzte, in *conf.* 9–13 dann den »Aufstieg«, geordnet nach den »fünf lichten Elementen« (»Entschluss, Erwägung, Denken, Erkenntnis, Vernunft«).[192] Diese Deutung ist in der Forschung jedoch nicht rezipiert worden, weil sie der Vielschichtigkeit der *conf.* zu wenig Rechnung trägt. Erst die intensive Analyse von *conf.* 3 durch Feldmann hat die Bedeutung des Manichäismus für die Deutung der *conf.* intensiv ins Bewusstsein gerückt. Dabei vermag Feldmanns Einordnung der *conf.* als Protreptikos besonders den sachlichen Zusammenhang zwischen chronologisch geordneter, reflektierender Rückschau auf das eigene Leben und der Auslegung von Gen 1 in *conf.* 10–13 zu beschreiben. In den *conf.* bekennt Augustin »wer sein Gott ist. Er zeigt dort, in welcher Lebensform sich sein Diener in Konse-

---

[191] Vgl. ADAM, *Fortwirken* 6–12.
[192] ADAM, *Fortwirken* 9.

quenz aus dieser Gotteserkenntnis befindet«[193]. Dabei rechnet Feldmann besonders mit einer Bedeutung des Manichäismus als eines überwundenen Sinnangebots, dem Augustin in den *conf.* sein besseres Gottes- und Schriftverständnis gegenüberstellt.[194] Die für die *conf.* charakteristische Verbindung von spezifischen Bereichen (Gottesbegriff, eigener Lebenstypus, Schriftdeutung und Psalmenfrömmigkeit) sieht Feldmann als durch den Manichäismus vorbereitet an.[195]

Die Auseinandersetzung mit dem Manichäismus stellt Drecoll als eine zentrale Stoßrichtung der *conf.* heraus. Der Anfang von *conf.* 10 beansprucht nicht nur, im Bekennen vor Gott die Wahrheit über das eigene Leben zu schildern, sondern grenzt dies auch gegen das *»curiosum genus ad cognoscendam vitam alienam«* (»Geschlecht, das neugierig ist, das Leben des anderen kennenzulernen«; *conf.* 10,3) ab. Damit gerät die Leserschaft der *conf.* als eine in den Blick, die Fragen im Hinblick auf Augustins Vergangenheit stellt. Augustin spricht von *multi* (vielen; *conf.* 10,4), die solche skeptischen Fragen im Hinblick auf seine Vergangenheit stellen.[196] Drecoll verbindet diese Skepsis im Hinblick auf die Vergangenheit mit den Vorwürfen von Manichäern wie Secundinus, von Donatisten und auch im Bereich innerhalb der Caecilianerkirche (zu der Augustin gehört). Daraus folgert er, dass die *conf.* eine antimanichäische Tendenz haben,[197] die sich in der Beschreibung des in Mailand gefundenen Gottesbe-

---

[193] Feldmann, *Einfluß* 734.

[194] Vgl. Feldmann, *Confessiones* 1175.

[195] Vgl. Feldmann, *Confessiones* 1170.1174.1182. Vgl. S. 63–73.

[196] Vgl. Drecoll, *Entstehung* 256–259.

[197] Vgl. Drecoll, *Entstehung* 261.267f. Vgl. O'Donnell, *Sinner and Saint* 52f.

griffs in *conf.* 7[198] und in der Genesisauslegung in *conf.* 11–13[199] finden lässt. Vor allem aber nimmt Augustin durch sein demütiges Bekennen seinen Gegnern die Waffen aus der Hand: Er gibt ihnen umfassend recht und beansprucht zugleich, dass Gott ihn über die schlechte Vergangenheit hinausgeführt hat. Darin liegt eine verteidigende, apologetische Tendenz.[200] Augustin steht, so muss man schlussfolgern, zum Abfassungszeitpunkt der *conf.* dort, wo Gott ihn hingeführt hat (wobei Augustin interessanterweise die Zeit als *presbyter* [Priester] bis zur Bischofsweihe gerade auslässt).[201]

In verschiedenen kleineren Beiträgen hat van Oort die Bedeutung des Manichäismus für die *conf.* herausgestellt. Ihm zufolge sind die *conf.* durch Anspielungen auf manichäische Frömmigkeitsformen und Aussagen durchzogen. So sieht er etwa in der Erwähnung der *fercula* (Traggestelle, aber auch: Speisebretter) in *conf.* 3,10 eine Anspielung auf die manichäischen Bildkodizes[202] und die abendlichen Mahlzeiten der *electi.*[203] Er hebt die Bedeutung der Ästhetik und des Schönen für den Manichäismus hervor, wozu auch der Titel der augustinischen Schrift *De pulchro et apto* passt.[204] Eine solche Betonung

---

[198] Vgl. DRECOLL, *Entstehung* 275–281.

[199] Vgl. DRECOLL, *Entstehung* 344–354.

[200] Vgl. DRECOLL, *Entstehung* 262.

[201] Vgl. O'DONNELL, *Sinner and Saint* 53.

[202] Vgl. hierzu oben S. 17 f Anm. 22.

[203] Vgl. VAN OORT, *Augustinus' Confessiones* 14–16.

[204] Die Aussagen von VAN OORT, *Augustinus' Confessiones* 17, zum Materialismus als Grundzug manichäischer Spiritualität sind allerdings zu relativieren; vgl. oben S. 34–36. Zwar hängen die körperlich gebundenen Lichtelemente aufgrund einer substantialen Einheit mit dem Licht des *deus pater* (Gott Vaters) zusammen, doch ergibt sich eine Abstufung (von der aus etwa das sichtbare

der Ästhetik sieht van Oort auch in *conf.* 10,8.38 gegeben. Diese Anspielungen bedeuteten, dass die *conf.* nicht nur antimanichäisch seien, sondern dass Augustin in den *conf.* auch manichäische Leser im Blick habe.[205] Die Tatsache, das die *conf.* nicht nur den Manichäismus abwehren, sondern auch versuchen, Manichäer zu überzeugen, stellt Kotzé in ihrer Interpretation der *conf.* in den Vordergrund. Sie geht von *conf.* 9,8 aus, wo Augustin Ps 4,2 zitiert und von seiner flehentlichen Bitte für die Manichäer (die innerhalb des Erzählfadens in Cassiciacum verortet ist) berichtet. Kotzé nimmt an, dass diese Bitte nicht nur in erster Linie der Abwehr des Manichäismusvorwurfes dient oder antimanichäisch ausgerichtet ist, sondern vielmehr darauf zielt, dass auch die Manichäer als Adressaten von *conf.* 9,8 vorauszusetzen sind – wobei Augustin hofft, dass sie sich ebenfalls vom Manichäismus ab- und der *catholica* zuwenden.[206] In *conf.* 9,9–11 führt Augustin die Auslegung von Ps 4 fort und bezieht dies immer wieder auf seinen Schmerz darüber, dass die Manichäer nicht seinen Weg gegangen sind. Kotzé verweist auf eine Reihe von zentralen Stichwörtern, etwa die Bezeichnung des Parakleten als *spiritus veritatis* (Geist

---

Licht dem Sohn zugeordnet werden kann; vgl. *c. Faust.* 20,2). Ob man davon sprechen kann, dass Augustin die Frömmigkeit einer gnostischen Spiritualität in die westliche Kirche eingebracht habe (so van Oort, *Augustinus' Confessions* 17), ist fraglich, insbesondere weil der Begriff Mystik in Bezug auf die augustinischen Vorstellungen von Aufstieg durchaus umstritten ist; vgl. Drecoll, *Entstehung* 327–339.

[205] Vgl. van Oort, *Augustinus' Confessiones* 17; ders., *Manichaeism and Antimanichaeism* 240f. Die manichäischen Leser sind (neben Donatisten und Caecilianern) als Adressaten der *conf.* auch von Drecoll, *Entstehung* 267, an erster Stelle genannt worden.

[206] Vgl. Kotzé, *Communicative Purpose* 99–101.

der Wahrheit), die Erwähnung des Gegensatzes von *fallacia* (Trug) und *veritas* (Wahrheit; beides in *conf.* 9,9), die Lichtterminologie (besonders in *conf.* 9,10) und die Bezeichnung der intendierten Adressaten als *inimici scripturae huius* (Feinde dieser Schrift; *conf.* 9,11).[207] Von der mit *conf.* 9,8–11 begründeten These aus, dass Augustin bei der Abfassung der *conf.* insbesondere die Manichäer im Blick hat, und zwar in der Absicht, sie zu überzeugen, geht Kotzé die *conf.* auf Stichworte hin durch, die für die Manichäer besonders aussagekräftig gewesen sein dürften, so insbesondere die Auslegung von Gen 1 in *conf.* 13.[208] Kotzé betont, dass sie keineswegs die *conf.* als ausschließlich für Manichäer bestimmtes Werk verstehen, sondern lediglich herausarbeiten will, dass die protreptische Funktion der *conf.* sich gerade auch auf die Manichäer erstreckt. Ob die Interpretation von *conf.* 9,8–11 durch Kotzé als überzeugend angesehen wird, wird die weitere Diskussion zeigen. Dass Augustin gezielt mit einer Ambivalenz arbeitet, nämlich einerseits den Manichäismus außergewöhnlich negativ qualifiziert, andererseits doch gerade auch Manichäer im Blick haben dürfte, kann als gesichert gelten.

3. Bedeutung des Manichäismus für Pelagius' Einspruch gegen Augustin

Pelagius hat bei der Kommentierung des Römerbriefes vermutlich Augustin im Blick, wenn er zu Röm 5,15 Argumente *»contra traducem peccati«* (»gegen die Fortpflanzung der Sünde«) anführt. Die Annahme einer *tra-*

---

[207] Vgl. Kotzé, *Communicative Purpose* 103–114.
[208] Vgl. Kotzé, *Communicative Purpose* 181–196.

dux peccati (eines Triebes [d.h. der Fortpflanzung] der Sünde) wird allerdings nicht unmittelbar mit den Manichäern verbunden. Letztere werden mehrfach genannt, so etwa bei der Erläuterung des Proömiums (Pelagius, *In Romanos*; SOUTER 8,20–24). Zu Röm 7,7 bemerkt Pelagius: »*contra Manichaeos*« (»gegen die Manichäer«; ders., *In Romanos*; SOUTER 56,8). Schließlich betont er die Wendung *sapientia carnis* (Weisheit des Fleisches) in Röm 8,7: »*Non ipsa caro, ut Manichaei dicunt, sed sensus carnalis inimicus est deo*« (»Nicht das Fleisch selbst, wie die Manichäer sagen, sondern das fleischliche Sinnen ist Gott feind«; ders., *In Romanos*; SOUTER 62,17f). Letzteres legt nahe, dass Pelagius eine Vorstellung, die die Feindschaft gegen Gott mit der *caro* (dem Fleisch) verbindet, in die Nähe des Manichäismus rückt. Einen solchen Zusammenhang von Sünde und *caro* lehnt Pelagius ab. Die Getauften haben ja durch die Taufe die Sündenvergebung erhalten. Also kann das Kind von zwei Getauften jedenfalls keine Sünde von den Eltern haben, da die Seele nicht von den Eltern stammt, sondern nur das Fleisch (ders., *In Romanos*; SOUTER 47,4–9, zitiert in *pecc. mer.* 3,5). Eine Bestrafung, die »*ex massa Adae*« (»aus der Masse Adams«) erfolgt, wäre ungerecht. Mit *massa Adae* und *tradux peccati*[209] sind zwei Begriffe genannt, die Augustin verwendet: »*una massa omnium, veniens de traduce peccati*« (»eine einzige Masse aller, die aus der Fortpflanzung der Sünde stammt«; *Simpl.* 1,2,20). Insofern ist die Annahme plausibel, dass für Pelagius Augustins Befürwortung der *tradux peccati* und seine Beschreibung der Menschheit als *massa* (Masse) eine bedenkliche Nähe

[209] Zu diesem Begriff bei Augustin siehe S. 127f Anm. 81.

zum Manichäismus bedeutet.[210] Allerdings macht Pelagius dies in seiner Kommentierung des Römerbriefs ebensowenig explizit wie in den Fragmenten, die von seiner Schrift *De natura* erhalten sind. Hier hebt er hervor, dass die Sünde weder *substantia* (Substanz) noch *corpus* (Körper) ist (Pelagius, *De natura*, zitiert nach *nat. et gr.* 21). Hinzu kommt die Abwehr des Gedankens, dass der Mensch gleichsam *»naturali necessitate«* (»aus einer naturgegebenen Notwendigkeit heraus«) sündigt (Pelagius, *De natura*, zitiert nach *nat. et gr.* 54). Wollte man dies doch annehmen, würde man die Sünde auf den *naturae auctor* (Schöpfer der Natur) beziehen (Pelagius, *De natura*, zitiert nach *nat. et gr.* 59). *Spiritus* und *caro* (Geist und Fleisch) sind gut geschaffen, doch handelt es sich bei ihrem Gut-Sein eben um *qualitates* (Eigenschaften), nicht um *substantiae* (Substanzen), sodass durch ein falsches Verhalten Geist und Fleisch in einen Gegensatz zueinander geraten können (Pelagius, *De natura*, zitiert nach *nat. et gr.* 63). Gal 5,17 gilt daher *»non de carnis substantia, sed de operibus«* (»nicht bezüglich der Substanz des Fleisches, sondern bezüglich der Werke«; Pelagius, *De natura*, zitiert nach *nat. et gr.* 66). Diese Argumentation des Pelagius steht in einer origenistisch geprägten, antignostisch ausgerichteten Tradition, die gleichermaßen auch gegen den Manichäismus herangezogen werden konnte.

---

[210] Dies lässt sich nicht in gleicher Weise auch für Paulinus von Nola wahrscheinlich machen. Zu der Deutung durch COURCELLES, *Confessions* 566f, vgl. DRECOLL, *Entstehung* 262 Anm. 37.

4. Julians Manichäismusvorwurf

Erste Vorwürfe: Julian beurteilte Augustins Erbsünden- und Gnadenlehre als verdeckten Manichäismus.[211] Wenn die bei Marius Mercator überlieferte Information über einen Gesprächsgang in Rom zutreffend ist,[212] dann kritisierte Julian an Augustins Theologie, dass dieser das *peccatum* (die Sünde) als *substantia* (Substanz) bzw. *natura* (Natur) auffasse und damit das *malum* (Böse) auf den *conditor* (Schöpfer), also auf Gott zurückführe. Dadurch werde Gott zum *mali auctor* (Urheber des Bösen): *»Hoc nec impiissimus profiteri ausus est Manichaeus«* (»Dies hat nicht einmal der allergottloseste Mani zu lehren gewagt«; Julian, *Dicta*). Als Julian versucht, im Streit um die *Epistula tractoria* (das Aufforderungsschreiben) des Zosimus den *comes* (Staatskommissar) Valerius zu überzeugen, dürfte er Augustins Theologie in einer Weise beschrieben haben, die sie in die Nähe des Manichäismus rückt. Augustin referiert diese Charakterisierung seiner Theologie wie folgt: Die *nuptiae* (Ehe) und die geschlechtliche Fortpflanzung würden durch Augustin negativ bewertet, denn *»de tali commixtione«* (»durch solche Vermischung«) würden die Kinder sich das *originale peccatum* (die Sünde, die mit dem Ursprung zusammen-

[211] Vgl. Evans, *Manichee* 233. Zu Julians Kenntnissen des Manichäismus vgl. Lamberigts, *Assessment of Julian* 115–120. Julian kannte eine (unter dem Namen des Basilius laufende, wohl lateinische) Fassung von Serapions Werk gegen die Manichäer (*c. Iul.* 1,16f; vgl. Cipriani, *Testi pseudobasiliani*).

[212] Die Datierung ergibt sich aus der Verortung der Nachricht im *Commonitorium* (in der kurzen Belehrung) des Marius Mercator, der die Nachricht jedoch mit *»meminimus«* (»wir erinnern uns«; ders., *Commonitorium* 13) einleitet, sodass die Datierung unsicher ist.

hängt) zuziehen und befänden sich somit *sub diabolo* (unter dem Teufel), sodass Christus sie *de potestate tenebrarum* (aus der Gewalt der Finsternis) herausreißen und in sein *regnum* (Reich) hinüberführen müsse (*nupt. et conc.* 1,1). Der manichäische Hintergrund dieser Charakterisierung ist mit Händen zu greifen, auch wenn der Manichäismusvorwurf hier wohl noch nicht explizit wurde.

Der Manichäismusvorwurf in Ad Turbantium: Explizit wird der Manichäismusvorwurf in den vier Büchern *Ad Turbantium* (An Turbantius). Bereits in den *chartulae* (kurzen Aufzeichnungen), den Exzerpten dieses Werkes, die Augustin in *nupt. et conc.* 2 widerlegt,[213] wird der Beginn von *nupt. et conc.* 1,1 aufgegriffen (*nupt. et conc.* 2,5) und die Ablehnung der Theologie des Pelagius als Manichäismus hingestellt: *»Ne igitur vocentur haeretici, fiunt Manichaei«* (»Damit man sie nicht als Häretiker bezeichne, werden sie also Manichäer«; *nupt. et conc.* 2,7[214]). Julian hat besonders die Verknüpfung der geschlechtlichen Fortpflanzung, der *natura* (Natur) des Körpers, und des *malum* (Bösen) im Blick (vgl. die Julianzitate in *nupt. et conc.* 2,16[215]). Die *commixtio* (Vermischung) kann entweder als *opus divinum* (göttliches Werk) positiv oder negativ bewertet werden – im letzteren Fall müsste dies

[213] Zur Abfolge der literarischen Kontroverse zwischen Augustin und Julian vgl. die Tabelle in LAMBERIGTS, *Iulianus Aeclanensis* 840.

[214] Den vollständigen Wortlaut des Vorwortes gibt Julian selbst, wie aus *c. Iul. imp.* 1,73 ersichtlich wird (= Julian, *Ad Turbantium* fr. 1).

[215] Der Zusammenhang ist auch aus den Referaten in *c. Iul.* 3,14–19 nicht deutlicher, als er in *nupt. et conc.* 2,16 erhoben werden kann; vgl. die Zusammenstellung als Julian, *Ad Turbantium* fr. 20–24.

dann für die gesamte Schöpfung gelten, auch für Brot und Wein (vgl. Ez 16,49). »*Quod si feceris, aperte Manicheus esse convinceris*« (»Wenn du dies tust, wirst du dich offen als Manichäer erweisen«; *nupt. et conc.* 2,34 = Julian, *Ad Turbantium* fr. 62). Die Annahme eines *malum originale* (Urbösen) ist, so Julian, mit der Rückführung jeder *natura* auf Gott unvereinbar. »*Perfecte itaque Manicheus est, qui malum originale defendit*« (»Daher ist derjenige voll und ganz Manichäer, der das Urböse verteidigt«; *nupt. et conc.* 2,49 = Julian, *Ad Turbantium* fr. 78).

Der Manichäismusvorwurf in den Briefen nach Rom und Thessalonike: In den Briefen, die Augustin in *c. ep. Pel.* widerlegt, hat Julian den Manichäismusvorwurf aufgegriffen. Als manichäisch werden dort besonders zwei Punkte benannt:[216] a) die Augustin zugeschriebene Annahme, dass das *liberum arbitrium* (der freie Wille) durch das *peccatum* (Sünde bzw. Fehltritt) des *primus homo* (ersten Menschen) verloren ist, sodass gar nicht die Möglichkeit, gut zu leben, besteht, sondern die Menschen *carnis suae necessitate* (aufgrund der Nötigung durch ihr Fleisch) gezwungen werden zu sündigen (*c. ep. Pel.* 1,4 = Julian, *Epistula ad Romanos* fr. 1); b) Die *nuptiae* (Ehe) seien laut Augustin gar nicht von Gott eingesetzt (*c. ep. Pel.* 1,9 = Julian, *Epistula ad Romanos* fr. 2). Insbesondere sei der Geschlechtsverkehr (*motus genitalium et commixtio coniugum* / die Regung bzw. Erregung der Genitalien und die Vermischung [d.h. Vereinigung] der Ehegatten) vom Teufel erfunden worden, weswegen die Kinder, die

[216] Für die von RING, *Contra duas epistulas Pelagianorum* 674, genannten weiteren Argumente (vgl. Julian, *Epistula ad Romanos* fr. 4–14) lässt sich ein Zusammenhang mit dem Manichäismusvorwurf kaum herstellen.

aus dieser Vereinigung hervorgehen, *rei* (schuldig) seien und nicht *innocentes* (unschuldig): *»Hoc autem sine aliqua ambiguitate Manichaeum est«* (»Dies ist nun aber zweifellos manichäisch«; *c. ep. Pel.* 1,10 = Julian, *Epistula ad Romanos* fr. 3). Ausdrücklich fordert Julian dazu auf, diejenigen Bischöfe, die nicht bereit sind, diese Aussagen zu anathematisieren, als Manichäer zu betrachten und die Kirchengemeinschaft mit ihnen abzubrechen (*c. ep. Pel.* 1,42 = Julian, *Epistula ad Romanos* fr. 15).

Julians Benutzung der Epistula ad Menoch: Besondere Gefährlichkeit gewann der Manichäismusvorwurf in der Erwiderung auf Augustins Werk *c. Iul.* Letztere Schrift Augustins hatte ein gewisser Florus dem Julian zugeschickt, gemeinsam mit einem manichäischen Text, den Florus nach eigener Aussage in Konstantinopel gefunden hatte (*Epistula ad Menoch* test. 1 = *c. Iul. imp.* 3,166). Eventuell war hierfür die heftige Polemik Augustins mitverantwortlich, der in seiner Widerlegung von *Ad Turbantium* in *c. Iul.* versucht hatte, den Manichäismusvorwurf umzudrehen und gerade gegen Julian zu wenden. Die Echtheit der *Epistula ad Menoch* ist umstritten;[217] entweder handelt es sich wirklich um die lateinische Übertragung eines Manitextes oder um eine in enger Anknüpfung an Mani geschriebene Imitation (aus manichäischen oder pelagianischen Kreisen).[218]

Die von Julian zitierten Fragmente der *Epistula ad Menoch* lassen eine dualistische Gegenüberstellung von *ani-*

---

[217] Vgl. zur Diskussion Aalders, *L'Épître à Menoch*; Stein, *Manichaica* I, 28–43; Drecoll, *Entstehung* 187f Anm. 106. Für Mani als Verfasser sprechen sich Harrison/BeDuhn, *Letter to Menoch* 171, aus.

[218] Vgl. Drecoll, *Gratia* 218f.

ma (Seele) und *corpus* (Körper) erkennen, was mit Joh 3,6 belegt wird (*anima* / Seele und *spiritus* / Geist werden dabei miteinander identifiziert; *Epistula ad Menoch* fr. 2,2). Die *animae* (Seelen) gehen auf Gott zurück, die *corpora* (Körper) auf den Teufel, und zwar *per concupiscentiam* (durch die Begierde), womit wohl die sexuelle Begierde gemeint ist, die der Teufel durch die fünf Sinne anstachelt (*Epistula ad Menoch* fr. 2,3).[219] Beide liegen miteinander im Kampf, wie es Gal 5,17 belegt. Erst die Vernichtung der *concupiscentia* macht den betreffenden Menschen zum *spiritalis* (geistigen; *Epistula ad Menoch* fr. 2,4). Die geschlechtliche Vereinigung geschieht ohne Zustimmung des *animus* (hierfür zitiert die *Epistula ad Menoch* Röm 9,16 und Röm 7,19; *Epistula ad Menoch* 2,5–7).[220] Dies stellt Julian direkt neben drei ähnlich klingende Formulierungen Augustins (*nupt.* 1,7 in *c. Iul. imp.* 3,183; *nupt. et conc.* 1,8 in *c. Iul. imp.* 3,184; *nupt. et conc.* 2,36 in *c. Iul. imp.* 3,185). Das tätige *peccatum* (die Sünde) in Röm 7,20 wird als *diabolus* (Teufel) interpretiert, wogegen die *anima* ihre Freiheit verteidigt (*Epistula ad Menoch* fr. 2,7). Die *prima anima* (erste Seele)[221] war so ausgestattet, dass sie das *corpus* hätte regieren können, doch hat der Teufel die *materia concupiscentiae* (Materie der Begierde) in sie hineingefügt. Die *lex* (das Gesetz) ist in sich heilig und gut, doch nur für eine entsprechend heilige und gute See-

---

219 Dagegen, dass die Wendung: »*ut in viscatorio diaboli per concupiscentiam mulieris*« (»wie in dem Köder des Teufels infolge der Begehrlichkeit nach dem Weibe«; *Epistula ad Menoch* fr. 2,3) zum eigentlichen Text der *Epistula ad Menoch* gehört, argumentiert STEIN, *Manichaica* I, 62–65.

220 Vgl. HARRISON/BEDUHN, *Letter to Menoch* 143–145.

221 Vgl. zu der Identität dieser *prima anima* mit der Adamsseele einerseits, mit dem *primus homo* (Urmenschen) andererseits STEIN, *Manichaica* I, 75–77; HARRISON/BEDUHN, *Letter to Menoch* 150.

le, sonst wird sie zu einem Instrument, mit dem die Seele nur noch stärker versklavt wird, was durch eine Reihe von Anspielungen auf Röm 7,9–12 belegt wird (*Epistula ad Menoch* fr. 3). Diejenigen, die die *concupiscentia* als etwas Gutes interpretieren und daher die geschlechtliche Gemeinschaft vollziehen, beachten nicht 2. Kor 6,14f und Eph 5,12. Paradebeispiel ist dabei gerade das unzüchtige Verhalten der *sancti* (Heiligen; *Epistula ad Menoch* fr. 4), womit die Patriarchen gemeint sein dürften.[222] Sie beachten nicht, dass die *concupiscentia* die *mali origo* (der Ursprung des Bösen) ist (*Epistula ad Menoch* fr. 5,2). Augustins Verweis darauf, dass die Macht der *libido* (des Verlangens) sich gerade an der geschlechtlichen Vereinigung zeige, die der Mensch im Gegensatz zu anderen Organen nicht direkt willentlich steuern kann (*nupt. et conc.* 1,7, zitiert von Julian in *c. Iul. imp.* 3,187), wird von Julian (in *c. Iul. imp.* 3,187) mit der Aussage der *Epistula ad Menoch* verglichen, dass der Mensch *»non sponte«* (»nicht freiwillig«) bzw. *»nolente animo«* (»gegen seinen Willen«) die geschlechtliche Vereinigung vollzieht (*Epistula ad Menoch*, fr. 5,2). Die böse Tat befindet sich als *actuale* (tätige) *extra corpus* (außerhalb des Körpers), d.h. sie entsteht erst im Vollzug. Doch das *malum concupiscentiae* (Böse, das in der Begierde besteht) richtet sich im Fall der geschlechtlichen Vereinigung auf das eigene *corpus*, ist vor der Tat da, wird dann durch die Tat vergrößert und bleibt dann bestehen, und zwar als *naturale* (naturhaft), also als etwas, das zu der schlechten, körperlichen, vom Teufel gesteuerten Natur gehört (*Epistula ad Menoch* fr. 6). Die *Epistula ad Menoch* scheint dies sogar durch einen

---

[222] Vgl. STEIN, *Manichaica* I, 85.

Hinweis auf die Kindertaufe plausibel gemacht zu haben.[223]

Der Manichäismusvorwurf in Ad Florum: In den acht Büchern *Ad Florum*, in denen Julian Augustin, *c. Iul.* widerlegte und von denen die ersten sechs in *c. Iul. imp.* erhalten sind, greift Julian die bereits früher gemachten Vorwürfe auf. Diese Vorwürfe lassen sich in drei Gedankenkomplexe zusammenfassen:

– Augustin halte wie die Manichäer das *malum* (Böse) für etwas, was auf eine *natura* (Natur) zurückgeht (*c. Iul. imp.* 3,154).[224] Dabei wird auch Augustins Hinweis auf den Charakter des *malum* als eines *nihil* (Nichts) zurückgewiesen: Das *nihil* sei bei ihm zwar eine *natura inanior* (nichtigere Natur) als bei Mani, jedoch genauso ewig wie das schlechte Prinzip im Manichäismus (*c. Iul. imp.* 5,36).[225]

– Augustin verneine wie die Manichäer das *liberum arbitrium* (den freien Willen). Die Sünde geschehe aus Zwang bzw. Notwendigkeit[226] und sei darauf zurückzuführen, dass im Menschen eine Dynamik wirksam sei, die der Mensch nicht willentlich steuern könne, was gerade Röm 7 und Gal 5,17 belegen sollen. Paradebeispiel sind

---

[223] Allerdings rekurriert die *Epistula ad Menoch* damit nur auf eine der Adressatin bekannte Einstellung, was nicht impliziert, dass die Manichäer selbst eine Taufe bzw. Kindertaufe gekannt haben; vgl. STEIN, *Manichaica* I, 91.

[224] Hierzu gehört auch die Kritik an Augustins Begriff der *natura vitiata* (verdorbenen Natur); vgl. LAMBERIGTS, *Assessment of Julian* 135.

[225] Vgl. LAMBERIGTS, *Assessment of Julian* 122f.

[226] Julian folgert hieraus, dass Augustins Gott wie der der Manichäer zutiefst ungerecht ist; vgl. *c. Iul. imp.* 2,21; 4,76; vgl. LAMBERIGTS, *Assessment of Julian* 133.

die geschlechtliche Vereinigung und die *concupiscentia* (Begierde).[227]

– Augustin bewerte wie die Manichäer die geschlechtliche Fortpflanzung negativ und führe die Sündhaftigkeit der Menschen auf sie zurück.[228] Augustin ist für Julian als Traduzianist ein *haeres et suboles* (Erbe und Abkömmling) des Manichäismus (*c. Iul. imp.* 6,5). Damit sei auch die Ehe entwertet.

Julians Polemik lässt sich als Ausdifferenzierung der bei Pelagius angelegten Polemik verstehen, die an ältere antignostische Argumentationsmuster anknüpft. Zugleich spitzt Julian den Vorwurf gegen Augustin in zweierlei Hinsicht zu: Zum einen verallgemeinert er den Vorwurf, Augustins Theologie gehe von einem falschen, eben latent manichäischen Begriff des Bösen aus, zum anderen versucht er, Augustins Theologie insbesondere durch den Vorwurf einer falschen Einbeziehung der Sexualität in die Sündenlehre zu diskreditieren.

---

[227] Vgl. Lamberigts, *Assessment of Julian* 127f. Julian bezieht dies sogar auf die Christologie, indem er fragt, ob die Bestreitung der *concupiscentia* für den Inkarnierten nicht dessen menschliche Natur in Frage stellt (*c. Iul. imp.* 4,54; vgl. Lamberigts, *Assessment of Julian* 131). Der pseudoaugustinische *Sermo contra venena serpentum Manichaeorum* (Predigt gegen das Gift der manichäischen Schlangen) nennt neben der Ablehnung des freien Willens und neben der Prädestinations- und Erwählungslehre besonders Röm 7 und Gal 5,17 als manichäische Argumente.

[228] Vgl. Lamberigts, *Assessment of Julian* 125f; Clark, *Seeds* 295–315.

Teil C: Der Einfluss des Manichäismus auf Augustin

Umfassende Untersuchungen zum Einfluss des Manichäismus auf Augustins Denken stehen noch aus.[1] Methodisch weiterführend ist es weder, einzelne Motive, etwa solche, hinter denen man einen »Dualismus« wähnt, auf ihre motivische Nähe zu manichäischen Einzelvorstellungen zu untersuchen, noch den Versuch zu unternehmen, den Manichäismus als die eigentlich Augustins Denken bestimmende Größe darzustellen. Vielmehr soll im Folgenden versucht werden, von den Grundstrukturen des augustinischen Denkens her zu fragen, inwiefern bzw. in welcher Hinsicht Augustins Denken in Kontinuität zu manichäischen Grundstrukturen steht. Dabei ist deutlich, dass für die einzelnen Grundstrukturen sich immer auch weitere konvergierende Traditionen geltend machen ließen. Außerdem ist deutlich, dass Augustins Auseinandersetzung mit dem Manichäismus immer auch eine Auseinandersetzung mit der eigenen Vergangenheit ist, sodass auch in der Ablehnung bestimmter Vorstellungen gleichwohl nach den Effekten (den Abgrenzungen wie den eventuell bleibenden Einwirkungen dieser Vorstellungen) zu fragen ist.

[1] Vgl. zu den älteren Ansätzen VAN OORT, *Jerusalem and Babylon* 201–207; außerdem ALLGEIER, *Einfluß*; ADAM, *Fortwirken*; GEERLINGS, *Nachwirken*; WENNING, *Einfluß*.

1. Gotteslehre

Augustins Gottesbegriff ist von einer monolithischen Ontologie geprägt,[2] in der Gottes Sein nicht nur Gegenstand von Erkenntnis ist, sondern seinerseits Sein, Erkenntnis und Leben herstellt.[3] Gott wird somit gerade auch als eine handelnde Kraft verstanden. Der Widerstand gegen das Wirken dieser Kraft wird letztlich als nichtig beurteilt, hat also nur vorübergehende, aufschiebende Wirkung. Entscheidende Grundparameter dieser Auffassung verdanken sich der Plotinrezeption in Mailand, so gerade die ontologische Grundstruktur.[4] Damit hat Augustin an die Stelle des aktiven Chaosprinzips, das ein Manichäer wie Faustus *hyle* (Materie) nennen konnte (*c. Faust.* 20,3), schlichtweg das *nihil* (Nichts) gesetzt, hat also das negative Gegenprinzip fundamental beseitigt. Der bereits von Julian erhobene Vorwurf, Augustin mache das *nihil* damit zum aktiven Gegenprinzip (vgl. *c. Iul. imp.* 5,36), berücksichtigt die ontologische Grundstruktur des *nihil* bei Augustin, die jeden Dualismus auflöst, zu wenig. Doch lässt sich durchaus fragen, ob Augustins Gottesbegriff nicht gleichsam dadurch entsteht, dass aus dem manichäischen Prinzipiengegensatz das negative Prinzip entfernt wird. Für das dann einzig verbleibende positive Prinzip bleiben bestimmte Grundstrukturen erhalten, in denen das Denken Augustins nach der Taufe durchaus eine gewisse Kontinuität zu dem des manichäischen *catechumenus* (hier: Hörers) aufweist. Diese Kontinuität ist nicht als direkte Übernahme einzelner manichäischer Gedanken zu beschreiben, aber vielleicht

---

[2] Vgl. Hombert, *Gloria gratiae* 354–371.

[3] Vgl. *vera rel.* 21.112f.

[4] Vgl. Drecoll, *Entstehung* 106–121.

doch als Konvergenz von Grundmotiven. Hierzu könnte gerade die Vorstellung gehören, dass Gott als auf allen Ebenen der Wirklichkeit tätig vorgestellt wird, wobei dann insbesondere eine Auffassung als Kraft und Dynamik mitschwingt. Diese Dynamisierung des Gottesbegriffes führt dazu, Gottes Wirken gleichsam »geschichtlich« aufzufassen, als sich auf allen Ebenen durchsetzende, bestimmende Größe. Es lässt sich fragen, ob diese Grundstruktur nicht auch auf die Trinitätslehre Augustins einen wesentlichen Einfluss ausgeübt hat (neben der Tradition der lateinischen Theologie, wie sie etwa bei Ambrosius begegnet,[5] und der Plotinrezeption[6]). Dabei ist besonders der Gedanke zu nennen, dass die einzelnen Personen der Trinität substantiell zusammengehören und sich dies gerade auch in ihrem Handeln erweist. Sodann ist besonders das Gewicht der Pneumatologie anzuführen; der Heilige Geist bringt die dynamisch-prägende Seite des Gottesbegriffes besonders umfassend zum Ausdruck.[7] Von dieser Betonung der dynamischen Seite aus erklärt sich eventuell sogar die Differenz zu Pelagius in der Gnadenlehre. Während Pelagius' Theologie die Wirkmächtigkeit von Vorbildern auf den nicht fatalistisch festgelegten Willen des Menschen betont, wird aus der Sicht Augustins die Wirksamkeit von Gottes Handeln mit dem Verweis auf (noch so wirkmächtige) Vorbilder nicht ausreichend beschrieben, wenn nicht die dynamisch-bestimmende Seite von Gottes Handeln beschrieben wird. Letzteres leistet dann gerade auch in der Gnadenlehre die Pneumatologie.[8] Die Betonung der

---

[5] Vgl. Ayres, *Augustine* 72–92.
[6] Vgl. Du Roy, *Intelligence* 407–409.
[7] Vgl. *mor.* 1,22–24; Ayres, *Augustine* 52–59.
[8] Vgl. Drecoll, *Gratia* 205–211.

substantialen Einheit Gottes und die der Pneumatologie hängen somit bereits im Gottesbegriff zusammen und stellen eine Grundstruktur dar, die mit der Auffassung von Gott im Manichäismus durchaus kompatibel ist.

2. *Seelenlehre und Willensvorstellung*

Die Annahme, dass Gott auf allen Ebenen tätig ist, erfährt eine Zuspitzung durch den Gedanken, dass dies besonders auch im Menschen der Fall ist. Die für Augustins Theologie spezifische Verbindung von Gottes- und Seelenbegriff ist also nicht monokausal aus dem Neuplatonismus abzuleiten, sondern hat eine manichäische Vorgeschichte. Zwar verändert Augustin den Seelenbegriff sowohl dem Manichäismus gegenüber als auch dem Neuplatonismus gegenüber massiv: Die Seele wird insbesondere als geschöpflich und begrenzt verstanden; weder ist ihr ein mystisches Einswerden und Sich-Auflösen in der Göttlichkeit der Transzendenz möglich, noch ist sie schlichtweg ein Teil Gottes. Zugleich aber hat sie eine innere Verbindungslinie, die unmittelbar zu Gott führt. Dabei wirkt sich die Auffassung der substantialen Identität der trinitarischen Personen dahingehend aus, dass sich diese innere Verbindung nicht auf eine bestimmte trinitarische Person bezieht, sondern auf Gott insgesamt. Diese Verbindung wird auch nicht durchweg auf die rationale Erkenntnisfunktion (etwa analog zum νοῦς / Geist im Denken Plotins) eingeschränkt, sondern umfasst die Ausrichtung des Menschen insgesamt. Dabei bringt Augustin insbesondere den Gedanken ein, dass die richtige Erkenntnis noch nicht automatisch zur richtigen Willensausrichtung der Seele führt. Die Seele braucht nicht nur die inhaltlich-richtige Erkenntnis, sondern auch die richtige Orientierung des Willens, die sich als Lebensmodell auswirkt.[9] Wo beides, Erkenntnis und Willen, zur Deckung gebracht wird, da ist Gott unmittelbar tätig. Darin wird der Gedanke greifbar, dass immer dort, wo in der Seele etwas Positives entsteht, Erkenntnis, Wille, Einheit von beidem, sich Gott als Dynamik durchsetzt. Dementsprechend ist die Seele zwar selbst ein aktives Prinzip, dasselbe jedoch in seiner Aktivität nur dann positiv, wenn es von Gott überformt bzw. geprägt wird. Die grundlegende Verbindung von Gottes- und Seelenbegriff und die Auffassung der Seele als etwas weitgehend Rezeptivem hängen somit innerlich zusammen.

3. Sündenlehre

Nimmt man an, dass Augustin den manichäischen Prinzipiengegensatz dadurch verändert, dass er das Gegenprinzip beseitigt, so zeigen sich die Widerstände, die gegen die richtige Erkenntnis, gegen den richtigen Willen oder gegen die Einheit von Erkenntnis und Willen gerichtet sind, als Fehlorientierung. Dabei ist auffällig, in welcher Schärfe Augustin die Eigendynamik dieser Fehlorientierung beschreibt. Sie ist nicht nur eine individuell im Lebensverlauf erst entstehende Fehlorientierung, sondern ein die ganze Menschheit verbindendes Grundübel, das die menschliche Existenz von den ersten Minuten an prägt. Hier greift besonders eine Vorstellung von »dem Menschen«, die die verschiedenen Einzelindividuen als in dem einen Menschen Adam begriffen sieht. Die Wur-

[9] Dies zeigt gerade die Benutzung von Röm 7 in *conf.* 7 (vgl. BOCHET, *Firmament* 225–228; DRECOLL, *Entstehung* 294–298), aber auch die Gegenüberstellung von *lex* und *gratia* (Gesetz und Gnade) in *spir. et litt.* (vgl. BOCHET, *Firmament* 67–77).

zeln dieser Vorstellung sind schwer zu bestimmen; die Adamtypologie des Paulus dürfte hier besonders auf bestimmten Traditionen des Judentums beruhen.[10] Allerdings findet eine solche Tradition auch im Manichäismus insofern eine strukturelle Entsprechung, als die Lage der gesamten Menschheit im Manichäismus dadurch beschrieben wird, dass ein in die Urzeit zurückreichendes Verhängnis erzählt wird. Die Schärfe, mit der die Folge dieses urzeitlichen Geschehens für die Beschreibung des Ist-Zustandes im Manichäismus beschrieben wird, könnte Augustin durchaus nachhaltig geprägt haben. Obwohl psychologische Deutungen methodisch außergewöhnlich problematisch sind, lässt sich vielleicht doch sagen, dass eine solchermaßen zugespitzte Beschreibung menschlicher Existenz einer Daseinsdeutung entspricht, die die menschliche Existenz als bedrängt, leidend und zu Glück unfähig versteht.

Im Unterschied zum Manichäismus bringt Augustin dieses Verhängnis nicht mit der Entstehung des Menschen zusammen, sondern mit einem urzeitlichen Geschehen (eben dem Sündenfall). Dadurch rückt das die Menschheit verbindende Ereignis gleichsam von der Entstehung weg und wird zu einem vom Menschen (begriffen als Gesamtheit allen Mensch-Seins) verantworteten Vergehen. Mit dieser Verschiebung wird, systematisch gesprochen, das *liberum arbitrium* (der freie Wille) als etwas dem Menschen grundsätzlich Gegebenes beibehalten (hierin liegt der antimanichäische Impuls der Sündenlehre Augustins), zugleich aber in seiner Auswirkung

[10] Die Ableitung von Augustins Begriff der *tradux peccati* (des Triebes, d. h. der Fortpflanzung der Sünde) aus dem Judenchristentum durch Beatrice, *Tradux* hat in der Forschung wenig Zustimmung gefunden.

eingeschränkt, da das *liberum arbitrium* als grundlegend fehlorientiert aufgefasst wird. Verbindet man diesen Gedanken mit der Auffassung der Seele als etwas weitgehend Rezeptivem (vgl. 2.), so ergibt sich die Vorstellung, dass der inviduelle Mensch nicht von einem gleichsam neutralen Punkt aus beginnt, Entscheidungen vorzunehmen, sondern dabei immer schon von dieser grundlegenden Fehlorientierung des Menschen insgesamt erfüllt ist. Sowenig die Sünde also als *natura* (Natur) angesehen wird, so sehr wird doch die grundlegende Fehlorientierung des Willens als Verletzung der Natur bzw. als *natura vitiata* (verdorbene Natur) beschrieben.

4. *Christologie*

Es mag überraschend sein, wenn im Hinblick auf die Christologie die Frage nach einer etwaigen Konvergenz mit manichäischen Vorstellungen gestellt wird. Zu deutlich scheint die Ablehnung des Doketismus und der manichäischen Auflösung der Christusgestalt in eine symbolisch-universale Grundfunktion des (gefangenen) Lichtreiches zu sein.[11] Doch lässt sich umgekehrt darauf verweisen, dass der Manichäismus, den Augustin kennengelernt hat, gerade die besondere Bedeutung der Christusgestalt herausgearbeitet hat.[12] Insofern ist das Gewicht Christi überhaupt für die Theologie Augustins bereits ein Grund, die Frage im Hinblick auf den Manichäismus zu stellen. Es lässt sich näherhin überlegen, ob Augustin sich nicht – neben aller Abgrenzung – in einer bestimmten Hinsicht von der manichäischen Chris-

---

[11] Vgl. MADEC, *Christus* 892f.
[12] Vgl. FELDMANN, *Christusfrömmigkeit.*

tologie gar nicht so weit entfernt hat. Augustin verbindet mit Christus besonders drei Aspekte:[13] a) Gott entsendet Christus als Offenbarungsmittler und Erlöser; b) Christus unterliegt nicht dem Verhängnis, das das ganze Menschengeschlecht zusammenschließt; c) Christus leidet und stellt durch sein Leiden die Erlösung her. Zu dieser Grundausrichtung der Christologie fügt sich die Beschreibung Christi in 1. Kor 1,24 (Christus als *sapientia dei* / Weisheit Gottes sowie als *virtus dei* / Kraft Gottes)[14] und im Philipperhymnus[15] in besonderer Weise. Man wird nicht so weit gehen können, diese Grundausrichtung auf den Manichäismus ursächlich zurückzuführen, doch könnten damit Grundelemente der Christusfrömmigkeit genannt sein, die der *catechumenus* (Taufbewerber) Augustin bereits vor 373 gekannt haben könnte und die dann durch die Zeit als manichäischer *catechumenus* (hier: Hörer) stabilisiert, jedenfalls nicht relativiert worden wären.

5. *Heilsgeschichte, Erwählung und Verwerfung*

In Augustins Deutung der Geschichte sind es insbesondere zwei Elemente, bei denen zu fragen ist, inwiefern in ihnen manichäische Vorstellungen fortwirken: zum einen die Vorstellung von einem Gegensatz zweier Größen in der Geschichte und damit die Frage, inwiefern der Gegensatz zwischen *civitas dei* (Stadt Gottes)[16] und *civitas*

---

[13] Vgl. DRECOLL, *Christus humilis* 441–443.

[14] Vgl. *vera rel.* 3; DRECOLL, *Entstehung* 90.

[15] Vgl. VERWILGHEN, *Christologie;* VICIANO, *Aspects christologiques* 381–383.

[16] Zur Bedeutung des Begriffs *civitas* vgl. VAN OORT, *De civitate dei* 349.

diaboli (Stadt des Teufels) den Dualismus der beiden Prinzipien des Manichäismus unter verändertem Vorzeichen fortsetzt, und zum anderen die Frage nach dem doppelten Ausgang der Geschichte, ob also Gott neben der Erlösung auch eine Verdammung bzw. Verwerfung festgelegt hat, die etwa der Fesselung der Lichtelemente am *globus horribilis* (schrecklichen Klumpen) entspricht. Zunächst ist für Augustins Auffassung der Geschichte wiederum vom Gottesbegriff aus deutlich, dass die Dynamisierung des Gottesbegriffes es gleichsam mit sich bringt, dass Gott sich nicht unmittelbar auf allen Ebenen als bestimmende Größe durchsetzt, sondern dies gleichsam evolutiv, also geschichtlich erfolgt. Insofern ist das Voranschreiten der *civitas dei* in der Geschichte direkter Effekt dieses sich nach und nach durchsetzenden Aspekts des Gottesbegriffes. Dem entspricht umgekehrt auch die Schärfe der Beschreibung des Widerständigen, die insbesondere die Vorstellung vom Teufel aufgreift. Insofern ist auch die *civitas diaboli* systematisch von der Beschreibung des Gottesbegriffes abhängig. Es handelt sich demnach nicht um einen unableitbaren Dualismus.[17] Analog ist für die Frage von Erwählung und Verwerfung bzw. des doppelten Ausgangs darauf zu verweisen, dass der Manichäismus eine von Anfang an vorgegebene Binnendifferenzierung innerhalb der Menschen, etwa als unterschiedliche Dosierung von Lichtfunken oder Pneuma, nicht kennt (im Unterschied zu gnostischen Systemen). Insofern neigt der Manichäismus nicht zu einer fatalistischen Festlegung verschiedener Menschheitsklassen,

[17] Zu der Frage, inwiefern der Gegensatz von *civitas dei* und *civitas diaboli* besonders manichäisch geprägt ist, vgl. VAN OORT, *Jerusalem and Babylon* 351–357; RUDOLPH, *Augustinus Manichaicus* 12–14.

sondern differenziert etwa in der Unterscheidung zwischen *electi* und *auditores* zwischen verschiedenen Stufen des Fortschritts. Zugleich erhält der Mensch aber, als zuletzt installierter und herausragender Teil der Ausläuterungsmaschinerie, im Manichäismus eine zentrale Funktion für die Er- bzw. Herauslösung der Lichtelemente; das Essen der *electi* hat gleichsam soteriologische Qualität. Beide manichäischen Gedanken wirken insofern bei Augustin fort, als genau die Ambivalenz, dass einige Menschen bereits an dem Sich-Durchsetzen des Gottesreiches mitwirken, andere aber dies nicht tun und damit dem Sich-Durchsetzen des Gottesreiches entgegenstehen, selbst ein Effekt des sich geschichtlich durchsetzenden Gottes ist.[18] Da Augustin die Menschen zugleich als rezeptiv auffasst, wird somit Gott als derjenige erkennbar, der festlegt, wer erwählt ist und wer nicht. Augustins Prädestinationslehre sichert insofern die Gnadenlehre und die darin wirksame Anthropologie ab bzw. ist nur eine Konsequenz derselben. Immerhin kann man sagen, dass Augustin im Hinblick auf die Ambivalenz der menschlichen Existenz (einerseits steht der Mensch unter dem aus der Urzeit stammenden Verhängnis, andererseits ist er eingesetzt, um das Sich-Durchsetzen Gottes in der Welt zu befördern) und im Hinblick darauf, dass hierin letztlich das Sich-Durchsetzen Gottes zum Tragen kommt, dem Manichäismus nicht diametral gegenübersteht. Die Wurzeln dieser Vorstellungen sind jedoch vermutlich vielfältig und können nicht monokausal festgelegt werden. Zugleich zeigt sich, dass die Grundentscheidung, das, was im Manichäismus als Gegenprinzip entwickelt war, zu beseitigen, auch hierin nachwirkt: Die

---

[18] Vgl. MAGRIS, *Prädestinationslehre* 151–157.

Verwerfung ist die Nichterwählung, die *civitas diaboli* nur scheinbar mächtig, letztlich aber in ihrem Wert nichtig und der Vernichtung in endzeitlicher Strafe wert.

6. *Bewertung von Sexualität, Ehe und Askese*

Der Manichäismusvorwurf Julians hat die Bewertung von Sexualität und Ehe betont. Damit trifft er insofern einen Kern des augustinischen Denkens, als Augustins Entschluss im Jahr 386, sich taufen zu lassen, zugleich ein Entschluss zu (insbesondere geschlechtlicher) Enthaltsamkeit war. Askese an sich dürfte ihm dabei nicht etwas Neues gewesen sein, das er erst in Mailand kennengelernt hätte (vielmehr hat er ausweislich der *conf.* lediglich keine genaueren Kenntnisse darüber gehabt, dass es gerade auch im Christentum des Ambrosius eine monastische Bewegung gab), vielmehr dürfte ihm das Ideal der Askese gerade aus dem Manichäismus hinreichend vertraut gewesen sein. Insofern lässt sich auch die Heftigkeit, mit der Augustin später gegen die Verfehlungen der zur Askese verpflichteten *electi* vorgeht, als Indiz dafür bewerten, dass das Ideal der Askese ihm den Manichäismus besonders attraktiv gemacht, ja diesen gegenüber dem Christentum seiner Mutter bevorzugenswert erscheinen ließ. Die damit einhergehende Relativierung der Ehe hat noch Ende des vierten Jahrhunderts (etwa in der Auseinandersetzung zwischen Hieronymus und Jovinian) eine wichtige Rolle gespielt, was zeigt, wie umstritten das asketische Ideal auch in dieser Zeit noch war. Die Relativierung der Ehe und, damit verbunden, der Sexualität erhält bei Augustin aber dadurch eine besondere Schärfe, dass er für die Eigendynamik der Sünde, die Terminologie des Paulus ebenso aufgreifend wie das entsprechende Verbot des Dekalogs, den Begriff der *concupiscentia* (Begierde) benutzt. Der Begriff *concupiscentia* hat dabei natürlich an sich ein weites Bedeutungsspektrum,[19] lässt aber, gerade in Verbindung mit *caro* (Fleisch), besonders die sexuelle Begierde assoziieren. In der Tat hat Augustin versucht, die Eigendynamik der *concupiscentia* gerade durch die Sexualität (insbesondere die männliche) zu illustrieren. In beidem, in dem Aufgriff des paulinischen Terminus *concupiscentia* und in der assoziativen Verbindung dieses Begriffes mit der Sexualität, steht Augustin dem Manichäismus nicht fern.[20] Zwar bemüht er sich, die *nuptiae* (Ehe) als legitime Form des rechten Gebrauchs der Sexualität und die Sexualität als Teil der guten Schöpfung zu beschreiben, doch verändert das die Einschätzung, dass es sich insgesamt eher um eine negative Bewertung handelt, aus zwei Gründen nicht: Zum einen bleiben die *nuptiae* gegenüber dem asketischen Ideal durchgehend deutlich relativiert. Zum anderen ist der Ist-Zustand des Menschen gerade nicht der Schöpfungszustand, sondern derjenige, in dem die Dynamik des urzeitlichen Verhängnisses sich grundlegend auswirkt, sodass auch die Verbindung von Sündhaftigkeit, *concupiscentia* und Sexualität die Beschreibung der gegenwärtigen *natura vitiata* (verdorbenen Natur) nachhaltig bestimmt.[21]

---

[19] Vgl. BONNER, *Concupiscentia* 1113f. Zurückhaltend gegenüber der Vermutung, Augustins Begriff der *concupiscentia* sei vom Manichäismus abhängig, äußert sich VERSCHOREN, *The concept concupiscentia* 237–240.

[20] Vgl. VAN OORT, *Sexual Concupiscence* 385.

[21] Vgl. BONNER, *Concupiscentia* 1119.

7. Schrifthermeneutik

Ähnlich wie im Falle der Christologie ist bezüglich der Schrifthermeneutik zunächst darauf hinzuweisen, dass das Gewicht der Schrift für Augustins Theologie insgesamt durchaus etwas ist, was auf seine Zeit als manichäischer *catechumenus* (hier: Hörer) zurückgeht. Dürften ihm wesentliche Inhalte der Schrift über seine Mutter Monnica bereits aus seiner Kindheit vertraut gewesen sein, so bedeutet die Hinwendung zum Manichäismus den Anfang einer intensiveren Beschäftigung mit der Bibel, jedenfalls wenn man die Hinweise in *conf.* 3 darauf bezieht, dass Augustin gerade auch die manichäische Schrifthermeneutik geteilt und nachvollzogen hat. Dann liegt auch nahe, dass gerade diejenigen Traditionszweige des Neuen Testaments, die im nordafrikanischen Manichäismus besonders wichtig geworden sind, auch den manichäischen *catechumenus* Augustin nachhaltig geprägt haben; neben den Evangelien (insbesondere Matthäus, aber auch Johannes) ist dies vor allem Paulus. Von Paulus aus kritisierten die Manichäer die Bedeutung der *lex* (des Gesetzes) und griffen im Alten Testament besonders die Genesis scharf an. Zugleich befürworteten sie eine übertragene, an das manichäische System angepasste Deutung der Schrift als Welterklärung. Demgegenüber bemüht sich der im Dienst der *catholica* stehende Augustin um einen neuen Zugriff auf die Schrift. Besondere Probleme bereitet ihm dabei die Genesis, die er in immer wieder neuen Versuchen angeht, sei es auf das Glaubensleben bezogen wie in *conf.* 11–13, sei es in dem groß angelegten Versuch, das Buch *ad litteram* (gemäß dem Buchstaben bzw. im Literalsinn) auszulegen. Das Paulusbild des Manichäismus wirkt insofern nach, als Augustin die

Relativierung der Funktion des Gesetzes für die Erlösung deutlich stärker betont als etwa Pelagius. Hatten die Manichäer das Gesetz insgesamt als nicht gültig abgelehnt, so konnten sie doch die Geltung insbesondere der zweiten Tafel des Dekalogs betonen. Im Vergleich dazu versucht Augustin, die positive Funktion des Gesetzes stark zu betonen (hierin liegt ein wesentlicher antimanichäischer Impuls seiner Paulusdeutung), nämlich als heilsgeschichtliche Maßnahme, die auf Christus vorverweist und zugleich durch ihn überboten und inhaltlich eingeholt ist.[22] Die intensive Beschäftigung mit dem Paulustext führt dann insbesondere in der Gnadenlehre in *Simpl.* 1,2 zu einer neuen Beschreibung des Zusammenhangs von Gottes Handeln und Entstehung des Glaubens, die die genannten Aspekte der Rezeptivität des Menschen und des sich durchsetzenden Gottes besonders betont.[23] Dies lässt sich wegen der antimanichäischen Ausrichtung der frühen Paulusauslegung nicht einfach als »Rückkehr zum Manichäismus«[24] beschreiben, zieht jedoch die Konsequenzen aus bestimmten Grundauffassungen im Hinblick auf den Gottes- und Seelenbegriff, für die sich Kontinuitäten zu dem Gottesbegriff der Manichäer (neben anderen Einflüssen) durchaus beschreiben lassen. Es lässt sich fragen, inwiefern gerade diese Auffassung mit einer Frömmigkeit verbunden ist, die das hymnische Lob an Gott und die eigene demütige Bitte durch

---

[22] So schon in der Vier-Stadien-Lehre in *exp. prop. Rm.* 13–18; vgl. Drecoll, *Entstehung* 148–152; Bochet, *Firmament* 209–211.

[23] Vgl. Drecoll, *Entstehung* 222–242.

[24] Flasch, *Logik des Schreckens* 29; vgl. hierzu Drecoll, *Entstehung* 246f.

das Singen von Psalmen bewusst praktiziert.[25] Die Psalmenfrömmigkeit der Manichäer dürften in dieser Hinsicht auch die Frömmigkeit Augustins nachhaltig geprägt haben, die durch eine immer weiter um sich greifende Integration der Sprache der Psalmen in die eigene Sprachwelt geprägt ist. Nicht zufällig beginnt Augustin seine *conf.* genau mit einem solchen Bekenntnis zu der Größe Gottes: *»Magnus es, domine, et laudabilis valde«* (»Groß bist du, Herr, und sehr zu loben«; *conf.* 1,1).[26]

---

[25] Vgl. Bochet, *Firmament* 162–186.

[26] Gegen die Annahme, hierin liege eine Anspielung auf den manichäischen »Vater der Größe« vor, spricht insbesondere die Tatsache, dass dieser Titel bei Augustin nicht belegt ist.

Literaturverzeichnis

I. Quellen

Es gelten folgende Abkürzungen: CChr.SL = Corpus Christianorum. Series Latina; CSEL = Corpus Scriptorum Ecclesiasticorum Latinorum; PG = Patrologiae Cursus completus. Series Graeca; PL = Patrologiae Cursus completus. Series Latina.

1. Augustin

Die zitierten Werke Augustins, nach dem Abkürzungsverzeichnis des Augustinuslexikons (Band 2 [1996–2002], XI–XXX) aufgeführt:

Acad. — *Contra Academicos* / Gegen die Akademiker (CChr.SL 29, 3–61)

c. Adim. — *Contra Adimantum* / Gegen Adimantus (CSEL 25/1, 115–190)

c. adv. leg. — *Contra adversarium legis et prophetarum* / Gegen einen Gegner des Gesetzes und der Propheten (CChr.SL 49, 35–131)

agon. — *De agone christiano* / Über den christlichen Wettkampf (CSEL 41, 101–138)

beata v. — *De beata vita* / Über das glückliche Leben (CChr.SL 29, 65–85)

b. coniug. — *De bono coniugali* / Über das Gut der Ehe (CSEL 41, 187–231)

civ. — *De civitate dei* / Über die Gottesstadt (CChr. SL 47 f.)

conf. — *Confessiones* / Bekenntnisse (CChr.SL 27)

cons. ev. — *De consensu evangelistarum* / Über die Übereinstimmung der Evangelisten (CSEL 43)

cont.	*De continentia* / Über die Enthaltsamkeit (CSEL 41, 141–183)
Cresc.	*Contra Cresconium* / Gegen Cresconius (CSEL 52, 325–582)
div. qu.	*De diversis quaestionibus octoginta tribus* / Über 83 verschiedene Fragen (CChr.SL 44A, 11–249)
doctr. chr.	*De doctrina christiana* / Über die christliche Wissensaneignung und Lehre (Sant'Agostino, L'istruzione cristiana, a cura di Manlio SIMONETTI, Scrittori greci e latini, Mailand [Fondazione Lorenzo Valla] 1994, 2. Auflage Mailand 2000; CChr.SL 32, 1–167)
duab. an.	*De duabus animabus* / Über die zwei Seelen (CSEL 25/1, 51–80)
en. Ps.	*Enarrationes in Psalmos* / Erläuterungen zu den Psalmen (*en. Ps.* 1–32: CSEL 93/1A; *en. Ps.* 33–50 CChr.SL 38; *en. Ps.* 51–60: CSEL 94/1; *en. Ps.* 61–100: CChr.SL 39; *en. Ps.* 101–118: CChr.SL 40; *en. Ps.* 119–133: CSEL 95/3; *en. Ps.* 134–140: CSEL 95/4; *en. Ps.* 141–150: CSEL 95/5)
ep.	*Epistulae* / Briefe (*ep.* 1–122: CSEL 34/1–2; *ep.* 123–184A: CSEL 44; *ep.* 185–280: CSEL 57; *ep.* 1*–29*: CSEL 88)
c. ep. Man.	*Contra epistulam Manichaei quam vocant fundamenti* / Gegen den so genannten Grundlagenbrief Manis (CSEL 25/1, 193–248)
c. ep. Pel.	*Contra duas epistulas Pelagianorum* / Gegen zwei Briefe der Pelagianer (CSEL 60, 423–570)
exp. Gal.	*Expositio epistulae ad Galatas* / Auslegung des Galaterbriefs (CSEL 84, 55–141)
exp. prop. Rm.	*Expositio quarundam propositionum ex epistula apostoli ad Romanos* / Auslegung einiger vorgelegter Fragen aus dem Brief des Apostels Paulus (CSEL 84, 3–52)
c. Faust.	*Contra Faustum Manichaeum* / Gegen den Manichäer Faustus (CSEL 25/1, 251–797)

c. Fel.	*Contra Felicem Manichaeum* / Gegen den Manichäer Felix (CSEL 25/2, 801–852)
c. Fort.	*Acta contra Fortunatum Manichaeum* / Akten der Verhandlung gegen den Manichäer Fortunatus (CSEL 25/1, 83–112)
gest. Pel.	*De gestis Pelagii* / Über die Prozessakten des Pelagius (CSEL 42, 51–122)
Gn. c. Man.	*De Genesi contra Manichaeos* / Über die Genesis gegen die Manichäer (CSEL 91)
Gn. litt.	*De Genesi ad litteram* / Über die Genesis dem Buchstaben nach (CSEL 28/1, 3–435)
Gn. litt. inp.	*De Genesi ad litteram liber inperfectus* / Unvollendetes Buch über die Genesis dem Buchstaben nach (CSEL 28/1, 459–503)
gr. t. nov.	*De gratia testamenti novi* (= *ep.* 140) / Über die Gnade des neuen Bundes (= Brief 140) (CSEL 44, 155–234)
haer.	*De haeresibus* / Über die Häresien (CChr.SL 46, 286–345)
Io. ev. tr.	*In Iohannis evangelium tractatus CXXIV* / 124 Predigten zum Johannesevangelium (CChr.SL 36)
c. Iul.	*Contra Iulianum* / Gegen Julian (PL 44, 641–874)
c. Iul. imp.	*Contra Iulianum opus imperfectum* / Unvollendetes Werk gegen Julian (CSEL 85/1 f.)
lib. arb.	*De libero arbitrio* / Über den freien Willen (CChr.SL 29, 211–321)
c. litt. Pet.	*Contra litteras Petiliani* / Gegen Briefe Petilians (CSEL 52, 3–227)
mor.	*De moribus ecclesiae catholicae et de moribus Manichaeorum* / Über die Ethik der katholischen Kirche und die Ethik der Manichäer (CSEL 90)
nat. b.	*De natura boni* / Über die Natur des Guten (CSEL 25/2, 855–889)
nat. et gr.	*De natura et gratia* / Über Natur und Gnade (CSEL 60, 233–299)

nupt. et conc.	*De nuptiis et concupiscentia* / Über Ehe und Begehrlichkeit (CSEL 42, 211–319)
op. mon.	*De opere monachorum* / Über die Arbeit der Mönche (CSEL 41, 531–596)
pecc. mer.	*De peccatorum meritis et remissione et de baptismo parvulorum* / Über die Folgen der Sünden und ihre Vergebung sowie über die Kindertaufe (CSEL 60, 3–151)
perf. iust.	*De perfectione iustitiae hominis* / Über die Vollendung der Gerechtigkeit des Menschen (CSEL 42, 3–48)
persev.	*De dono perseverantiae liber ad Prosperum et Hilarium secundus* / Über die Gabe der Beharrlichkeit (PL 45, 993–1034)
praed. sanct.	*De praedestinatione sanctorum liber ad Prosperum et Hilarium primus* / Über die Vorherbestimmung der Heiligen (PL 44, 959–992)
c. Prisc.	*Contra Priscillianistas* / Gegen die Priscillianisten (CChr.SL 49, 165–180)
retr.	*Retractationes* / Rückzieher (CChr.SL 57)
s.	*Sermones* / Predigten (vgl. die Einzelaufstellung im Augustinuslexikon 2 [1996–2002] XVI–XXIV)
c. Sec.	*Contra Secundinum Manichaeum* / Gegen den Manichäer Secundinus (CSEL 25/2, 905–947)
Simpl.	*Ad Simplicianum* / An Simplician (CChr.SL 44)
spir. et litt.	*De spiritu et littera* / Über den Geist und den Buchstaben (CSEL 60, 155–229)
trin.	*De trinitate* / Über die Dreieinigkeit (CChr.SL 50–50A)
un. bapt.	*De unico baptismate* / Über die eine Taufe (CSEL 53, 3–34)
util. cred.	*De utilitate credendi* / Über den Nutzen des Glaubens (CSEL 25/1, 3–48)
vera rel.	*De vera religione* / Über die wahre Religion (CChr.SL 32, 187–260)

virg. *De virginitate* / Über die Jungfräulichkeit (CSEL 41, 235–302)

2. Andere Autoren

ALEXANDER VON LYKOPOLIS
Contra Manichaeos / Gegen die Manichäer

Alexandri Lycopolitani Contra Manichaei opiniones disputatio (edidit Augustus BRINKMANN = Bibliotheca Scriptorum Graecorum et Romanorum Teubneriana), Leipzig 1895 (Nachdruck 1989).

AMBROSIUS VON MAILAND
De fide / Über den Glauben

Santi Ambrosii Opera. Pars Octava. De fide (recensuit Otto FALLER = CSEL 78), Wien 1962.

Ambrosius von Mailand. De fide [ad Gratianum] / Über den Glauben [An Gratian]. Drei Teilbände (übersetzt und eingeleitet von Christoph MARKSCHIES = Fontes Christiani 47/1–3), Turnhout 2005.

De spiritu sancto / Über den Heiligen Geist

Sancti Ambrosii Opera. Pars Nona. De spiritu sancto libri tres. De incarnationis dominicae sacramento (recensuit Otto FALLER = CSEL 79), Wien 1964.

Epistulae extra collectionem / Briefe außerhalb der Sammlung

Sancti Ambrosi Opera. Pars decima. Epistularum liber decimus. Epistulae extra collectionem. Gesta concili Aquileiensis (recensuit Michaela ZELZER = CSEL 82/3), Wien 1982, 141–311.

ANATHEMATISMEN, LATEINISCHE / ABSCHWÖRUNGSFORMELN
Texte zum Manichäismus (ausgewählt und herausgegeben von Alfred ADAM = Kleine Texte für Vorlesungen und

Übungen 175), 2., verbesserte und vermehrte Auflage, Berlin 1969, 88–93.

Commonitorium: siehe Ps.-Augustinus

Anecdote antimanichéenne

Dolbeau, François, Un témoignage inconnu contre des Manichéens d'Afrique: Zeitschrift für Papyrologie und Epigraphik 150 (2004) 228f.

Arius

Urkunden 1 und 6

Urkunden zur Geschichte des Arianischen Streites 318–328 (herausgegeben von Hans-Georg Opitz = Athanasius Werke. Dritter Band. Erster Teil. 1. Lieferung), Berlin 1934, 1–3.12f.

Arnobius der Jüngere

Praedestinatus / Vorherbestimmt

Arnobii iunioris Praedestinatus qui dicitur (cura et studio F. Gori = CChrSL 25B), Turnhout 2000.

Ps-Augustinus

Commonitorium / Kurze Belehrung

Sancti Aureli Augustini contra Felicem. De natura boni. Epistula Secundini. Contra Secundinum. Accedunt Evodii Uzalensis episcopi De fide contra Manichaeos et Commonitorium Augustini quod fertur (praefatione utriusque partis praemissa recensuit Iosephus Zycha = CSEL 25/2), Wien 1892, 977–982.

Sermo contra venena serpentum Manichaeorum / Predigt gegen das Gift der manichäischen Schlangen

Dolbeau, François, Un opuscule latin contre les Manichéens, placé sous le nom d'Augustin: ders., *Augustin et la prédication en Afrique. Recherches sur divers sermons authentique, apocryphes ou anonymes* (= Collection des Études Augustiniennes. Série Antiquité 179), Paris 2005, 376–398.

Basilius von Caesarea
Homilien zum Hexaemeron

Basilius von Cäsarea. Homilien zum Hexaemeron (herausgegeben von Emmanuel A. de Mendieta und Stig Y. Rudberg = Die Griechischen Christlichen Schriftsteller. Neue Folge 2), Berlin 1997.

Homilien und Predigten

S. P. N. Basilii Caesareae Cappadociae Archiepiscopi opera omnia quae exstant. Tomus tertius (accurante et recognoscente J.-P. Migne = PG 31), 163–618.1429–1514.

lateinisch: siehe Rufin

Breviarium Hipponense / Aktenauszug [zum Konzil] von Hippo
Sessio diei 28. August 397 / Sitzung vom 28.8.397

Concilia Africae A. 345 – A. 525 (cura et studio Charles Munier = CChr.SL 149), Turnhout 1974, 48 f.

Chinesisches Kompendium
Chinesische Manichaica. Mit textkritischen Anmerkungen und einem Glossar (herausgegeben und übersetzt von Helwig Schmidt-Glintzer = Studies in Oriental Religions 14), Wiesbaden 1987, 69–75.

Cicero
Hortensius

M. Tulli Ciceronis Hortensius (edidit, commentario instruxit Albertus Grilli = Testi e documenti per lo studio dell'antichità 5), Mailand 1962.

Codex Theodosianus
Theodosiani libri XVI cum constitutionibus Sirmondianis, volumen I, pars I–II (edidit adsumpto apparatu Pauli Kruegeri Theodor Mommsen), Berlin 1905 (Nachdruck Hildesheim 2002).

Les lois religieuses des empereurs romains de Constantin à Théodose II (312–438). Volume I : Code Théodosien. Livre

XVI (texte latin Theodor MOMMSEN, traduction Jean ROUGE, introduction et notes Roland DELMAIRE avec la collaboration de François RICHARD = Sources Chrétiennes 497), Paris 2005.

CONLATIO CARTHAGINIENSIS / KONFERENZ VON KARTHAGO
Gesta Conlationis Carthaginiensis anno 411. Accedit Sancti Augustini breviculus conlationis cum Donatistis (cura et studio Serge LANCEL = CChr.SL 149A), Turnhout 1974, 1–257.

CONSTITUTIO VALENTINIANI III DE MANICHAEIS / GESETZ VALENTINIANS III BETREFFEND DIE MANICHÄER (= Leo der Große, Epistula VIII)
Sancti Leonis Magni Romani pontificis Sermones et epistulae. Fragmenta selecta (Introduction, texts and translations, excursus, appendices, and indices, by H.G. SCHIPPER and J. VAN OORT = Corpus fontium Manichaeorum. Series latina 1), Turnhout 2000, 48–51.

DIDYMUS DER BLINDE
Contra Manichaeos / Gegen die Manichäer

BENNETT, Byard J., *The Origin of Evil. Didymus the Blind's Contra Manichaeos and its Debt to Origen's Theology and Exegesis*, Ph.D. thesis University of Toronto 1997 (maschinenschriftlich, griechischer Text: 284–301).

DIOKLETIANS EDIKT VOM 31. MÄRZ 302
Texte zum Manichäismus (ausgewählt und herausgegeben von Alfred ADAM = Kleine Texte für Vorlesungen und Übungen 175), 2., verbesserte und vermehrte Auflage, Berlin 1969, 82–84.

ECKBERT VON SCHÖNAU
Excerptum de Manichæis ex S. Augustino / Auszug aus Augustins [Werk] über die Manichäer

Eckberti Abbatis Schonaugiensis [...] scripta quae supersunt omnia (accurante J.-P. MIGNE = PL 195), Paris 1855, 97D–102C.

EPHRAEM DER SYRER
Prosawiderlegungen

S. Ephraim's prose refutations of Mani, Marcion, and Bardaisan. Volume I: The Discourses addressed to Hypatius (by Charles W. MITCHELL), London/Oxford 1912. *Volume II: The discourse called of Domnus and six other writings* (by Charles W. MITCHELL completed by A. A. BEVAN and F. C. BURKITT), London/Oxford 1921.

Hymnen gegen die Häresien

Des Heiligen Ephraem des Syrers Hymnen contra Haereses (herausgegeben und übersetzt von Edmund BECK = Corpus Scriptorum Christianorum Orientalium 169 und 170. Scriptores Syri 76 und 77), Louvain 1957.

EPIPHANIUS VON SALAMIS
Panarion omnium haeresium / Hausapotheke gegen alle Häresien

Epiphanius (Ancoratus und Panarion). Erster Band: Ancoratus und Panarion haer. 1–33, (herausgegeben von Karl HOLL = Die Griechischen Christlichen Schriftsteller 25), Leipzig 1915; *Zweiter Band: Panarion haer. 34–64* (herausgegeben von Karl HOLL = Die Griechischen Christlichen Schriftsteller 31), Leipzig 1922; *Dritter Band: Panarion haer. 65–80. De fide* (herausgegeben von Karl HOLL = Die Griechischen Christlichen Schriftsteller 37), Leipzig 1933.

RIGGI, Calogero, *Epifanio contro Mani. Revisione critica, traduzione italiana e commento storico del Panarion di Epifanio, haer. LXVI*, Rom 1967.

EPISTULA AD MENOCH / BRIEF AN MENOCH
Manichaica Latina. Band 1: Epistula ad Menoch (Text, Übersetzung, Erläuterungen von Markus STEIN = Papyrologica Coloniensia 27,1), Opladen/Wiesbaden 1998.

EPISTULA FUNDAMENTI / GRUNDLAGENBRIEF
Manichaica Latina. Band 2: Epistula fundamenti (Text,

Übersetzung, Erläuterungen von Markus STEIN = Papyrologica Coloniensia 27,2), Paderborn u. a. 2002.

EUSEBIUS VON EMESA

De arbitrio, voluntate Pauli et domini passione / Über die [freie] Entscheidung, den Willen bei Paulus und das Leiden des Herrn

Eusèbe d'Émèse. Discours conservés en latin. Textes en partie inédits. I. La collection de Troyes (Discours I à XVII) (par Éloi M. BUYTAERT = Spicilegium sacrum Lovaniense. Études et documents 26), Louvain 1953, 13–43.

EVODIUS

De fide contra Manichaeos / Über den Glauben gegen die Manichäer

Sancti Aureli Augustini contra Felicem, de natura boni, epistula Secundini, contra Secundinum, accedunt Evodii Uzalensis episcopi de fide contra Manichaeos et commonitorium Augustini quod fertur (praefatione utriusque partis praemissa recensuit Iosephus ZYCHA = CSEL 25/2), Wien 1892, 949–975.

FAUSTUS

Capitula / Hauptpunkte

zitiert nach Augustin, *c. Faust.*

FILASTRIUS

Diversarum hereseon liber / Buch über die verschiedenen Häresien

Filastrii Episcopi Brixiensis Diversarum hereseon liber (cura et studio F. HEYLEN = CChr.SL 9), Turnhout 1957, 207–324.

GRIECHISCHER BRIEF GEGEN DEN MANICHÄISMUS

Texte zum Manichäismus (ausgewählt und herausgegeben von Alfred ADAM = Kleine Texte für Vorlesungen und Übungen 175), 2., verbesserte und vermehrte Auflage, Berlin 1969, 52–54.

Grosse griechische Abschwörungsformel
Texte zum Manichäismus (ausgewählt und herausgegeben von Alfred Adam = Kleine Texte für Vorlesungen und Übungen 175), 2., verbesserte und vermehrte Auflage, Berlin 1969, 97–103.

Guibert von Nogent
De vita sua sive monodiarum libri tres / Über mein Leben oder Einzelgesänge. Drei Bücher

Guiberti Abbatis s. Mariae de Novigento opera omnia (accurante J.-P. Migne = PL 156), Paris 1880, 837B–962A.

Hegemonius
Acta Archelai / Aufzeichnungen [der Disputationen] des Archelaos

Hegemonius. Acta Archelai (herausgegeben von Charles H. Beeson = Die Griechischen Christlichen Schriftsteller der ersten drei Jahrhunderte 16), Leipzig 1906.

Hilarius von Poitiers
De trinitate / Über die Trinität

Hilaire de Poitiers. La trinité. Tome II (Livres IV-VIII) (par Pieter Smulders = Sources Chrétiennes 448), Paris 2000.

Hydatius
Chronik

Hydace, Chronique. 1: Introduction, texte critique, traduction (par Alain Tranoy = Sources chrétiennes 218), Paris 1974.

Indiculus / Verzeichnis
Wilmart, Andreas, Operum S. Augustini Elenchus a Possidio eiusdem discipulo Calamensi episcopo digestus (post Maurinorum labores novis curis editus, critico apparatu [et] numeris tabellis instructus): *Miscellanea Agostiniana, volume II. Studi Agostiniani*, Rom 1931, 149–233.

JULIAN VON AECLANUM

Ad Florum / An Florus

Fragmente der Bücher 1–6 zitiert nach Augustin, *c. Iul. imp.*

Dicta in quadam disputatione publica / Aussagen in einer gewissen öffentlichen Disputation

Epistula ad Romanos / Brief an die Römer

Epistula ad Rufum / Brief an Rufus [von Thessalonike]

Ad Turbantium / An Turbantius

Iuliani Aeclanensis Expositio libri Iob. Tractatus prophetarum Osee, Iohel et Amos, accedunt operum deperditorum fragmenta (post Albertum BRUCKNER, denuo collecta, aucta, ordinata, auxiliante Maria J. D'HONT edidit Lucas De CONINCK = CChr.SL 88), Turnhout 1977, 336.396–398.336–340.340–396.

KEPHALAIA / HAUPTPUNKTE

Kephalaia I, 1. Hälfte (Lieferung 1–10) (herausgegeben von Carl SCHMIDT, Hans J. POLOTSKY und Alexander BÖHLIG, mit einem Beitrag von Hugo IBSCHER = Manichäische Handschriften der Staatlichen Museen Berlin), Stuttgart 1940.

Kephalaia I, 2. Hälfte (Lieferung 11–12) (bearbeitet von Alexander BÖHLIG = Manichäische Handschriften der Staatlichen Museen Berlin), Stuttgart 1966.

Kephalaia I, 2. Hälfte (Lieferung 13–14) (bearbeitet von Wolf-Peter FUNK = Manichäische Handschriften der Staatlichen Museen Berlin), Stuttgart 1999.

Kephalaia I, 2. Hälfte (Lieferung 15–16) (bearbeitet von Wolf-Peter FUNK = Manichäische Handschriften der Staatlichen Museen Berlin), Stuttgart 2000.

Kephalaia I, 2. Hälfte (Lieferung 17–18) (bearbeitet von Wolf-Peter FUNK = Manichäische Handschriften der Staatlichen Museen Berlin), Stuttgart 2009.

Kodex von Tebessa
Manichaica Latina. Band 3: Codex Thevestinus (3,1: Text, Übersetzung, Erläuterungen von Markus Stein; 3,2: Fotographien, herausgegeben von dems. = Papyrologica Coloniensia 27,3,1 und 27,3,2), Paderborn u. a. 2004 und 2006.

Kölner Mani-Kodex
Der Kölner Mani-Kodex. Über das Werden seines Leibes (kritische Edition aufgrund der von A. Henrichs und L. Koenen besorgten Erstedition, herausgegeben und übersetzt von Ludwig Koenen und Cornelia Römer = Abhandlungen der Rheinisch-Westfälischen Akademie der Wissenschaften. Papyrologica Coloniensia XIV), Opladen 1988.

Kyrill von Jerusalem
Katechesen

Cyrilli Hierosolymarum archiepiscopi opera quae supersunt omnia (ad libros mss. et impressos recensuit, notis criticis, commentariis indicibusque locupletissimis illustravit Guilelmus Carolus Reischl, volumen I, München 1848; volumen II edidit Josephus Rupp), München 1860 (Nachdruck Hildesheim 1967).

Leo der Grosse
Epistulae / Briefe

Sermones / Predigten

Sancti Leonis Magni Romani pontificis sermones et epistulae. Fragmenta selecta (Introduction, texts and translations, excursus, appendices, and indices, by H.G. Schipper and J. van Oort = Corpus fontium Manichaeorum. Series latina 1), Turnhout 2000.

Manichäische Homilien
Polotsky, Hans J., *Manichäische Homilien* (= Manichäische Handschriften der Sammlung A. Chester Beatty Band 1), Stuttgart 1934.

MANICHÄISCHES PSALMENBUCH
A Manichaean Psalm-Book. Part II (edited by Charles R.C. ALLBERRY, with a contribution by Hugo IBSCHER = Manichaean Manuscripts in the Chester Beatty Collection, volume II), Stuttgart 1938.

WURST, Gregor, *Die Bema-Psalmen. Psalm book, part II, fascicle 1 – Liber psalmorum, pars II, fasciculus 1* (The Manichaean Coptic Papyri in the Chester Beatty Library = Corpus Fontium Manichaeorum. Series Coptica 1, pars 2, fasciculus 1), Turnhout 1996.

RICHTER, Siegfried G., *Die Herakleides-Psalmen. Psalm book, part II, fascicle 2 – Liber psalmorum, pars II, fasciculus 2* (The Manichaean Coptic Papyri in the Chester Beatty Library = Corpus Fontium Manichaeorum. Series Coptica 1, pars 2, fasciculus 2), Turnhout 1998.

MARIUS MERCATOR
Commonitorium / Kurze Belehrung

Concilium universale Ephesenum. Vol. 5 pars prior: Collectio Palatina sive qui fertur Marius Mercator [...] (edidit Eduardus SCHWARTZ = Acta Conciliorum Oecumenicorum 1,5), Berlin/Leipzig 1924–26, 5–23.

MARIUS VICTORINUS
Candidi ad Marium Victorinum Epistola II / Zweiter Brief des Candidus an Marius Victorinus

Adversus Arium / Gegen Arius

Marii Victorini Opera. Pars I: Opera theologica (recensuerunt Paulus HENRY et Petrus HADOT = CSEL 83/1), Wien 1971, 49–53. 54–277.

MITTELPERSISCHER HYMNUS
BÖHLIG, Alexander, *Die Gnosis. Dritter Band: Der Manichäismus*, Zürich/München 1980, 217 f.

PELAGIUS
Ad Romanos / [Auslegung des Paulusbriefes] an die Römer

SOUTER, Alexander, *Pelagius's Expositions of thirteen Epistles of St. Paul. I: Introduction* (= Texts and Studies 9/1), Cambridge 1922 (Nachdruck Nendeln / Liechtenstein 1967). *II: Text and apparatus criticus* (= Texts and Studies 9/2), Cambridge 1926, 6–126.

De natura / Über die Natur

Fragmente zitiert nach Augustin, *nat. et gr.*

POSSIDIUS

Vita Augustini / Lebensbeschreibung Augustins

Possidii Vita Augustini (Testo critico a cura di A. A. R. BASTIAENSEN. Traduzioni di Carlo CARENA): *Vita di Cipriano. Vita di Ambrogio. Vita di Agostino* (= Vite dei Santi III), Mailand [4]1997, 127–241.

PROSPER VON AQUITANIEN

Anathematismi: siehe Anathematismen

Chronik

Prosperi Tironis epitome chronicon (edidit Theodorus MOMMSEN = Monumenta Germaniae Historica. Auctores antiquissimi IX, Chronica minora I), Berlin 1892, 341–499.

QUODVULTDEUS

Dimidium temporis in signis antichristi / Die Mitte der Zeit im Zeichen des Antichristen

Opera Quodvultdeo Carthaginiensi episcopo tributa (edidit R. BRAUN = CChrSL 60), Turnhout 1976, 190–215.

RUFINUS VON AQUILEIA

Homiliarum Basilii interpretatio latina / Lateinische Übersetzung der Homilien des Basilius

Rufini Aquileiensis homiliarum Basilii Magni interpretatio latina (cura et studio Carla LO CICERO = CChrSL 20A), Turnhout 2008.

Expositio symboli / Auslegung des Glaubensbekenntnisses

Tyrannii Rufini Opera (recognovit Manlius SIMONETTI = CChr.SL 20), Turnhout 1961, 125–182.

SECUNDINUS

Epistula / Brief [an Augustin]

Augustinus. Contra Secundinum – Gegen Secundinus. Einschließlich Epistula Secundini – Der Brief des Secundinus (Einleitung, revidierter lateinischer Text, Übersetzung und Kommentierung von Mirjam KUDELLA = Augustinus. Opera – Werke 22), Paderborn 2010, 220–245.

SERAPION VON THMUIS

Contra Manichaeos / Gegen die Manichäer

Against the Manichees (by Robert P. CASEY = Harvard Theological Studies 15), Cambridge/London/Oxford 1931 (Nachdruck New York 1969).

SEVERUS VON ANTIOCHIA

123. Katechetische Homilie

KUGENER, Marc-Antoine / CUMONT, Franz, *Recherches sur le manichéisme. II: Extrait de la CXXIII[e] homélie de Sévère d'Antioch. III: L'inscription de Salone*, Brüssel 1912, 81–172.

Les homiliae cathedrales de Sévère d'Antioche, traduction syriaque de Jacques d'Édesse (Introduction générale à toutes les homélies. Homélies CXX a CXXV, éditées et traduites en français par Maurice BRIÈRE = Patrologia Orientalis 29/1), Paris 1961, 124–189.

THEODOR BAR KÔNÎ

Liber scholiorum 58 / Buch der Auslegungen 58 [gegen die Manichäer]

syrisch: *Theodorus bar Kônî. Liber scholiorum II* (edidit Abbai SCHER = Corpus Scriptorum Christianorum Orientalium 69 [Scriptores Syri 26]), Paris 1912 (Nachdruck Löwen 1960), 311–318.

französische Übersetzung: *Théodore bar Kônî. Livre des Scolies* (recension de SÉERT) *II. Mimrè VI-IX* (traduit par

Robert HESPEL et René DRAGUET = Corpus Scriptorum Christianorum Orientalium 432. Scriptores Syri 188), Löwen 1982, 232–237.

THEODORET VON KYRRHOS

Haereticarum fabularum compendium / Kompendium häretischer Erdichtungen

Theodoreti Cyrensis episcopi opera omnia. Tomus quartus (accurante J.-P. MIGNE = PG 83), Paris 1864, 335–556.

THESAURUS / SCHATZ

STEIN, Markus, *Manichaica Latina*, Köln 1999 (unveröffentlichte Habilitationsschrift), Band II.1: Text, 20–30.

TITUS VON BOSTRA

Contra Manichaeos / Gegen die Manichäer

Titi Bostreni Contra Manichaeos libri quatuor. Syriace (edidit Paulus A. DE LAGARDE), Berlin 1859 (Nachdruck Hannover 1924).

griechische Fragmente: PEDERSEN, Nils Arne, *Demonstrative Proof in Defence of God. A Study of Titus of Bostra's Contra Manichaeos – The Work's Sources, Aims and Relation to its Contemporary Theology* (= Nag Hammadi and Manichaean Studies 56), Leiden 2004, 424–473.

TURIBIUS VON ASTORGA

Epistula / Brief [an Leo] (= Leo der Große, Epistula XVa)

Sancti Leonis Magni Romani pontificis Sermones et epistulae. Fragmenta selecta (Introduction, texts and translations, excursus, appendices, and indices, by H.G. SCHIPPER and J. VAN OORT = Corpus fontium Manichaeorum. Series latina 1), Turnhout 2000, 78–85.

VERBA SENIORUM / WORTE DER ALTEN

De vitis patrum liber quintus sive Verba Seniorum auctore Graeco incerto, interprete Pelagio S. R. E. diacono (accurante J.-P. MIGNE = PL 73), Paris 1879, 851–992.

II. Sekundärliteratur

AALDERS, G.J.D., L'Épître à Menoch, atribuée à Mani: Vigiliae Christianae 14 (1960) 245–249.

ADAM, Alfred, Das Fortwirken des Manichäismus bei Augustin: Zeitschrift für Kirchengeschichte 69 (1958) 1–25 (= id., *Sprache und Dogma. Gesammelte Aufsätze und Untersuchungen zu Grundproblemen der Kirchengeschichte* [herausgegeben v. G. RUHBACH], Gütersloh 1969, 141–166).

ALEXANDER, David C., *Augustine's early theology of the church. Emergence and implications, 386–391* (= Patristic Studies 9), New York u.a. 2008.

ALLGEIER, Arthur, Der Einfluß des Manichäismus auf die exegetische Fragestellung bei Augustin: *Aurelius Augustinus. Festschrift der Görres-Gesellschaft zum 1500. Todestag des heiligen Augustinus* (herausgegeben von M. GRABMANN / J. MAUSBACH), Köln 1930, 1–13.

AYRES, Lewis, *Augustine and the Trinity*, Cambridge 2010.

BAKER-BRIAN, Nicholas, Biblical Traditions and their Transformation in Fourth Century Manichaeism: Augustiniana 56 (2006) 63–80.

– *Manichaeism in the later Roman Empire. A study of Augustine's* Contra Adimantum (with a Foreword by Markus STEIN), Lewiston u.a. 2009.

BARRY, Catherine / FUNK, Wolf-Peter / POIRIER, Paul-Hubert / TURNER, John D., Einleitung: *Zostrien (NH VIII,1)* (= Bibliothèque copte de Nag Hammadi. Section Textes 24), Laval / Louvain / Paris 2000, 1–231.

BARTELINK, Gerard J.M., Art. Basilius: Augustinuslexikon 1 (1986–1994) 614–617.

BAUR, Ferdinand Christian, *Das manichäische Religionssystem nach den Quellen neu untersucht und entwikelt*, Tübingen 1831 (Nachdruck Göttingen 1928).

BEATRICE, Pier F., *Tradux peccati. Alle fonti della dottrina agostiniana del peccato originale* (= Studia patristica Mediolanensia 8), Mailand 1978.

BECK, Edmund, *Ephräms Polemik gegen Mani und die Mani-*

chäer im Rahmen der zeitgenössischen griechischen Polemik und der des Augustinus (= Corpus scriptorum Christianorum Orientalium 391. Subsidia 55), Louvain 1978.

BeDuhn, Jason David, *The Manichaean Body in Discipline and Ritual*, Baltimore/London 2000.

– A Religion of Deeds. Scepticism in the doctrinally Liberal Manichaeism of Faustus and Augustine: *New Light on Manichaeism. Papers from the Sixth International Congress of Manichaeism* (edited by J.D. BeDuhn = Nag Hammadi and Manichaean Studies 64), Leiden/Boston 2009, 1–28.

– *Augustine's Manichaean Dilemma, I. Conversion and Apostasy, 373–388 C.E.*, Philadelphia 2010.

– Did Augustine win his debate with Fortunatus?: *›In search of truth‹. Augustine, Manichaeism and other Gnosticism*. Festschrift J. van Oort (edited by J.A. van den Berg / A. Kotzé / T. Nicklas / M. Scopello = Nag Hammadi and Manichaean Studies 74), Leiden/Boston 2011, 463–479.

Beeson, Charles H. (Hrsg.), Einleitung: *Hegemonius. Acta Archelai* (= Die Griechischen Christlichen Schriftsteller der ersten drei Jahrhunderte 16), Leipzig 1906, IX–LIV.

Bennett, Byard, *Iuxta unum latus erat terra tenebrarum*. The Division of Primordial Space in Anti-Manichaean Writers' Descriptions of the Manichaean Cosmogony: *The Light and the Darkness. Studies in Manichaeism and its World* (edited by P. Mirecki / J. BeDuhn = Nag Hammadi and Manichaean Studies 50), Leiden/Boston/Köln 2001, 68–78.

– Globus horribilis. The role of the bolos in Manichaean eschatology and its polemical transformation in Augustine's anti-Manichaean writings: *›In search of truth‹. Augustine, Manichaeism and other Gnosticism*. Festschrift J. van Oort (edited by J.A. van den Berg / A. Kotzé / T. Nicklas / M. Scopello = Nag Hammadi and Manichaean Studies 74), Leiden/Boston 2011, 427–440.

– Didymus the Blind's Knowledge of Manichaeism: *The Light and the Darkness. Studies in Manichaeism and its World* (edited by P. Mirecki / J. BeDuhn = Nag Hammadi and Manichaean Studies 50), Leiden/Boston/Köln 2001, 38–67.

BESKOW, Per, The Theodosian Laws against Manichaeism: *Manichaean Studies. Proceedings of the First International Conference on Manichaeism* (edited by P. BRYDER = Lund Studies in African and Asian Religions 1), Lund 1988, 1–11.

BIANCHI, Ugo, Sur le dualisme de Mani: *Manichaica selecta. Studies presented to Julien Ries* (edited by A. VAN TONGERLOO / S. GIVERSEN = Manichaean Studies 1), Louvain 1991, 9–17.

BOCHET, Isabelle, Le destinataire de la Lettre 140 est-il l'ancien ami manichéen d'Augustin?: Studia Patristica 38 (2001) 8–15.

– *»Le firmament de l'écriture«. L'herméneutique augustinienne* (= Collection des Études Augustiniennes. Série Antiquité 172), Paris 2004.

BÖHLIG, Alexander, Zur religionsgeschichtlichen Einordnung des Manichäismus: *Manichaean Studies. Proceedings of the First International Conference on Manichaeism* (edited by P. BRYDER = Lund Studies in African and Asian Religions 1), Lund 1988, 29–44.

BONNER, Gerald, Art. Concupiscentia: Augustinuslexikon 1 (1986–1994) 1113–1122.

BRACHTENDORF, Johannes, Einleitung: *Augustinus. De libero arbitrio – Der freie Wille* (zweisprachige Ausgabe, eingeleitet, übersetzt und herausgegeben von J. BRACHTENDORF = Augustinus. Opera – Werke 9), Paderborn 2006, 7–72.

BRENNECKE, Hanns Christof / HEIL, Uta, Bemerkungen zur Chronologie des arianischen Streits bis zum Tod des Arius: *Athanasius. Werke. Bd. 3, T. 1. Dokumente zur Geschichte des Arianischen Streites. 3. Lieferung: Bis zur Ekthesis Makrostichos* (herausgegeben von H.C. BRENNECKE / U. HEIL / A. VON STOCKHAUSEN / A. WINTJES), Berlin 2007, XIX–XXXVIII.

BUONAIUTI, Ernesto, Manichaeism and Augustine's idea of ›massa perditionis‹: The Harvard Theological Review 20 (1927) 117–127.

CIPRIANI, Nello, L'aurore dei testi *pseudobasiliani* riportati nel C. Iulianum (l, 16–17) e la polemica agostiniana di Giulano d'Eclano: *Congresso internazionale su S. Agostino nel XVI centenario della conversione, Roma, 15–20 settembre 1986. Atti I: Cronaca del Congresso. Sessioni generali [...]* (= Studia ephemeridis Augustinianum 24), Rom 1987, 439–449.

CLACKSON, Sarah / HUNTER, Erica / LIEU, Samuel N. C., *Dictionary of Manichaean Texts. Vol. 1: Texts from the Roman Empire*, Texts in Syriac, Greek, Coptic and Latin (= Corpus Fontium Manichaeorum. Subsidia II), Turnhout 1998.

CLARKE, Elisabeth A., »Adam's Only Companion«. Augustine and the Early Christian Debate on Marriage: Recherches Augustiniennes 21 (1986) 139–162.

– *Ascetic Piety and Women's Faith. Essays on late ancient Christianity* (= Studies in Women and Religion 20), Lewiston/Queenston 1986.

COURCELLE, Pierre, *Recherches sur les Confessions de saint Augustin*, nouvelle édition augmentée et illustrée, Paris 1968.

Les Confessions de saint Augustin dans la tradition littéraire. Antécédents et Posterité, Paris 1963.

COYLE, J. Kevin, *Augustine's »De moribus ecclesiae catholicae«. A Study of the Work, its Composition and its Sources* (= Paradosis 25), Fribourg 1978.

– Characteristics of Manichaeism in Roman Africa: *New Light on Manichaeism. Papers from the Sixth International Congress of Manichaeism* (edited by J.D. BEDUHN = Nag Hammadi and Manichaean Studies 64), Leiden/Boston 2009, 101–114.

– Jesus, Mani, and Augustine: *›In search of truth‹. Augustine, Manichaeism and other Gnosticism.* Festschrift J. van Oort (edited by J.A. VAN DEN BERG / A. KOTZÉ / T. NICKLAS / M. SCOPELLO = Nag Hammadi and Manichaean Studies 74), Leiden/Boston 2011, 363–376.

– *Manichaeism and its Legacy* (= Nag Hammadi and Manichaean Studies 69), Leiden/Boston 2009.

– What did Augustine know about Manichaeism when he wrote his two treatises De moribus ?: *Augustine and Manichaeism in the Latin West. Proceedings of the Fribourg-Utrecht Symposium of the International Association of Manichaean*

Studies (IAMS) (edited by J. van Oort / O. Wermelinger / G. Wurst = Nag Hammadi and Manichaean Studies 49), Leiden/Boston/Köln 2001, 43–56.

– Prolegomena to a Study of Women in Manichaeism: *The Light and the Darkness. Studies in Manichaeism and its World* (edited by P. Mirecki / J. BeDuhn = Nag Hammadi and Manichaean Studies 50), Leiden/Boston/Köln 2001, 79–92.

Cumont, Franz, *Recherches sur le manichéisme. 1: La cosmogonie manichéenne d'après Théodore Bar Khôni*, Brüssel 1908.

de Capitani, Franco, »Corruptio« negli scritti antimanichei di S. Agostino. Il fenomeno e la natura della corruzione: Rivista di filosofia neo-scolastica 72 (1980) 640–669; 73 (1981) 132–156.264–282.

Decret, François, *Aspects du Manichéisme dans l'Afrique Romaine. Les controverses de Fortunatus, Faustus et Felix avec saint Augustin*, Paris 1970.

– Aspects de l'Église Manichéenne. Remarques sur le Manuscrit de Tébessa: *Signum Pietatis. Festgabe für Cornelius Petrus Mayer* (herausgegeben von A. Zumkeller = Cassiciacum 40), Würzburg 1989, 123–151.

– *L'Afrique manichéenne (IVe–Ve siècles). Étude historique et doctrinale*, Paris 1978.

– *Essais sur l'Église manichéenne en Afrique du Nord et à Rome au temps de Saint Augustin. Recueil d'études* (= Studia Ephemeridis Augustinianum 47), Rom 1995.

– La doctrine centrale du *spiritalis salvator* dans les sources manichéennes africaines: *Studia Manichaica. IV. Internationaler Kongreß zum Manichäismus, Berlin, 14.–18. Juli 1997* (herausgegeben von R.E. Emmerick W. Sundermann / P. Zieme = Berlin-Brandenburgische Akademie der Wissenschaften. Berichte und Abhandlungen. Sonderband 4), Berlin 2000, 138–153.

– Le dogme manichéen fondamental des deux principes selon Faustus de Milev: *Manichaica selecta. Studies presented to Julien Ries* (edited by A. van Tongerloo / S. Giversen = Manichaean Studies 1), Louvain 1991, 59–69.

– / van Oort, Johannes, Notes complémentaires et Bibliographies sélectives: *Sanctus Augustinus. Acta contra Fortunatum Manichaeum* (Introduction, texte et traduction, notes complémentaires et bibliographies sélectives par François Decret. Bibliography, biblical references, indices and index of manichaean terms and concepts by Johannes van Oort = Corpus fontium Manichaeorum. Series latina 2), Turnhout 2004, 47–71.
– Art. Acta contra Fortunatum Manicheum: Augustinuslexikon 1 (1986–1994) 53–58.
– Art. Adimantum Manichei discipulum (Contra-): Augustinuslexikon 1 (1986–1994) 90–94.
– Art. Duabus animabus (De -): Augustinuslexikon 2 (1996–2002) 667–672.
– Art. Epistulam Manichei quam vocant fundamenti (Contra -): Augustinuslexikon 2 (1996–2002) 1070–1078.
– Art. Faustus Manichaeus: Augustinuslexikon 2 (1996–2002) 1252–1255.
– Art. Faustum Manicheum (Contra-): Augustinuslexikon 2 (1996–2002) 1244–1252.
– Art. Felicem Manicheum (Contra-): Augustinuslexikon 2 (1996–2002) 1256–1263.
Divjak, Johannes, Art. Commonitorium: Augustinuslexikon 1 (1986–1994) 1077–1079.
– Art. Firmus 3: Augustinuslexikon 3 (2004–2010) 30.
Dolbeau, François, La survie des œuvres d'Augustin. Remarques sur l'Indiculum attribué à Possidius et sur la bibliothèque d'Anségise: ders., *Augustin et la prédication en Afrique. Recherches sur divers sermons authentiques, apocryphes ou anonymes* (= Collection des Études Augustiniennes. Série Antiquité 179), Paris 2005, 475–494.
– Art. Indiculum, -us: Augustinuslexikon 3 (2004–2010) 571–581.
– Un opuscule latin contre les Manichéens, placé sous le nom d'Augustin: ders., *Augustin et la prédication en Afrique. Recherches sur divers sermons authentiques, apocryphes ou anonymes* (= Collection des Études Augustiniennes. Série Anti-

quité 179), 376–398 (= *Archiv für Religionsgeschichte* 2 [herausgegeben von J. Aussmann u.a.], Leipzig/München 2000, 232–254).
– Un témoignage inconnu contre des Manichéens d'Afrique: Zeitschrift für Papyrologie und Epigraphik 150 (2004) 225–232.
Drecoll, Volker H., *Die Entstehung der Gnadenlehre Augustins* (= Beiträge zur historischen Theologie 109), Tübingen 1999.
– Der Stand der Augustinforschung: Theologische Literaturzeitung 134 (2009) 876–900.
– Art. Gratia: Augustinuslexikon 3 (2004–2010) 182–242.
– Art. Gratia testamenti novi (De -): Augustinuslexikon 3 (2004–2010) 262–270.
– Der *Christus humilis* (Der demütige Christus): *Augustin Handbuch* (herausgegeben von V.H. Drecoll), Tübingen 2007, 438–445.
– Art. Manichaei: Augustinuslexikon 3 (2004–2010) 1132–1159.
Du Roy, Olivier, *L'intelligence de la foi en la Trinité selon saint Augustin. Genèse de sa théologie trinitaire jusqu'en 391*, Paris 1966.
Elm, Eva, *Die Macht der Weisheit. Das Bild des Bischofs in der Vita Augustini des Possidius und anderen spätantiken und frühmittelalterlichen Bischofsviten* (= Studies in the History of Christian Thought 109), Leiden 2003.
Erler, Michael, Augustinus' Gesprächsstrategie in seinen antimanichäischen Disputationen: *Strukturen der Mündlichkeit in der römischen Literatur* (herausgegeben von G. Vogt-Spira = ScriptOralia 19), Tübingen 1990, 285–311.
Evans, Gillian R., Neither a Pelagian nor a Manichee: Vigiliae Christianae 35 (1985) 232–244.
Feldmann, Erich, Art. Alypius I–III: Augustinuslexikon 1 (1986–1994) 245–253.
– Art. Confessiones: Augustinuslexikon 1 (1986–1994) 1134–1193.
– Christus-Frömmigkeit der Mani-Jünger. Der suchende Stu-

dent Augustinus in ihrem »Netz«?: *Pietas. Festschrift für Bernhard Kötting* (herausgegeben von E. Dassmann = Jahrbuch für Antike und Christentum. Ergänzungsband 8), Münster 1980, 198–216.

– *Der Einfluß des Hortensius und des Manichäismus auf das Denken des jungen Augustinus von 373*, 2 Bde, Diss. Münster 1975 (unveröffentlicht).

– Der Übertritt Augustins zu den Manichäern: *The Manichaean ΝΟΥΣ. Proceedings of the International Symposium Organized in Louvain from 31 July to 3 August 1991* (edited by A. van Tongerloo / J. van Oort), Louvain 1995, 103–128.

– *Die »Epistula fundamenti« der nordafrikanischen Manichäer. Versuch einer Rekonstruktion*, Altenberge 1987.

– Unverschämt genug vermaß er sich, astronomische Anschauungen zu lehren. Augustins Polemik gegen Mani in conf. 5,3ff.: *Signum Pietatis. Festgabe für Cornelius Petrus Mayer* (herausgegeben von A. Zumkeller = Cassiciacum 40), Würzburg 1989, 105–120.

– Et inde rediens fecerat sibi deum (conf. 7,20). Beobachtungen zur Genese des augustinischen Gottesbegriffes und zu dessen Funktion in den Confessiones: Augustiniana 41 (1991) 881–904.

– Der junge Augustinus und Paulus. Ein Beitrag zur (manichäischen) Paulus-Rezeption: *Atti del terzo Congresso Internazionale di studi »Manicheismo e Oriente Cristiano antico«. Arcavacata di Rende, Amantea 31 agosto – 5 settembre 1993* (a cura di L. Cirillo / A. van Tongerloo = Manichaean Studies 3), Turnhout 1997, 41–76.

– Christologische Ansätze des Augustinus von Mailand und ihre Voraussetzungen: *Vom Jesus zum Christus. Christologische Studien. Festgabe für Paul Hoffmann* (herausgegeben von R. Hoppe / U. Busse = Zeitschrift für die neutestamentliche Wissenschaft und die Kunde der älteren Kirche. Beihefte 93) Berlin/New York 1998, 529–549.

– Konvergenz von Strukturen? Ciceros Hortensius und Plotins Enneaden im Denken Augustins: *Congresso Internazionale su S. Agostino nel XVI centenario della conversione.*

Roma, 15–20 settembre 1986. Atti 1 (= Studia Ephemeridis Augustinianum 24), Rom 1987, 315–330.

FERRARI, Leo C., Astronomy and Augustine's break with the Manichees: Revue des Études Augustiniennes 19 (1973) 263–276.

– Augustine's »nine years« as a Manichee: Augustiniana 25 (1975) 210–216.

– Augustine's »Discovery« of Paul (Confessions 7.21.27): Augustinian Studies 22 (1991) 37–61.

– Young Augustine: Both Catholic and Manichee: Augustinian Studies 26 (1995) 109–128.

FIEDROWITZ, Michael, *Psalmus vox totius Christi. Studien zu Augustins »Enarrationes in Psalmos«*, Freiburg/Basel/Wien 1997.

FITSCHEN, Klaus, *Serapion von Thmuis. Echte und unechte Schriften sowie die Zeugnisse des Athanasius und anderer* (= Patristische Texte und Studien 37), Berlin/New York 1992.

FLASCH, Kurt, *Logik des Schreckens. Augustinus von Hippo. Die Gnadenlehre von 397. Lateinisch – Deutsch. De diversis quaestionibus ad Simplicianum I 2* (Dt. Erstübersetzung von Walter SCHÄFER. Hrsg. und erklärt von Kurt FLASCH = Excerpta classica 8), 2., verbesserte Auflage mit Nachwort, Mainz 1995.

FRANZMANN, Majella, *Jesus in the Manichaean writings*, London u.a. 2003.

FREDRIKSEN, Paula, Beyond the body/soul dichotomy. Augustine on Paul against the Manichees and the Pelagians: Recherches Augustiniennes 23 (1988) 87–114.

– Paul and Augustine. Conversion Narratives, Orthodox traditions and the retrospective Self: The Journal of Theological Studies 37 (1986) 3–34.

– Die frühe Paulusexegese: *Augustin Handbuch* (herausgegeben von V.H. DRECOLL), Tübingen 2007, 279–294.

FREND, William H.C., Manichaeism in the Struggle between Saint Augustine and Petilian of Constantine: *Augustinus Magister. Congrès International Augustinien, Paris, 21–24 septembre 1954. 2: Communications*, Paris 1954, 859–866 (=

id., *Religion Popular and Unpopular in the Early Christian Centuries*, London 1976, nr. XIII).
– The Gnostic-Manichaean tradition in Roman North Africa: Journal of Ecclesiastical History 4 (1953) 13–26 (= id., *Religion Popular and Unpopular in the Early Christian Centuries*, London 1976, nr. XII).
FUHRER, Therese, Art. Disputatio: Augustinuslexikon 2 (1996–2002) 504–508.
GABILLON, Aimé, Romanianus, alias Cornelius. Du nouveau sur le bienfaiteur et l'ami de saint Augustin: Revue des Études Augustiniennes 24 (1978) 58–70.
GARDNER, Iain / LIEU, Samuel N.C., Introduction: *Manichaean Texts from the Roman Empire*, Cambridge 2004, 1–45.
GEERLINGS, Wilhelm, Zur Frage des Nachwirkens des Manichäismus in der Theologie Augustins: Zeitschrift für Katholische Theologie 93 (1971) 45–60 (= id., *Fußnoten zu Augustinus. Gesammelte Schriften Wilhelm Geerlings* [herausgegeben von G. RÖWEKAMP], Turnhout 2010, 29–53).
– Der manichäische »Jesus patibilis« in der Theologie Augustins: Theologische Quartalsschrift 152 (1972) 124–131.
GIUFFRÈ SCIBONA, Concetta, The Doctrine of the soul in Manichaeism and Augustine: ›*In search of truth*‹. *Augustine, Manichaeism and other Gnosticism*. Festschrift J. van Oort (edited by J.A. VAN DEN BERG / A. KOTZÉ / T. NICKLAS / M. SCOPELLO = Nag Hammadi and Manichaean Studies 74), Leiden/Boston 2011, 377–418.
GROTE, Andreas, *Anachorese und Zönobium. Der Rekurs des frühen westlichen Mönchtums auf monastische Konzepte des Ostens* (= Historische Forschungen 23), Stuttgart 2001.
– *Optimi viri sanctissimique*. Augustins Konzept einer Synthese von Askese und Pastoral in *De moribus* 1,65–80. Eine Replik auf manichäische Polemik: ›*In search of truth*‹. *Augustine, Manichaeism and other Gnosticism*. Festschrift J. van Oort (edited by J.A. VAN DEN BERG / A. KOTZÉ / T. NICKLAS / M. SCOPELLO = Nag Hammadi and Manichaean Studies 74), Leiden/Boston 2011, 441–461.
GULÁCSI, Zsuzanna, *Mani's Picture-Book. Searching for a Late*

Antique Mesopotamian Pictorial Roll & its Mediaeval Transformation in Central and East Asian Art (= Nag Hammadi and Manichaean Studies), Leiden, forthcoming.

– *Mediaeval Manichaean Book Art. A codicological study of Iranian and Turkic illuminated book fragments from 8th–11th century East Central Asia* (= Nag Hammadi and Manichaean Studies 57), Leiden u.a. 2005.

– The Central Asian roots of a Chinese Manichaean silk painting in the collection of the Yamato Bunkakan, Nara, Japan: *›In search of truth‹. Augustine, Manichaeism and other Gnosticism*. Festschrift J. van Oort (edited by J.A. VAN DEN BERG / A. KOTZÉ / T. NICKLAS / M. SCOPELLO = Nag Hammadi and Manichaean Studies 74), Leiden/Boston 2011, 315–337.

HAGENDAHL, Hugo, *Augustine and the Latin Classics. 1: Testimonia* (= Studia Graeca et Latina Gothoburgensia 20,1), Goeteborg 1967.

HARRISON, Geoffrey / BEDUHN, Jason, The Authenticity and Doctrine of (Ps.?) Mani's *Letter to Menoch*: *The Light and the Darkness. Studies in Manichaeism and its World* (edited by P. MIRECKI / J. BEDUHN = Nag Hammadi and Manichaean Studies 50), Leiden/Boston/Köln 2001, 128–172.

HEIL, Uta, »... bloß nicht wie die Manichäer!« Ein Vorschlag zu den Hintergründen des arianischen Streites: Zeitschrift für Antikes Christentum 6 (2002) 299–319.

HERMANNI, Friedrich, Augustinus über Gott, das Gutsein des Seienden und die Nichtigkeit des Bösen: *Augustinus. De natura boni – Die Natur des Guten* (Einleitung, lateinischer Text, Übersetzung und Kommentierung von B. BERGES / B. GOEBEL / F. HERMANNI = Augustinus. Opera – Werke 22), Paderborn 2010, 47–68.

HOFFMANN, Andreas, Verfälschung der Jesus-Tradition. Neutestamentliche Texte in der manichäisch-augustinischen Kontroverse: *Atti del terzo Congresso Internazionale di studi »Manicheismo e Oriente Cristiano antico«. Arcavacata di Rende, Amantea 31 agosto – 5 settembre 1993* (a cura di L. CIRILLO / A. VAN TONGERLOO = Manichaean Studies 3), Turnhout 1997, 149–182.

– *Augustins Schrift »De utilitate credendi«. Eine Analyse* (= Münsterische Beiträge zur Theologie 58), Münster 1997.
– Erst einsehen, dann glauben. Die nordafrikanischen Manichäer zwischen Erkenntnisanspruch, Glaubensforderung und Glaubenskritik: *Augustine and Manichaeism in the Latin West. Proceedings of the Fribourg-Utrecht Symposium of the International Association of Manichaean Studies (IAMS)* (edited by J. van Oort / O. Wermelinger / G. Wurst = Nag Hammadi and Manichaean Studies 49), Leiden/Boston/Köln 2001, 67–112.
– Secundinus in der Diskussion mit Augustinus über das *Malum*. Beobachtungen zu den augustinischen Quellen der *Epistula Secundini*: *›In search of truth‹. Augustine, Manichaeism and other Gnosticism*. Festschrift J. van Oort (edited by J.A. van den Berg / A. Kotzé / T. Nicklas / M. Scopello = Nag Hammadi and Manichaean Studies 74), Leiden/Boston 2011, 481–517.

Hombert, Pierre-Marie, *Gloria Gratiae. Se glorifier en Dieu, principe et fin de la théologie augustinienne de la grâce* (= Collection des Études Augustiniennes. Série Antiquité 148), Paris 1996.

Hübner, Wolfgang, Indiculum oder Indiculus?: *Spiritus et Littera. Beiträge zur Augustinus-Forschung*. Festschrift Cornelius Petrus Mayer (herausgegeben von G. Förster / A. Grote / C. Müller = Cassiciacum 39/6), Würzburg 2009, 597–614.
– Art. Evodius: Augustinuslexikon 2 (1996–2002) 1158–1161.

Hunter, Erica C.D., Syriac sources and Manichaeism. A four hundred year trajectory: *›In search of truth‹. Augustine, Manichaeism and other Gnosticism*. Festschrift J. van Oort (edited by J.A. van den Berg / A. Kotzé / T. Nicklas / M. Scopello = Nag Hammadi and Manichaean Studies 74), Leiden/Boston 2011, 291–300.

Hutter, Manfred, Art. Manichäismus: Reallexikon für Antike und Christentum 23 (2010) 6–48.

Jones, A.H.M. / Martindale, J.R. / Morris, J., Art. Symmachus 4: *The Prosopography of the later Roman Empire. Volume I: A.D. 260–395*, Cambridge 1971, 865–871.

KADEN, Erich-Hans, Die Edikte gegen die Manichäer von Diokletian bis Justinian: *Festschrift Hans Lewald*, Basel 1953, 55–68.

KLEIN, Wassilios, *Die Argumentation in den griechisch-christlichen Antimanichaica* (= Studies in Oriental Religions 19), Wiesbaden 1991.

KOTZÉ, Annemaré, *Augustine's Confessions. Communicative Purpose and Audience* (= Vigiliae Christianae. Supplements 71), Leiden/Boston 2004.

KRANNICH, Torsten, *Von Leporius bis zu Leo dem Großen. Zur Frühgeschichte des christologischen Streites im Westen*, Tübingen 2005.

KUDELLA, Mirjam, *Augustinus. Contra Secundinum – Gegen Secundinus. Einschließlich Epistula Secundini – Der Brief des Secundinus* (Einleitung, revidierter lateinischer Text, Übersetzung und Kommentierung von M. KUDELLA = Augustinus. Opera – Werke 22), Paderborn 2010.

LAMBERIGTS, Mathijs, Was Augustine a Manichaean? The Assessment of Julian of Aeclanum: *Augustine and Manichaeism in the Latin West. Proceedings of the Fribourg-Utrecht Symposium of the International Association of Manichaean Studies (IAMS)* (edited by J. VAN OORT / O. WERMELINGER / G. WURST = Nag Hammadi and Manichaean Studies 49), Leiden/Boston/Köln 2001, 113–136.

– Art. Iulianus Aeclanensis: Augustinuslexikon 3 (2004–2010) 836–847.

LIEU, Judith M. / LIEU, Samuel N., »Felix conversus ex Manichaeis«. A case of mistaken identity: The Journal of Theological Studies 32 (1981) 173–176.

LIEU, Samuel N. C., *Manichaeism in the Later Roman Empire and Medieval China* (= Wissenschaftliche Untersuchungen zum Neuen Testament 63), 2. edition, revised and expanded, Tübingen 1992.

– *Manichaeism in Mesopotamia and the Roman East* (= Religions in the Graeco-Roman world 118), Leiden/New York/Köln 1994.

LIM, Richard, Unity and Diversity Among Western Manicha-

eans. A Reconsideration of Mani's sancta ecclesia: Revue des Études Augustiniennes 35 (1989) 231–250.
– Manichaeans and Public Disputation in Late Antiquity: Recherches Augustiniennes 26 (1992) 233–272.
– *Public Disputation, Power, and Social Order in Late Antiquity* (= The transformation of the classical heritage 23), Berkeley/Los Angeles/London 1995.

LANCEL, Serge, Art. Gesta: Augustinuslexikon 3 (2004–2010) 152–154.

LÖHR, Winrich, Sündenlehre: *Augustin Handbuch* (herausgegeben von V.H. DRECOLL), Tübingen 2007, 498–506.

LÖSSL, Josef, Einleitung: *Augustinus. De vera religione – Die wahre Religion* (zweisprachige Ausgabe, eingeleitet, übersetzt und herausgegeben von J. LÖSSL = Augustinus. Opera - Werke 68), Paderborn 2007, 7–74.

LUTTIKHUIZEN, Gerard P., Sethianer?: Zeitschrift für antikes Christentum 13 (2009) 76–85.

MADEC, Goulven, Art. Adeodatus: Augustinuslexikon 1 (1986–1994) 87–90.
– Art. Christus: Augustinuslexikon 1 (1986–1994) 845–908.
– *Introduction aux »Révisions« et à la lecture des œuvres de saint Augustin* (= Collection des Études Augustiniennes. Série Antiquité 150), Paris 1996.
– Possidius de Calama et les listes des œuvres d'Augustin: *Titres et Articulations du texte dans les œuvres antiques. Actes du Colloque International de Chantilly 13–15 décembre 1994* (édités par J.-C. FREDOUILLE e.a. = Collection des Études Augustiniennes. Série Antiquité 152), Paris 1997, 427–445.

MAGRIS, Aldo, Augustins Prädestinationslehre und die manichäischen Quellen: *Augustine and Manichaeism in the Latin West. Proceedings of the Fribourg-Utrecht Symposium of the International Association of Manichaean Studies (IAMS)* (edited by J. VAN OORT/O. WERMELINGER/G. WURST = Nag Hammadi and Manichaean Studies 49), Leiden/Boston/Köln 2001, 148–160.

MANDOUZE, André, Art. Honoratus 4: *Prosopographie chréti-*

enne du Bas-Empire 1: Prosopographie de l'Afrique chrétienne (303–533), D'après la documentation élaborée par A.-M. La Bonnardière, avec la collaboration de C.-H. Lacroix e.a., Paris 1982, 564f.

– Art. Romanianus: *Prosopographie chrétienne du Bas-Empire 1: Prosopographie de l'Afrique chrétienne (303–533)*, D'après la documentation élaborée par A.-M. La Bonnardière, avec la collaboration de C.-H. Lacroix e.a., Paris 1982, 994–997.

– Art. Quodvultdeus 5: *Prosopographie chrétienne du Bas-Empire 1: Prosopographie de l'Afrique chrétienne (303–533)*, D'après la documentation élaborée par A.-M. La Bonnardière, avec la collaboration de C.-H. Lacroix e.a., Paris 1982, 947–949.

Mara, Maria Grazia, Storia ed esegesi nella *Expositio epistulae ad Galatas* di Agostino: Annali di storia dell'esegesi 2 (1985) 93–102.

– L'influsso di Paolo in Agostino: *Le Epistole Paoline nei manichei, i donatisti e il primo Agostino. Studi patristici e tardoantichi, svoltosi all'Augustinianum dal 26 settembre al 7 ottobre 1988* (herausgegeben von J. Ries / F. Decret / W. H. C. Frend / M. G. Mara = Sussidi patristici 5), Rom 1989, 125–162.

– Agostino e la polemica antimanichea. Il ruolo di Paolo e del suo epistolario: Augustinianum 32 (1992) 119–143.

– *Agostino interprete di Paolo. Commento di alcune questioni tratte dalla Lettera ai Romani. Commento imcompiuto della Lettera ai Romani* (Introduzione, traduzione e note par M. G. Mara = Letture cristiane del primo millennio 16), Turin 1993.

Markschies, Christoph, *Die Gnosis* (Beck'sche Reihe 2173), München 2001.

– *Valentinus Gnosticus? Untersuchungen zur valentinianischen Gnosis, mit einem Kommentar zu den Fragmenten Valentins* (= Wissenschaftliche Untersuchungen zum Neuen Testament 65), Tübingen 1992.

– *Ambrosius von Mailand und die Trinitätstheologie. Kirchen- und theologiegeschichtliche Studien zu Antiarianismus und*

Neunizänismus bei Ambrosius und im lateinischen Westen (364–381 n. Chr.) (= Beiträge zur historischen Theologie 90), Tübingen 1995.

– Christliche Religionsphilosophie oder vorchristliche antike Religion: Was ist Gnosis?: ders., *Gnosis und Christentum*, Berlin 2009, 23–52.

Mayer, Cornelius, *Die Zeichen in der geistigen Entwicklung und in der Theologie Augustins. Teil I: Die Zeichen in der geistigen Entwicklung und in der Theologie des jungen Augustinus. Teil II: Die antimanichäische Epoche* (= Cassiciacum 24/1–2), Würzburg 1969.1974.

– Art. Creatio, creator, creatura: Augustinuslexikon 2 (1996–2002) 56–116.

Merkelbach, Reinhold, Zum Text der antimanichäischen Schriften Augustins: *Manichaica selecta. Studies presented to Julien Ries* (edited by A. van Tongerloo / S. Giversen = Manichaean Studies 1), Louvain 1991, 233–241.

Mikkelsen, Gunner B., *Bibliographia Manichaica. A comprehensive bibliography of Manichaeism through 1996* (= Corpus fontium manichaeorum. Subsidia 1), Turnhout 1997.

– Augustine and his sources. The ›Devil's snares and birdlime‹ in the mouths of Manichaeans in East and West: *›In search of truth‹. Augustine, Manichaeism and other Gnosticism*. Festschrift J. van Oort (edited by J. A. van den Berg / A. Kotzé / T. Nicklas / M. Scopello = Nag Hammadi and Manichaean Studies 74), Leiden/Boston 2011, 419–425.

Moreau, Madeleine, Cresconium grammaticum partis Donati (Ad -): Augustinuslexikon 2 (1996–2002) 131–137.

Mosig-Walburg, Karin, *Römer und Perser. Vom 3. Jahrhundert bis zum Jahr 363 n. Chr.*, Gutenberg 2009.

Mutzenbecher, Almut (Hrsg.), Einleitung: *Sancti Aurelii Augustini De diversis quaestionibus octoginta tribus. De octo Dulcitii quaestionibus* (= CChr.SL 44A), Turnhout 1975, XXIX–CXLVI.

O'Donnell, James J., *Confessions. Augustine*, 3 Bde., Oxford 1992.

– *Augustine. Sinner and Saint. A new biography*, London 2005.

PEDERSEN, Nils A., Early Manichaean Christology, primarily in Western Sources: *Manichaean Studies. Proceedings of the First International Conference on Manichaeism* (edited by P. BRYDER = Lund Studies in African and Asian Religions 1), Lund 1988, 157–190.

– *Studies in* The sermon on the Great War. *Investigations of a Manichaean-Coptic text from the fourth century*, Aarhus 1996.

– *Demonstrative Proof in Defence of God. A Study of Titus of Bostra's Contra Manichaeos. The work's sources, aims, and relation to its contemporary theology* (= Nag Hammadi and Manichaean Studies 56), Leiden/Boston 2004.

PÉPIN, Jean / HOHEISEL, Karl, Art. Hermeneutik: Reallexikon für Antike und Christentum 14 (1988) 722–771.

PETTIPIECE, Timothy, *Pentadic Redaction in the Manichaean Kephalaia* (= Nag Hammadi and Manichaean Studies 66), Leiden/Boston 2009.

PIETRI, Charles / PIETRI, Luce, Art. Symmachus 1: *Prosopographie chrétienne du Bas-Empire 2: Prosopographie de l'Italie chrétienne (313–604)*, sous la direction de C. PIETRI et L. PIETRI, Volume 2: L–Z, Paris/Rom 2000, 2142 f.

PINGREE, David: Art. Astrologia, astronomia : Augustinuslexikon 1 (1986–1994) 482–490.

PLUMER, Eric, *Augustine's commentary on Galatians.* Introduction, text, translation, and notes (= Oxford Early Christian Studies), Oxford u. a. 2003.

PUECH, Henri-Charles, *Sur le manichéisme et autres essais*, Paris 1979.

QUISPEL, Gilles, *Gnostica, Judaica, Catholica. Collected Essays of Gilles Quispel* (edited by J. VAN OORT = Nag Hammadi and Manichaean Studies 55), Leiden/Boston 2008.

RAVEAUX, Thomas, *Augustinus. Contra adversarium legis et prophetarum. Analyse des Inhalts und Untersuchung des geistesgeschichtlichen Hintergrunds* (= Cassiciacum 37), Würzburg 1987.

REEVES, John C., *Jewish Lore in Manichaean Cosmogony. Studies in the Book of Giants traditions* (= Monographs of the Hebrew Union College 14), Cincinnati 1992.

REMME, Karl, Art. Consedeo: Thesaurus Linguae Latinae Bd. IV (1991) 387.

RICHTER, Siegfried G., Bemerkungen zu verschiedenen »Jesus-Figuren« im Manichäismus: *Augustine and Manichaeism in the Latin West. Proceedings of the Fribourg-Utrecht Symposium of the International Association of Manichaean Studies (IAMS)* (edited by J. VAN OORT / O. WERMELINGER / G. WURST = Nag Hammadi and Manichaean Studies 49), Leiden/Boston/Köln 2001, 174–184.

RIES, Julien, La Bible chez saint Augustine et chez les manichéens: Revue des Études Augustiniennes 7 (1961) 231–243; 9 (1963) 201–215; 10 (1964) 309–329.

– Saint Augustin et le manichéisme à la lumière de livre III des Confessions: *»Le Confessioni« di Agostino d'Ippona, Libri III–V* (herausgegeben von J. RIES / A. RIGOBELLO / A. MANDOUZE), Palermo 1984, 7–26.

– *Les Études manichéennes. Des controverses de la Réforme aux découvertes du XXe siècle* (= Collection Cerfaux-Lefort 1), Louvain-la-Neuve 1988.

– Saint Paul dans la formation de Mani: *Le Epistole Paoline nei manichei, i donatisti e il primo Agostino. Studi patristici e tardoantichi, svoltosi all'Augustinianum dal 26 settembre al 7 ottobre 1988* (herausgegeben von J. RIES / F. DECRET / W.H.C. FREND / M.G. MARA = Sussidi patristici 5), Rom 1989, 7–27.

– La création, l'homme et l'histoire du salut dans le De Genesi contra Manichaeos de saint Augustin: *De Genesi contra Manichaeos, De Genesi ad litteram liber imperfectus di Agostino d'Ippona* (Commento di G. PELLAND / G. BALIDO / J. RIES / A. DI PILLA / M. MARIN = Lectio Augustini 8), Palermo 1992, 65–97.

– Jésus sauveur dans la controverse antimanichéenne de saint Augustin: *Augustine and Manichaeism in the Latin West. Proceedings of the Fribourg-Utrecht Symposium of the International Association of Manichaean Studies (IAMS)* (edited by J. VAN OORT / O. WERMELINGER / G. WURST = Nag Hammadi and Manichaean Studies 49), Leiden/Boston/Köln 2001, 185–194.

RING, Thomas G., Art. Duas epistulas Pelagianorum (Contra –): Augustinuslexikon 2 (1996–2002) 672–684.
– »Electio« in der Gnadenlehre Augustins: *Traditio Augustiniana. Studien über Augustinus und seine Rezeption. Festgabe für Willigis Eckermann* (herausgegeben von A. ZUMKELLER / A. KRÜMMEL = Cassiciacum 46), Würzburg 1994, 39–79.
– *An Simplicianus zwei Bücher über verschiedene Fragen* (eingeleitet, übertragen und erläutert von T. G. RING = Sankt Augustinus – Der Lehrer der Gnade. Prolegomena III), Würzburg 1991.
ROESSLI, Jean-Michel, Art. Fabula: Augustinuslexikon 2 (1996–2002) 1221–1225.
ROSE, Eugen, *Die manichäische Christologie* (= Studies in Oriental Religions 5), Wiesbaden 1979.
RUDOLPH, Kurt, Mani und die Gnosis: *Manichaean Studies. Proceedings of the First International Conference on Manichaeism* (edited by P. BRYDER = Lund Studies in African and Asian Religions 1), Lund 1988, 191–200.
– Augustinus Manichaicus – das Problem von Konstanz und Wandel: *Augustine and Manichaeism in the Latin West. Proceedings of the Fribourg-Utrecht Symposium of the International Association of Manichaean Studies (IAMS)* (edited by J. VAN OORT / O. WERMELINGER / G. WURST = Nag Hammadi and Manichaean Studies 49), Leiden/Boston/Köln 2001, 1–15.
RUTZENHÖFER, Elke, Contra Fortunatum Disputatio. Die Debatte mit Fortunatus: Augustiniana 42 (1992) 5–72.
– *Augustinus. De moribus ecclesiae catholicae et de moribus Manichaeorum – Die Lebensführung der katholischen Kirche und die Lebensführung der Manichäer* (zweisprachige Ausgabe, eingeleitet, kommentiert und herausgegeben von E. RUTZENHÖFER = Augustinus. Opera – Werke 25), Paderborn 2004.
SCHÄUBLIN, Christoph, Augustin, ›De utilitate credendi‹. Über das Verhältnis des Interpreten zum Text: Vigiliae christianae 43 (1989) 53–68 (= *Aus paganer und christlicher Antike. Ausgewählte Aufsätze zur Klassischen Philologie (1970–1997)*

[herausgegeben von U. Breitenstein/R.C. Schwinges unter Mitwirkung von T. Schmid], Basel 2005, 251–265).

Schindler, Alfred, Art. Epiphanius: Augustinuslexikon 2 (1996–2002) 865–868.

Schipper, Hendrik G./van Oort, Johannes, Introduction: *Sancti Leonis Magni Romani pontificis Sermones et epistulae. Fragmenta selecta* (= Corpus Fontium Manichaeorum. Series Latina 1), Turnhout 2000, 1–22.

Scopello, Madeleine, L'Epistula fundamenti à la lumière des sources manichéennes du Fayoum: *Augustine and Manichaeism in the Latin West. Proceedings of the Fribourg-Utrecht Symposium of the International Association of Manichaean Studies (IAMS)* (edited by J. van Oort/O. Wermelinger/G. Wurst = Nag Hammadi and Manichaean Studies 49), Leiden/Boston/Köln 2001, 205–229.

– Hégémonius, les Acta Archelai et l'histoire de la controverse antimanichéenne: *Studia Manichaica. IV. Internationaler Kongreß zum Manichäismus, Berlin, 14.–18. Juli 1997* (herausgegeben von R.E. Emmerick/W. Sundermann/P. Zieme = Berlin-Brandenburgische Akademie der Wissenschaften. Berichte und Abhandlungen. Sonderband 4), Berlin 2000, 528–545.

– Art. Haeresibus ad Quodvultdeum (De -): Augustinuslexikon 3 (2004–2010), 278–290.

Seeck, Otto, *Regesten der Kaiser und Päpste für die Jahre 311 bis 476 n. Chr. Vorarbeit zu einer Prosopographie der christlichen Kaiserzeit*, Stuttgart 1919 (Nachdruck 1964).

Sfameni Gasparro, Giulia, Addas-Adimantus unus ex discipulis Manichaei. For the History of Manichaeism in the West: *Studia Manichaica. IV. Internationaler Kongreß zum Manichäismus, Berlin, 14.–18. Juli 1997* (herausgegeben von R.E. Emmerick/W. Sundermann/P. Zieme = Berlin-Brandenburgische Akademie der Wissenschaften. Berichte und Abhandlungen. Sonderband 4), Berlin 2000, 545–559.

– The Disputation with Felix. Themes and Modalities of Augustine's Polemic: *›In search of truth‹. Augustine, Manichaeism and other Gnosticism*. Festschrift J. van Oort (edited by J. A. van den Berg / A. Kotzé / T. Nicklas / M. Scopello = Nag Hammadi and Manichaean Studies 74), Leiden/ Boston 2011, 519–544.

Smagina, Eugenia, Das manichäische Kreuz des Lichts und der Jesus patibilis: *Augustine and Manichaeism in the Latin West. Proceedings of the Fribourg-Utrecht Symposium of the International Association of Manichaean Studies (IAMS)* (edited by J. van Oort / O. Wermelinger / G. Wurst = Nag Hammadi and Manichaean Studies 49), Leiden/Boston/Köln 2001, 243–249.

Stein, Markus: *Manichaica Latina 1–3*, Opladen/Paderborn 1998–2006.

– *Manichaica Latina*, Köln 1999 (unveröffentlichte Habilitationsschrift).

Strutwolf, Holger, *Die Trinitätstheologie und Christologie des Euseb von Caesarea. Eine dogmengeschichtliche Untersuchung seiner Platonismusrezeption und Wirkungsgeschichte* (= Forschungen zur Kirchen- und Dogmengeschichte 72), Göttingen 1999.

Tardieu, Michel, *Le Manichéisme*, Paris 1981.

Teske, Roland, Art. Genesi ad litteram (De-): Augustinuslexikon 3 (2004–2010) 113–126.

Torchia, N. Joseph, *»Creatio ex nihilo« and the Theology of St. Augustine. The anti-Manichaean polemic and beyond* (= American University Studies 205), New York u. a. 1999.

Tubach, Jürgen / Zakeri, Mohsen, Mani's Name: *Augustine and Manichaeism in the Latin West. Proceedings of the Fribourg-Utrecht Symposium of the International Association of Manichaean Studies (IAMS)* (edited by J. van Oort / O. Wermelinger / G. Wurst = Nag Hammadi and Manichaean Studies 49), Leiden/Boston/Köln 2001, 272–286.

Turner, John D., Sethian Gnosticism and the Platonic tradition (= Bibliothèque copte de Nag Hammadi 6), Laval / Leuven 2001.

van den Berg, Jacob A., *Biblical argument in Manichaean missionary practice. The case of Adimantus and Augustine* (= Nag Hammadi and Manichaean Studies 70), Leiden/Boston 2010.

– / Kotzé, Annemaré / Nicklas, Tobias / Scopello, Madeleine (Hrsg.), *›In search of truth‹. Augustine, Manichaeism and other Gnosticism.* Festschrift J. van Oort (= Nag Hammadi and Manichaean Studies 74), Leiden/Boston 2011.

van der Lof, Laurens Johan, Manichäische Verbeugungen vor der Sonne auf dem Vorderplatze der Sankt Peterskirche in Rom?: Numen 16/1 (1969) 156–160.

van Lindt, Paul, *The Names of Manichaean Mythological Figures. A comparative study on terminology in the Coptic sources* (= Studies in Oriental Religions 26), Wiesbaden 1992.

van Oort, Johannes, Augustine and Mani on concupiscentia sexualis: *Augustiniana Traiectina. Communications présentées au Colloque International d'Utrecht, 13–14 nov. 1986* (herausgegeben von J. den Boeft / J. van Oort), Paris 1987, 137–152.

– / Wermelinger, Otto / Wurst, Gregor (Hrsg.), *Augustine and Manichaeism in the Latin West. Proceedings of the Fribourg-Utrecht Symposium of the International Association of Manichaean Studies (IAMS)* (= Nag Hammadi and Manichaean Studies 49), Leiden/Boston/Köln 2001.

– Augustine on Sexual Concupiscence and Original Sin: *Papers presented to the Tenth International Conference on Patristic Studies. 4: Cappadocian fathers, Chrysostom and his Greek contemporaries, Augustine, Donatism and Pelagianism* (edited by E.A. Livingstone = Studia Patristica 22), Leuven 1989, 328–386.

– Augustin und der Manichäismus: Zeitschrift für Religions- und Geistesgeschichte 46 (1994) 126–142.

– Augustinus und der Manichäismus: *The Manichaean ΝΟΥΣ. Proceedings of the International Symposium organized in Louvain* (edited by A. van Tongerloo / J. van Oort), Louvain 1995, 295–307.

– *Jerusalem and Babylon. A study into Augustine's City of God and the sources of his doctrine of the two cities* (= Vigiliae Christianae. Supplements 14), Leiden 1991.

– Manichaeism in Augustine's *De civitate Dei*: *Il De civitate Dei. L'opera, le interpretazioni, l'influsso* (a cura di E. Cavalcanti), Rom/Freiburg/Wien 1996, 193–214.

– *Mani, Manichaeism & Augustine. The rediscovery of Manichaeism & its influence on Western Christianity.* English text & Georgian translation (Lectures delivered at the State University of Tblisi & the K. Kekelidze Institute of Manuscripts of the Georgian Academiy of Sciences, Tblisi, Georgia, 26–29 September, 1995), Tblisi 1996 (4. Auflage 2001).
– Manichaeism and Antimanichaeism in Augustine's Confessiones: *Atti del terzo Congresso Internazionale di studi »Manicheismo e Oriente Cristiano antico«. Arcavacata di Rende, Amantea 31 agosto – 5 settembre 1993* (a cura di L. Cirillo / A. van Tongerloo = Manichaean Studies 3), Turnhout 1997, 235–247.
– Mani and Manichaeism in Augustine's De haeresibus. An Analysis of haer. 46,1: *Studia Manichaica. IV. Internationaler Kongreß zum Manichäismus, Berlin, 14.–18. Juli 1997* (herausgegeben von R.E. Emmerick / W. Sundermann / P. Zieme = Berlin-Brandenburgische Akademie der Wissenschaften. Berichte und Abhandlungen. Sonderband 4), Berlin 2000, 451–463.
– Secundini Manichaei Epistula. Roman Manichaean ›Biblical‹ Argument in the Age of Augustine: *Augustine and Manichaeism in the Latin West. Proceedings of the Fribourg-Utrecht Symposium of the International Association of Manichaean Studies (IAMS)* (edited by J. van Oort / O. Wermelinger / G. Wurst = Nag Hammadi and Manichaean Studies 49), Leiden/Boston/Köln 2001, 161–173.
– The Young Augustine's Knowledge of Manichaeism. An Analysis of the *Confessiones* and Some Other Relevant Texts: Vigiliae Christianae 62 (2008) 441–466.
– *Augustinus' Confessiones. Gnostische en christelijke spiritualiteit in een diepzinnig document*, Turnhout 2002.
– Art. Manichäismus: Religion in Geschichte und Gegenwart Bd. 5 (2002) 732–741.
– Heeding and hiding their particular knowledge? An Analysis of Augustine's Dispute with Fortunatus: *Die christlich-philosophischen Diskurse der Spätantike. Texte, Personen, Institutitonen. Akten der Tagung vom 22. – 25. Februar 2006 am Zentrum für Antike und Moderne der Albert-Ludwigs-*

Universität Freiburg (herausgegeben von T. Fuhrer = Philosophie der Antike 28), Stuttgart 2008, 113–121.

– De civitate dei (Über die Gottesstadt): *Augustin Handbuch* (herausgegeben von V.H. Drecoll), Tübingen 2007, 347–363.

– Art. Mani(chaeus): Augustinuslexikon 3 (2004–2010) 1121–1132.

– Manichaean Christians in Augustine's Life and Work: Church History and Religious Culture 90 (2010) 505–546.

Vermes, Mark / Lieu, Samuel N.C., *Hegemonius, Acta Archelai (The Acts of Archelaus)* (translated by Mark Vermes. With introduction and commentary by S.N.C. Lieu = Manichaean Studies 4), Turnhout 2001.

Verschoren, Marleen, The appearance of the concept concupiscentia in Augustine's early antimanichaean writings (388–391): Augustiniana 52 (2002) 199–240.

Verwilghen, Albert, *Christologie et spiritualité selon saint Augustin. L'hymne aux Philippiens* (= Théologie Historique 72), Paris 1985.

Viciano, Alberto, Aspects christologiques du »Corpus Paulinum« dans la controverse antimanichéenne de Saint Augustin: *Manichaica selecta. Studies presented to Julien Ries* (edited by A. van Tongerloo / S. Giversen = Manichaean Studies 1), Louvain 1991, 379–389.

Villey, André, *Alexandre de Lycopolis. Contre la doctrine de Mani* (= Sources Gnostiques et Manichéennes 2), Paris 1985.

Vössing, Konrad, Art. Itinera: Augustinuslexikon 3 (2004–2010) 758–775.

Waldschmidt, Ernst / Lentz, Wolfgang, *Die Stellung Jesu im Manichäismus* (= Abhandlungen der preußischen Akademie der Wissenschaften. Phil-hist. Klasse 4), Berlin 1926.

Weber, Dorothea, Die Genesisauslegungen: *Augustin Handbuch* (herausgegeben von V.H. Drecoll), Tübingen 2007, 275–279.

– Augustinus. De Genesi contra Manichaeos. Zu Augustins Darstellung und Widerlegung der manichäischen Kritik am biblischen Schöpfungsbericht: *Augustine and Manichaeism in the Latin West. Proceedings of the Fribourg-Utrecht Sym-*

posium of the International Association of Manichaean Studies (IAMS) (edited by J. VAN OORT / O. WERMELINGER / G. WURST = Nag Hammadi and Manichaean Studies 49), Leiden/Boston/Köln 2001, 298–306.
– Art. Genesi ad litteram liber unus inperfectus (De -): Augustinuslexikon 3 (2004–2010) 126–132.
– Art. Genesi adversus Manichaeos (De -): Augustinuslexikon 3 (2004–2010) 132–140.
WENNING, Gregor, Der Einfluß des Manichäismus und des Ambrosius auf die Hermeneutik Augustins: Revue des Études Augustiniennes 36 (1990) 80–90.
WURST, Gregor, Zur Bedeutung der »Drei-Zeiten«-Formel in den koptisch-manichäischen Texten von Medînet Mâdi: *Peregrina Curiositas. Eine Reise durch den orbis antiquus.* Festschrift Dirk van Damme (herausgegeben von A. KESSLER = Novum testamentum et orbis antiquus 27), Fribourg/Göttingen 1994, 167–179.
– *Das Bemafest der ägyptischen Manichäer* (= Arbeiten zum spätantiken und koptischen Ägypten 8), Altenberge 1995.
– Bemerkungen zum Glaubensbekenntnis des Faustus von Mileve (Augustinus, Contra Faustum 20,2): *Studia Manichaica. IV. Internationaler Kongreß zum Manichäismus, Berlin, 14.–18. Juli 1997* (herausgegeben von R.E. EMMERICK / W. SUNDERMANN / P. ZIEME = Berlin-Brandenburgische Akademie der Wissenschaften. Berichte und Abhandlungen. Sonderband 4), Berlin 2000, 648–657.
– Bemerkungen zu Struktur und *genus litterarium* der *Capitula* des Faustus von Mileve: *Augustine and Manichaeism in the Latin West. Proceedings of the Fribourg-Utrecht Symposium of the International Association of Manichaean Studies (IAMS)* (edited by J. VAN OORT / O. WERMELINGER / G. WURST = Nag Hammadi and Manichaean Studies 49), Leiden/Boston/Köln 2001, 307–324.
– L'état de la recherche sur la Canon Manichéen: *Le canon du Nouveau Testament. Regards nouveaux sur l'histoire de sa formation* (herausgegeben von G. ARAGIONE / E JUNOD / E. NORELLI = Le monde de la bible 54), Genf 2005, 237–267.

– Manichäismus um 375 in Nordafrika und Italien: *Augustin Handbuch* (herausgegeben von V. H. DRECOLL), Tübingen 2007, 85–92.
– Augustin als Manichäer: *Augustin Handbuch* (herausgegeben von V. H. DRECOLL), Tübingen 2007, 148–153.
– Augustins Auseinandersetzung mit den Manichäern: *Augustin Handbuch* (herausgegeben von V. H. DRECOLL), Tübingen 2007, 168–171.
– Antimanichäische Werke: *Augustin Handbuch* (herausgegeben von V. H. DRECOLL), Tübingen 2007, 309–316.

ZACHER, Alois, *De Genesi contra Manichaeos libri duo. Ein Versuch Augustins, die ersten drei Kapitel von Genesis zu erklären und zu verteidigen*, Rom 1961.

ZYCHA, Joseph, Praefatio: *Sancti Aureli Augustini contra Felicem. De natura boni [...]* (recensuit Iosephus ZYCHA = CSEL 25), Wien 1892, I–LXXXVI.

Register

I. Stellenregister

1. Augustin

2. Andere Autoren

II. Personenregister

III. Sachregister